KB047519

집단전문성 개발을 위한 한 접근

교사학습공동체

Teacher Learning Communities

●

서경혜 저

학지사

머리글

　교사학습공동체에 대한 연구를 시작한 지 벌써 8년이 흘렀다. 2007년 교사학습공동체를 찾아 전국을 다닐 때 나는 절박한 심정이었다. 교사교육을 바꿔보고자 했던 시도는 실패하였고 게다가 내 수업마저 뜻대로 되지 않았다. 십여 년의 미국생활을 정리하고 귀국할 때 품었던 꿈들이 몇 년 버티지도 못하고 그렇게 다 무너졌다.

　무엇보다도 우리의 학습문화를 바꿔보고 싶었다. 그 계기가 된 사건이 있었다. 미국 유학시절 맥신 그린(Maxine Greene) 선생님 수업에서 중간과제로 듀이(Dewey)의 『민주주의와 교육(Democracy and Education)』에 대한 논평을 제출하였다. 한국에서 듀이 이론에 대하여 공부를 많이 하였고 이홍우 선생님의 번역서도 몇 번 읽고 해서 자신이 있었다. 평소 존경해 마지않던 맥신 그린 선생님께 내 능력을 보여줄 수 있는 좋은 기회라 생각했고 내심 잘했다는 칭찬을 기대하였다. 그러나 내가 받은 것은 'B'였다. '요약을 잘했다.'라는 아주 간단한 코멘트와 함께. 실망과 절망에 빠져 며칠을 지내다가 용기를 내서 선생님을 찾아갔다. 도대체 내가 왜 B를 받았는지 억울한 심정과 A+의 기준이 무엇인지 혼란스러움, 내가 얼마나 열심히 했는데 그걸 알아주지도 않는 선생님에 대한 섭섭함 등이 나도 모르게 쏟아져 나왔다. 선생님은 내게, '나는 듀이의 민주주의와 교육에 대한 너의 생각을 듣고 싶었다.'고 말씀하셨고 몇몇 클래스메이트의 논평을 읽어보라 권하셨다. 나는 혼란에 빠졌다. 감히 내가 듀이 선생님 말씀에 왈가왈부할 수 있는가. 듀이 선생님의 말씀을 제대로 이해하는 게 중요하지, 내 의견 따위가 무슨 소용인가.

맥신 그린(Maxine Greene) 선생님이 추천하신 클래스메이트들의 논평을 읽고는 더 혼란스러워졌다. 논문을 이렇게 써도 되나 하는 생각이 들 정도로 내가 이제까지 알고 있던 논문의 틀을 깨는 새로운 것이었다. 내가 지금까지 중요하다고 붙들고 있던 것들이 이 낯선 땅에서 송두리째 흔들리는 느낌이었다. 혼란 속에서 기말 페이퍼를 써서 제출하였다. 여전히 B를 받았다. 그러나 이젠 그것이 별로 중요하지 않았다. 대신 선생님의 한마디 코멘트가 내 마음에 꽂혔다. Find your own voice. 자네 목소리를 찾게.

이후 나의 배움은 나의 목소리를 찾는 여정이었다. 귀국 후 내가 가르치는 학생들과 그 여정을 함께하고 싶었다. 그러나 선뜻 따라나서는 학생들은 적었다. '교수님이 설명해주면 빨리 끝날 것을 왜 토론을 하며 시간 낭비하는지 모르겠습니다.' '답 좀 빨리 알려주세요.' '혼자 하면 더 잘할 수 있었는데요. 팀플과제 없애주세요.' '다른 교수님들은 교재내용을 요약해서 PPT로 올려주십니다. 참고하세요.' 강의평가지에 적힌 학생들의 코멘트를 읽으며 실망에 빠졌다. 이대로는 안 되겠다는 생각에 학습의 혁신에 성공한 사례들을 찾기 시작했고, 교사학습공동체를 알게 되었다.

교사학습공동체에 대한 연구를 하며 많은 선생님들, 학생들, 학부모님들을 만났다. 그분들 덕분에 나는 많은 것을 배웠고 배움은 나를 변화시켰다. 내가 왜 실패했는지도 깨닫게 되었다. 교원임용시험, 취업시험 등 취업전쟁에서 사투를 벌이는 학생들에게 도전정신과 창의성이 부족하다고 질타한 꼴이었다. 정작 학생들을 취업전쟁에 내몬 부조리한 현실을 개혁해야 할 책임이 있는 나는 그저 뒷짐만 지고 있었다. 게다가 그 싸움에서 이기라고 온갖 전략과 전술을 가르치는 교수들을 비난하였다. 오만과 허영에 빠져 나의 무책임함을 보지 못했던 것이다.

또한 사람들이 나를 교육전문가로 생각하지 않는다는 것도 알게되었다. 내가 하는 말은 교육학 책에서나 나오는 현실과 동떨어진 공리공론으로 여겨졌다. 교육계에서 전문가는 자녀를 유명 대학에 보낸 어머니, 학생들을 유명 대학에 많이 보낸 학교의 교사들이었다. 나는 자칭 전문가인 꼴이었다. 대중과의 소통에 실패한 교육학자. 대중의 인정과 신뢰를 받지 못하는 교육학 지식. 과연 이 시대 교육전문성이란 무엇인가? 대학의 울타리에서 나와 교사학습공동체를 찾아 학교 현장을 다니는 내내 나를 쫓아다닌 질문이었다.

이 책은 지난 8년여 간의 교사학습공동체에 대한 나의 연구를 되돌아보고 앞으로 가야할 길을 계획하기 위해 시작되었다. 나아가서 학교 현장에서 교사학습공동체 활동을 하고 있는 선생님들과 내 연구를 공유하고 의견을 듣고 싶었다. 그리고 그분들에게도 이 책이 그간의 교사학습공동체 활동을 되돌아보고 성찰할 수 있는 기회가 되지 않을까 하는 바람도 있었다. 교사학습공동체에 관심이 있는 분들에게는 생각거리를 제공하고 싶었다. 교사학습공동체가 무엇이고 그것이 의미하는 바가 무엇인지, 그리고 본인이 가지고 있는 교사학습공동체에 대한 관심이 무엇을 의미하는 것인지 곰곰이 생각해보는 기회가 되었으면 하는 바람이었다. 교사학습공동체에 대한 연구를 하는 연구자들에게는 이론적 토대를 세우는 데 도움을 주고 싶었다. 교사학습공동체의 겉으로 드러난 모습에 사로잡혀 그 기저에 깔린 가정, 관점, 입장 등을 보지 못하는 것이 안타까웠다. 연구자가 교사학습공동체를 어떠한 입장에서, 어떠한 관점으로, 그리고 어떠한 가정하에 연구할 것인지 연구의 이론적 토대를 세우는 데 도움을 주고 싶었다.

이 책의 1장에서는 교사 전문성에 대한 기존 접근을 비판하고 집단전문성 개발의 필요성을 제기하였다. 레비(Lévy)의 집단지성론을 토대로 집단전문성의 개념을 논의하였고, 집단전문성 개발을 위한 한 접근으로 교사학습공동체를 제안하였다. 2장에서는 교사학습공동체에 대해 본격적으로 논의하기에 앞서 교사 학습에 대한 여러 다양한 관점과 접근을 고찰하였다. 하그리브스(Hargreaves)의 시대적 접근, 숀(Schön)의 반성적 접근, 카크란 스미스와 라이틀(Cochran-Smith & Lytle)의 지행(知行)관계적 접근, 자이크너(Zeichner)의 교육이데올로기적 접근 등을 중심으로 교사 학습에 대한 주요 관점과 접근에 대해 논의한 후, 집단전문성 개발을 위하여 교사 학습에 대한 공동체적 접근이 필요함을 강조하였다. 3장에서는 교사학습공동체의 개념을 논의하였다. 아울러 관련 개념들, 즉 학교공동체, 학습공동체, 학습조직의 개념에 대해서도 논의하였다. 4장에서는 교사학습공동체의 개념이 실제에 구현된 모습을 살펴보았다. 전문가학습공동체(Professional Learning Community), 탐구공동체(Inquiry Community), 배움의 공동체, 실천공동체(Community of Practice) 등 교사학습공동체의 여러 유형들을 고찰하였다. 마지막으로 5장에서는 교사학습공동체를 둘러싼 쟁점들에 대하여 논의하였다. 공동체의 문제, 학습의 문제, 전문성의 문제 등 지속적인 연구와 논의가 필요한 쟁점들을 향후 과제로 남겼다.

이 책을 쓰기까지 많은 분들의 도움을 받았다. 도움을 주신 분들에게 누가 되지 않도록 열심히 썼는데 그 결과는 부끄럽기 짝이 없다. 아무쪼록 이 졸저가 교사학습공동체 활동을 하고 있는 분들, 이에 대한 연구를 하고 있는 분들, 그리고 교사학습공동체에 관심을 가지고 있는 분들에게 도움이 되었으면 한다. 이 자리를 빌려 장슬기 선생님, 이규대 선생님, 박병건 선생님, 윤석희 선생님, 카크란 스미스(Cochran-Smith) 선생님께 감사의 말씀을 드린다. 교수연구년 수혜를 받지 못했다면 이 책을 완성하지 못했을 것이다. 이화여자대학교와 교육학과 교수님들께 감사드린다. 마지막으로 어머니께 그간 쑥스러워 하지 못했던 감사의 말씀을 드린다.

추천의 글

Foreword by Marilyn Cochran-Smith

This book was written by Professor Kyounghye Seo, an education scholar who focuses on teacher learning and teacher education at Ewha Womans University in Seoul, South Korea. I had the pleasure of meeting Professor Seo several years ago when she came to the U.S. during her sabbatical period and spent a semester writing and researching at Boston College where I am a professor. During that time Professor Seo sat in on my doctoral seminar about research on teaching, and we had the opportunity to meet several times to talk about our shared interests and goals and to present together a colloquium about international perspectives on initial teacher education. Since that time, we have kept in touch as colleagues with mutual research interests and as scholars working with the next generation of education researchers. I consider it an honor to have been invited to write the foreword to this book about the very important topic of teacher learning communities.

Over the last two decades, the idea that classroom teachers working together in communities is a promising aspect of school reform and educational improvement has taken hold in a number of countries, including the U.S., Canada, England,

Korea, Singapore, Australia and others. These communities have various names, among them Professional Learning Communities, Teacher Learning Communities, Teacher Inquiry Communities, and Teacher Study Groups. However, as I have suggested in many different forums and as this book makes clear, it is not the name of the group or the language used to describe it that distinguishes communities from each other or determines the nature of their work. In fact, sometimes very similar language and rhetoric mask important differences. Rather, what distinguishes teacher communities from one another are their underlying goals and traditions, which are not always made explicit; their operating assumptions about the potential consequences of teacher communities for students, teachers, and other practitioners; and what these communities actually do when they are together-what they talk about and investigate, what interpretive frameworks inform their work, what processes and procedures they use, how they are organized and governed, what topics and issues are not considered, and whether/how they connect their work to larger political and policy agendas.

In this book, Professor Seo makes a very important argument about teacher learning communities that is consistent with the ideas above. She points out that all too often teacher learning communities are embraced as a local or larger reform strategy-sometimes even required of all teachers-without much attention at all to their underlying goals and assumptions or to the topics and issues that the community will consider. Along these lines, Professor Seo suggests that many teacher learning communities seem to emphasize what she calls the "how" of teacher learning with little attention to the "what" and "why," an emphasis that reflects and may subtly reinforce a technical approach to teaching and learning. Professor Seo rightly argues that teacher learning communities need to think carefully together about the larger purposes of their collective learning. In particular, she suggests that the long-term goal of teacher learning communities ought to stem from a shared vision of democratic education that challenges rather than reproduces or reinforces educational inequalities. Of course this kind of goal is only possible if teacher learning communities are prepared to talk about difficult issues together, including the ways teachers' own practices and the arrangements and procedures of their schools sometimes function to support rather than critique and challenge inequalities.

This book goes a long way toward sorting out various perspectives on teacher learning and various conceptions of learning communities. The book emphasizes the importance of teachers working together to jointly construct knowledge as well as challenge each others' ideas. As this book shows, when teachers work together in learning communities, they develop collective expertise as well as a sense of shared responsibility for students' learning. This happens in part because learning communities "deprivatize" teaching in the sense that teachers' beliefs, practices, and values are made public-and thus available for others to learn from-within the learning community. An underlying assumption here is that given the complex and rapidly changing global society in which we live, individual teachers cannot possibly develop all of the expertise needed to meet the needs of the increasingly diverse student population. Learning communities, on the other hand, have the capacity to become the central context in which teachers build knowledge together by analyzing, questioning and connecting the "data" of practice, which includes many representations of students' and teachers' work. When teacher learning communities operate in this way, the communities are both means toward larger goals and ends in themselves. In other words, communities can be both important contexts within which teachers and other practitioners identify the issues they see as important and the major vehicles that support their representations of their ideas. In inquiry communities, teachers jointly build knowledge by examining artifacts of practice, but they also interrogate their own assumptions, construct new curriculum, and engage with others in a search for meaning in their work lives.

Professor Seo's important book makes it clear that we need to move beyond instrumental views of teacher learning communities wherein communities are seen simply as levers for increasing students' performance on tests or producing other desired school outcomes. Rather, as this book shows, teacher learning communities should focus on improving the link between teachers' practice and their students' learning by building trusting relationships and developing norms of shared problem solving. With this approach, teachers have the opportunity to raise all sorts of questions and to work as generators of knowledge that is usable both in, and often beyond, the local context. With this approach, the larger project of teacher learning communities is about generating deeper understandings of how students learn and enhancing educators' sense of social responsibility and social action in the service of a democratic society.

This book makes an important contribution to our understanding of teacher learning communities and helps us distinguish among its many versions. Hopefully this book will be widely read and will prompt many important questions about the enormous capacity of teacher learning communities to help educators rethink their work and enrich the learning of their students.

Marilyn Cochran-Smith
Boston College

카크란 스미스(Cochran-Smith)의 추천의 글 번역

　이 책은 이화여자대학교에서 교사의 학습과 교사교육에 대하여 연구하고 있는 교육학자 서경혜 교수의 저서이다. 내가 서 교수를 만나게 된 것은 몇 년 전 서 교수가 연구년을 맞아 내가 재직하고 있는 보스턴칼리지의 객원학자로 왔을 때였다. 서 교수는 내 박사과정 세미나 수업을 청강하였고 우리는 서로의 관심사와 지향점에 대하여 이야기를 나누었다. 또한 교사교육에 대한 국제적 관점을 주제로 한 콜로키움에서 함께 발표하기도 하였다. 이후로 우리는 연구에 대한 관심사를 공유하는 동료로, 차세대 교육연구자를 길러내는 학자로 지내왔다. 나는 교사학습공동체라는 매우 중요한 주제를 다룬 이 책의 추천글을 쓰게 되어 영광으로 생각한다.

　지난 20여 년간, 공동체를 형성, 협업하는 교사들이야말로 학교 혁신과 교육 개혁을 성공으로 이끄는 원동력이라는 생각이 미국, 캐나다, 영국, 한국, 싱가포르, 오스트레일리아 등 세계 여러 나라에 폭넓게 확산되었다. 이 공동체는 여러 이름으로 불리었다. 그 중 몇 가지 예를 들면 전문가학습공동체, 교사학습공동체, 교사탐구공동체, 교사연구모임 등이 있다. 그러나 내가 그간 주장해왔듯이 그리고 이 책에서도 강조하고 있듯이, 명칭이나 용어가 중요한 것이 아니다. 사실 비슷한 용어와 표현이 중대한 차이를 덮어버리는 경우가 종종 있다. 중요한 것은 겉으로 확연하게 드러나지 않는 교사공동체 기저의 근본적인 목적과 전통, 교사공동체가 학생, 교사, 그 외 실천가들에게 어떠한 영향을 미칠 수 있는지에 대한 가정, 그리고 교사 공동체가 실제로 무엇을 하는지, 예컨대, 무엇에 관해 논의하고 탐구하는지, 어떠한 해석적 프레임이 교사공동체 활동을 이끄는지, 어떠한 과정과 절차를 이용하는지, 교사공동체가 어떻게 조직, 운영되는지, 어떠한 토픽과 이슈들이 논의되지 않는지, 교사공동체 활동이 보다 광범위한 정치적, 정책적 어젠다와 연결되는지, 그렇다면 어떻게 연결되는지 등이다.

이 책에서 저자는 교사학습공동체에 대해 매우 중요한 주장을 한다. 저자는 교사학습공동체가 그 근본적인 목적과 가정 또는 관심을 기울여야 할 주제와 이슈들에 대한 고려 없이 학교 혁신이나 교육개혁을 위한 전략으로 이용되는 현실을 비판한다. 나아가서 교사학습공동체가 '무엇을' '왜' 배워야 하는가보다 '어떻게' 배울 것인가에 치중하는 경향에 대해서도 문제제기한다. 이러한 경향은 교수·학습에 대한 기술적(Technical) 접근을 반영하는 동시에 이를 강화할 것임을 지적한다. 저자는 교사학습공동체가 그들의 집단학습이 지향하는 목적에 대하여 신중히 생각해야 한다고 주장한다. 특히 교사학습공동체의 장기적 목적은 교육 불평등에 도전하는 민주주의 교육에 대한 공유비전에 토대를 두어야 함을 강조한다. 이것은 교사학습공동체가 교육적 난제들, 예컨대 교사의 교육실천과 학교의 조직 및 운영방식이 불평등을 유지, 강화하는 문제 등에 대하여 서로 논의할 수 있어야 가능하다.

이 책은 교사 학습에 대한 다양한 관점과 교사학습공동체의 여러 개념에 대하여 자세히 다루고 있다. 특히 이 책은 교사들이 협업하며 서로의 생각에 대하여 비판적으로 논의하고 나아가 공동의 지식을 수립하는 것의 중요성을 강조한다. 이 책에서 논의된 바와 같이, 교사들이 학습공동체에서 협업할 때 학생 학습에 대한 공동의 책임감은 물론 집단전문성을 형성한다. 이것은 교사학습공동체가 교육실천을 탈사유화하기 때문에 가능하다. 즉, 교사들의 신념, 실천, 가치가 공개되고 그럼으로써 서로 배울 수 있게 되기 때문이다. 이 기저에 깔린 가정은 급변하는 복잡한 글로벌 사회에서 날로 급증하는 학생들의 다양성에 부응하기 위해 필요한 모든 전문성을 교사 혼자 다 갖출 수 없다는 것이다. 교사학습공동체는 교사들이 함께 교육실천의 데이터, 즉 교수와 학습을 분석하고 비판적으로 검토하고 서로 연결지음으로써, 교사들이 공동으로 지식을 형성, 발전시키는 중심지가 될 수 있다. 교사학습공동체가 이러한 방식으로 움직인다면, 공동체 그 자체가 목적이자 목적에 이르는 길이 될 것이다. 다시 말해, 교사학습공동체는 교사들이 중요하게 생각하는 이슈들을 다루는 중심지이자, 교사들의 생각을 표현하는 주요 도구가 될 것이다. 교사학습공동체에서 교사들은 공동으로 지식을 형성할 뿐 아니라, 그들이 가지고 있는 가정들을 비판적으로 고찰하고, 새로운 교육과정을 개발하고, 함께 그들의 교직생활의 의미를 찾는다.

　이 책에서 저자는 교사학습공동체에 대한 도구적 관점을 극복해야 함을 강조한다. 교사학습공동체를 학생들의 학업성취도 점수를 올리기 위한 수단으로 또는 그 외 모종의 교육적 성과를 거두기 위한 도구로 이용하는 것에 반대한다. 이 책에서 주장하고 있듯이, 교사학습공동체는 신뢰 관계를 형성하고 협력적 문제해결의 규범을 수립함으로써 교사의 실천과 학생의 학습 간의 연계성을 향상시키는 데 중점을 두어야 한다. 이러한 접근을 통해 교사는 교육에 관해 어떠한 문제도 제기할 수 있고 자신의 교실, 학교 밖 어떠한 교육적 맥락에도 유용한 지식을 창출할 수 있다. 이러한 접근을 통해 교사학습공동체는 학생들의 학습에 대하여 보다 깊이 이해하고 민주주의 사회를 위한 사회적 책임과 실천을 향해 나아갈 수 있다.

이 책은 교사학습공동체에 대한 우리의 이해를 증진하는 데 기여한다. 이 책이 널리 읽히고 교사학습공동체에 관한 중요한 질문들을 촉발하기를, 교육자들이 그들의 교육실천을 성찰하고 학생들의 학습을 향상시키는 데 일조하기를 바란다.

매러린 카크란 스미스(Marilyn Cochran-Smith)

보스턴칼리지(Boston College)

차례

1. 집단전문성

우리나라에서 근대적 학교가 세워진 지 백여 년이 지난 지금 우리는 여전히 교직이 전문직인가를 두고 심각하게 논의하고 있다. 아니 정확히 말하자면, 전문직이어야 하는데 여전히 그렇지 못한 현실을 두고 고민에 빠져있다. 전문직이라 하면 의사나 법조인이 떠오르는데 교사의 위상은 그렇지 못하다. 그렇다고 학교에서 가르치는 일이 전문성을 요하지 않는가. 전문성을 요하는 일인데 전문직의 반열에는 들지 못하는 현실. 교사들이 처한 현실이다.

이것은 비단 우리만이 아니다. 교사론의 고전으로 평가받고 있는 『학교교사: 사회학적 연구』에서 로티(Lortie, 1975)는 당시 미국 교사의 사회적 지위를 '특별하지만 그늘에 가린(Special but Shadowed)'이라고 표현하였다. 그는 다음과 같이 설명하였다.

교직의 사회적 지위는 비정상적인 것 같다. 교직은 한편으로는 존중을 받으면서도 다른 한편으로는 경멸을 받고, '헌신적인 봉사'로 칭송되는가 하면 '쉬운 일'로 풍자되기도 한다. 교직은 전문직이라는 수식어로 치장되지만, 사실 수입은 교사들보다 교육수준이 낮은 노동자들이 버는 것보다 낮다. 교직은 중산층의 직업이지만, 점점 더 많은 교사들이 공장의 임금노동자들이 만든 단체협상 전략을 사용하고 있다. 우리 사회에서 교직의 역할이 어떻게 발달하였는지를 살펴봄으로써 교직의 이러한 애매모호한 특성에 대한 통찰을 얻을 수 있을 것이다(Lortie, 1975: 10)[1]

---

1) 진동섭 역(1993). 교직사회: 교직과 교사의 삶. 32-33쪽 참고.

 사실 전문직의 반열에 들기 위해 그간 많은 노력이 기울여졌다. 예를 들어, 교원자격제도, 교원양성제도, 교원임용제도, 교원승진제도 등 교원 관련 제도들을 지속적으로 개선해왔고, 제도 개선을 통해 교사 양성에서 자격부여, 임용, 승진 등 교직의 전 과정에 대한 체계적인 질 관리를 도모하였다. 또한 교사평가, 일례로 최근의 교원능력개발평가 등을 매년 실시, 현직교사의 질 관리를 도모하였고, 교원양성기관에 대한 주기적인 평가를 통해 교사교육의 질 관리 및 예비교사의 질 관리를 도모하였다. 아울러, 양질의 교육과정, 교과서, 교수학습자료 개발, 효과적인 수업모형, 방법, 전략 개발, 객관적인 평가방법, 도구, 문항 개발 등을 통해 학교교육의 질 제고를 도모하였다.

 이와 같이 교직의 전문화를 위해 많은 노력이 기울여졌으나, 교직의 위상은 크게 달라지지 않았다. 여기에는 여러 가지 이유가 있겠지만, 그 주요인으로 나는 교직의 전문화 노력이 교사 전문성 향상에 주력하지 않았음을 꼽고 싶다. 교사의 전문성을 개발하는 데보다는 교사 전문성 기준을 개발하는 데, 교사 전문성 평가 방법 및 도구를 개발하는 데, 교사의 질 관리 시스템을 개발하는 데 더 많은 노력이 기울여졌다. 교사의 교육과정 전문성을 개발하는 데보다는 누가 가르쳐도 양질의 교육을 제공할 수 있는 양질의 교육과정, 교과서, 교수학습자료 등을 개발하는 데 더 많은 노력이 기울여졌고, 교사의 수업 전문성을 개발하는 데보다는 어느 교실에나 적용할 수 있는 효과적인 수업모형, 방법, 전략 등을 개발하는 데 더 많은 노력이 기울여졌으며, 교사의 학생평가 전문성을 개발하는 데보다는 어떤 학생에게든 적용할 수 있는 객관적인 평가방법, 도구, 문항 등을 개발하는 데 더 많은 노력이 기울여졌다. 결국 교직의 전문성 제고 노력이 교사 전문성 신장에 저해가 되는 결과를 가져왔다 해도 과언이 아니다.

이 점은 여러 학자들에 의해 지적되었다. 예컨대 오욱환(2005)은 다음과 같이 주장하였다.

교직의 전문성과 교사의 전문성을 구별해야 한다. 이는 생산의 전문성과 노동자의 전문성이 다름과 같다. 생산과정이 전문화(곧, 효율화)되면 그 과정에 동원되는 사람이 가진 기술의 수준은 하락하게 된다. 고용주들은 생산의 전문성을 높여 고액의 제품을 저가(低價)로 생산하려고 애를 쓴다. 자본가들은 이 지상목표를 달성하기 위해서 생산과정에 동원되는 노동자들의 업무를 표준화하고 분업화하여 생산과정에서 차지하는 노동의 중요성을 떨어뜨린다. ……

자율성이 줄어들고 외부의 규제나 통제가 많아지면 전문성은 하락한다. 외부의 통제는 해당 직업에서 수행되는 각종 업무들이 표준화 · 계량화 · 체계화 · 사례화 · 일상화 · 관례화됨으로써 효율적으로 이루어진다. 의사나 변호사를 대상으로 하여 수행된 연구들이 밝힌 바에 의하면, 이러한 조치들은 전문가들에게 더 많은 정보를 제공하지만 개별 전문가들로 하여금 경영자들, 기술자들, 관료들의 통제를 더 많이 받게 하고 전문적 지식과 판단(judgement)에 낮은 가치를 부여함으로써 탈전문화를 촉진시킨다(Derber, 1982; 196-198; Ritzer and Walczak, 1988). 자본주의가 발달하고 효율성의 제고(提高)가 절대명제처럼 강조되며 과학 · 공학 · 산업이 기능적으로 조화된 현대사회에서, 교사를 전문가에서 기술자로, 다시 노동자로, 최종적으로는 일자리에서 퇴출로 이끌 수 있는 분위기가 급격하게 조성되고 있으며 필수적 조건과 절차가 적절하게 구비 · 진행되고 있다(오욱환, 2005: 48-49).

역설적이게도, 교직의 전문화가 교사의 탈전문화를 초래하고 있는 것이다. 교육의 과정을 표준화, 체계화, 효율화함으로써 일정 수준의 질을 담보할 수 있겠으나, 교육은 획일화될 수밖에 없다. 이 같은 방식으로는 날로 더해가는 학생들의 다양성과 교육현장의 복합성에 대처하기 어렵다. 그렇다고 교직의 전문화에 반대하는 것이 아니다. 내가 강조하고 싶은 것은, 교직 전문성 제고를 위한 노력은 교사 전문성 신장에 중점을 두어야 한다는 것이다.

그러나 종래의 교사 전문성 개발 방식으로는 어렵다. 교사의 전문성 개발은 주로 현직연수를 통해 이루어져왔다. 현직연수는 일반적으로 외부에서 프로그램을 개발, 교사들에게 제공하는 방식으로 이루어졌는데, 교사들에게 부족한 지식을 보충해주거나 또는 최신 지식으로 업데이트해주는 보정적(補正的) 성격을 띠었다. 예컨대, 교사들에게 요구되는 지식을 진단, 프로그램을 설계한 후, 교사들을 특정 장소에 모아놓고 전문가가 교사 집단에게 지식을 전달하고 이를 전수받은 교사들을 다시 현장에 투입하는 방식이었다. 교사들은 각자 자신의 교실로 돌아가 전수받은 지식을 적용, 그들의 교육실천을 개선할 것이라 기대되었다.

그러나 교실로 돌아온 교사들은 연수에서 전수받은 지식이 별 도움이 되지 않음을 경험한다. 교육실천의 장이 탈맥락적이고 일반화된 지식이나 기술의 적용을 허용하지 않는다. 목적에 대한 합의가 이루어지지 않은 채 다양한 가치가 갈등을 빚는 곳, 문제가 무엇인지조차 불분명한 곳, 어느 누구와도 비교될 수 없는 유일무이의 존재들이 사는 곳, 교육실천의 장에서 탈맥락적이고 일반화된 지식은 그 힘을 잃는다. 결국 교사들은 연수를 형식적인 것으로 여기게 되고 혼자 알아서 전문성 개발에 힘쓰거나 또는 적당히 안주하게 된다.

사실 교육현장의 많은 교사들이 혼자 알아서 자신의 전문성을 개발해왔다. 혼자 공부하고 시행과 착오를 되풀이하면서 자신의 교육실천을 개선하였고 전문지식을 쌓았다. 그러나 시행착오를 통해 쌓은 전문성은 동료 교사들과 공유되거나 후배 교사들에게 전수되지 못한 채 교사 혼자 가지고 있다가 그가 교육현장을 떠나면서 그대로 사라졌다. 그의 뒤를 이은 신임 교사는 선배가 그러했듯이 처음부터 다시 시작해야 했다.

교사 개개인의 전문성은 향상되었으나, 교사 집단의 전문성은 그렇지 못했다. 이제 교사들의 집단전문성을 개발해야 할 때다. 교사 개인의 전문성만으로는 날로 더해가는 학생들의 다양성과 교육상황의 복합성 등 급변하는 교육환경에 능동적으로 대처하는 데 한계에 부딪힐 수밖에 없다. 교사 개인의 전문성 개발에 치중한 개인주의적 접근에서 탈피, 교사들의 집단전문성 개발에 중점을 두어야 한다.

그렇다면 집단전문성이란 무엇인가? 이 장에서는 집단전문성에 대하여 고찰하고자 한다. 먼저 교사 전문성에 대한 기존의 지배적인 관점과 접근에 대하여 비판적으로 고찰한 후, 그 한계를 극복할 수 있는 대안으로 집단전문성의 개념에 대하여 논의하겠다.

1.1. 교사 전문성에 대한 전통적 접근

교사 전문성에 관한 기존 담론은 교사가 갖추어야 할 전문성이 무엇인지 규명하는 데 중점이 주어졌다. 관점과 입장에 따라, 시대 변화에 따라, 또는 교육환경의 변화에 따라 교사가 갖추어야 할 전문성이 무엇인가에 대하여 다양한 의견이 제기되어왔는데, 일반적으로 지식, 기술, 태도의 세 차원으로 정리할 수 있다.

1.1.1. 교사 전문성에 대한 지식중심관

지식 중심의 교사 전문성에 대한 관점은 교직, 즉 가르치는 일은 전문지식에 토대를 두고 있고, 이 지식이 교사를 전문가로 만든다고 주장한다. 따라서 교직의 전문지식을 규명하고자 많은 노력이 기울여졌다. 초기의 노력은 교직의 학문적 토대를 구축하는 데 집중되었다. 타 전문직처럼, 예컨대 의사나 법조인과 같이 교사의 교육실천도 학문적 지식에 기초하고 있음을 보여줌으로써 교직의 전문성을 확보하고자 한 것이다. 그리하여 교과의 원천인 기초학문과 이를 교육에 적용한 응용학문을 토대로 교직의 지식기반이 수립되었고, 교사 전문성의 근거가 되었다. 전문가로서 교사는 교직의 학문적 지식기반을 갖춘 교사를 의미하였다.

이제 교사교육은 과거 실습위주의 도제식 교육에서 탈피, 교직의 기반이 되는 학문적 지식을 가르치는 데 중점이 주어졌다. 교사양성교육은 교직의 학문적 지식기반을 토대로 기초학문 → 응용학문 →

실습의 위계로 체계화되었다. 예를 들어 수학교사 양성교육의 경우, 예비교사들은 먼저 기초학문인 수학, 예컨대 대수학, 기하학, 해석학, 위상수학 등을 배웠고, 이렇게 수학의 기초를 닦은 후에 응용학문, 즉 수학교육학을 배웠다. 그리고 나서 실습을 통해 기초 및 응용학문의 지식을 교육실제에 적용하며 교수기술을 연마하였다. 현직교사교육은 학문의 최신 지식을 제공, 교사들의 학문적 지식을 업데이트해주거나 교사들에게 부족한 학문적 지식을 보충해주는 데 중점이 주어졌다. 일반적으로 대학교수가 교사 집단을 대상으로 학문적 지식을 전달하는 방식으로 이루어졌고, 교사들은 전달된 지식을 습득, 교육실제에 적용함으로써 그들의 지식과 실천을 향상하고 전문성을 신장하리라 기대되었다.

요컨대, 교직의 학문적 지식기반을 강조하는 입장은 교사의 전문성은 교직의 기반이 되는 학문적 지식을 습득, 적용함으로써 형성, 발전된다고 주장한다. 이 같은 입장을 숀(Schön, 1983)은 '기술적 합리성(Technical Rationality)', 카크란 스미스와 라이틀(Cochran-Smith & Lytle, 1999b)은 '실천을 위한 지식(Knowledge-for-Practice) 관점'이라 일컬었다. 이에 대해서는 2장에서 자세히 논의하겠다.

1980년대 들어서 교직의 지식기반을 학문적 지식에서 찾았던 전통적 입장을 비판하며 교직 특유의 전문지식을 규명하고자 하는 움직임이 일었다. 이들은 교사의 실천 속에 녹아있는 지식, 즉 실천적 지식에 주목하였다. 이 입장에 따르면, 학문적 지식을 많이 가지고 있다 해서 잘 가르칠 수 있는 것은 아니다. 실천의 세계는 학문적 지식이 바로 적용될 수 있을 만큼 단순하지 않다. 상반된 가치, 인식, 신념이 혼재하고 추구하는 목표가 무엇인지조차 불분명한 상황에서 학문적 지식을 아무리 많이 가지고 있다 한들 무슨 소용이 있겠는가. 현장의 혼돈 속에 얼어붙은 채 움쩍도 못하기 일쑤이다. 이러한 혼돈 속에서 복잡하고 불확실한 상황을 꿰뚫는 날카로운 통찰, 교육의 목적과 가치에 대한 올바른 판단, 무엇을 어떻게 가르칠 것인가에 대한 현명한 결정, 그리고 그 판단과 결정을 실제로 행하며 부딪치는 현실적 어려움에 슬기롭게 대응할 때, 교사의 실천은 빛을 발한다. 이 같은 교사의 실천은 학문적 지식의 적용으로 설명하기 어렵다. 교사의 실천 기저에 깔린 지식, 즉 실천적 지식에 주목해야 하고, 실천적 지식이야말로 교직 특유의 전문지식으로, 교사 전문성의 핵심이라 할 수 있다.

그리하여 교사의 실천적 지식을 밝히고자 연구가 활발히 수행되었는데, 그 대표적인 연구자로 엘바즈(Elbaz)를 들 수 있다. 엘바즈(Elbaz, 1981, 1983)에 따르면, 교사의 실천적 지식은 교사가 가지고 있는 지식을 그가 처한 상황에 맞게 그의 가치관과 신념을 바탕으로 종합, 재구성한 지식으로, 경험적이고 상황적인 동시에 이론적이며 개인적인 동시에 사회적인 특성을 띤다. 리차드슨(Richardson, 1994b) 또한 학문적 지식과 구별되는 실천적 지식의 특성을 강조하였는데, 교사의 실천적 지식에는 과학적 연구를 통해 수립된 이론으로는 담을 수 없는 즉시성과 실천성이 있다고 주장하였다.

그렇다면 교사의 실천적 지식은 어떻게 생성되는가. 일반적으로 실천적 지식이란 실천을 통해 형성되는 것으로 여겨졌는데, 이에 새로운 통찰을 준 주요 연구자로 숀(Schön)을 들 수 있다. 숀(Schön, 1983)은 불확실하고 급변하며 대립적 가치들이 갈등하는 실천상황에서 실천가가 발휘하는 직관적이고 예술적인 인식과정을 연구, 실천의 인식론을 주장하였다. 숀(Schön, 1983)에 따르면, 실천가의 지식은 그의 실천행위 속에 녹아있는 지식(Knowledge-in-Action)으로, 실천 중 반성(Reflection-in-Practice)을 통해 형성된다. 실천 중 반성은 실천행위가 진행되는 상황에서 행위 기저의 지식을 비판적으로 고찰, 재구성하고 이를 후속행위에 구현, 검증하는 것이다. 보다 자세히 설명하면, 실천가는 자신의 실천이 예상 밖의 결과를 가져왔을 때, 그의 실천 기저에 깔린 암묵적 지식을 표면화한다. 그리고 이를 비판적으로 고찰, 재구성함으로써 새로운 지식을 형성하게 된다. 실천가는 이 새 지식을 즉석에서 실천에 옮겨 검증한다. 그의 실천이 예상된 결과를 가져오면 새 지식은 그의 실천 속에 자연스레 녹아들어 그의 실천적 지식으로 자리잡는다. 이처럼 실천 중 반성은 지식과 실천의 상호작용을 특징으로 한다. 새로운 지식은 실천의 변화를 낳고 새로운 실천은 지식의 변화를 가져온다. 실천 중 반성을 통해 실천가는 실천적 지식을 생성, 발전시키며 전문가로 성장한다.

숀(Schön, 1983)의 반성 개념은 교사의 실천적 지식 형성과 전문성 발달을 설명하는 개념으로 각광을 받았다(Munby & Russell, 1989). 나아가서 교사교육에도 큰 영향을 미쳤다. 종래 학문적 지식 전달 위주의 교사교육에 대한 비판이 일었고, 그 대안으로 반성적 교사교육이 폭넓게 확산되었다. 교사양성교육의 경우 교육실습이 한층 강화되었다. 그렇다고 과거 실습위주의 도제식 교사교육으로의 회귀를 의미하는 것은 아니었다. 교육실습은 경력교사를 보고 따라하며 배우는 도제식 훈련을 넘어, 또는 학문적 지식을 실제에 적용해보는 지식적용 활동을 넘어, 실천과 반성을 통해 실천적 지식을 생성하는 지식 창출 활동으로 재정립되었다. 아울러 예비교사의 반성을 지원하기 위하여 멘토링(Mentoring), 코칭(Coaching), 반성적 대화, 반성적 저널 쓰기 등 다양한 프로그램이 개발, 운영되었다. 현직교사교육에서도 반성이 강조되었다. 종래 대학교수가 교사들에게 학문적 지식을 전달하는 방식에서 탈피, 교사들이 그들의 교육실천과 그 기저에 깔린 지식, 신념, 가정 등을 비판적으로 고찰, 재구성함으로써 실천적 지식을 향상시킬 수 있도록 지원하는 데 중점이 주어졌다.

실천적 지식을 강조하는 입장은 교사 전문성에 대한 새로운 접근을 제시하였다. 이 입장은 교사 전문성의 근원을 더 이상 학문에서 찾지 않았다. 교직의 학문적 지식기반을 확립하는 데 노력을 쏟기보다는 우수한 교육실천 기저의 지식을 밝히고자 노력하였다. 학문에서 파생된 지식이 아니라, 교사의 반성적 실천을 통해 생성된 지식, 즉 실천적 지식을 교직 특유의 전문지식으로 정립하였고 교사 전문성의 근간으로 삼았다. 전문가로서 교사는 반성적 실천가이자 지식 창출자를 의미하였다.

그러나 실천적 지식을 강조하는 입장도, 학문적 지식기반을 강조하는 입장과 마찬가지로, 지식중심관의 한계를 넘지 못하였다. 교사 전문성의 근거를 지식에서 찾고자 한 의지, 전문지식체계를 확립함으로써 교직의 전문성을 확보하고자 한 노력, 교직의 전문지식의 성격, 종류, 유형 등을 규명, 성문화하는 데 집중된 관심 등은 실천적 지식을 강조하는 입장에서 계속되었다. 교사교육은 교직의 전문지식을 갖추도록 하는 데, 그것이 학문적 지식이든 실천적 지식이든 지식의 습득에 중점이 주어졌고, 교사 자격시험, 임용시험, 또는 교사평가에서는 교직의 전문지식을 가지고 있는지, 어느 정도 가지고 있는지, 즉 지식소유 여부 및 정도에 초점이 맞추어졌다. 결국 지식과 실천의 문제가 제기되지 않을 수 없었다. 많이 안다고 잘 가르칠 수 있는가.

1.1.2. 교사 전문성에 대한 기술중심관

기술 중심의 교사 전문성에 대한 관점은 잘 가르치는 것이야말로 교사 전문성의 핵심이라 주장한다. 행동주의에 기초한 기술중심관은 최근 교사의 수행(Performance)을 강조하는 입장을 나타나고 있다. 기술중심관에 따르면, 지식을 많이 가지고 있다 해서 잘 가르칠 수 있는 것은 아니다. 그러므로 교사가 얼마나 많은 지식을 가지고 있느냐가 아니라 얼마나 잘 가르치는가, 즉 교수기술(Teaching Skills)에 중점을 두어야 한다. 교사 전문성의 핵심은 바로 교수기술에 있다.

그렇다면 잘 가르친다는 것은 무슨 뜻인가. 기술중심관에서 잘 가르친다는 것의 의미는 학습결과를 중심으로 정의되었다. 잘 가르친다는 것은 바람직한 학습결과를 이끌어내는 것을 의미하였다. 특히 학업성취에 관심이 집중되었다. 높은 학업성취를 이끌어내는 교수기술은 교사 전문성의 절정으로 여겨졌다. 전문가로서 교사는 잘 가르치는 교사, 즉 바람직한 학습결과, 특히 높은 학업성취를 이끌어내는 교사를 의미하였다.

그리하여 교사 전문성에 대한 연구는 바람직한 학습결과를 이끌어내는 교수기술을 규명, 성문화하는 데 중점이 주어졌다. 일반적으로 양적연구방법이 이용되었는데, 학습결과, 특히 학생들의 학업성취도 평가점수를 종속변인으로, 그리고 교사의 교수행위를 독립변인으로 설정하여 변인들 간의 상관이나 인과관계 또는 영향력을 조사하는 연구, 이른바 과정산출연구(Process-Product Research)(Shulman, 1986)가 주를 이루었다. 연구를 통해 바람직한 학습결과에 영향을 미치는 교수행위들이 속속 밝혀졌고, 이 교수행위들은 효과적인 교수법 또는 최고의 교수법으로 패키지화되어 보급되었다.

따라서 기술중심관에 기초한 교사교육은 연구를 통해 검증된 효과적인 교수법을 가르치는 데 중점이 주어졌다. 교사양성교육의 경우 교수법, 지도법 등 이른바 방법론 과목들이 대폭 확대되고 강화되었다. 예비교사들이 습득해야 할 교수법을 일련의 교수행위로 위계화하여 한 단계 한 단계 반복적 연습을 통해 교수행위를 습득, 차례대로 일련의 교수행위를 익히며 최종 단계에 이르러 교수법을 마스터하는 방식이 주로 이용되었다. 현직교사교육에서도 최신 교수법을 가르치는 워크숍이 폭넓게 확산되었다. 최근 연구를 통해 그 효과가 검증된 최신 교수법을 전문 트레이너가 모델링과 코칭을 통해 교사들에게 전수하는 방식이 인기를 끌었다. 효과적인 최신 교수법을 전수, 교사들의 교수기술을 향상시키고, 나아가서 교수기술의 향상은 학생들의 학습결과 향상을 가져올 것이라 기대되었다.

교사의 전문성은, 기술중심관에 따르면, 효과적인 교수법을 습득하여 교수기술을 향상함으로써 신장된다. 그러나 모든 학생에게 효과적인 교수법이 가능한 것인가. 개별 학생의 다양성, 개별 교실의 특수성을 넘어서는 최고의 교수법이 가능한 것인가. 효과적인 교수법, 최고의 교수법을 찾고자 정교한 측정도구와 고급통계방법으로 무장한 연구자들에 의해 교사의 교수행위와 학생의 학습결과에 대한 측정이 이루어졌고, 바람직한 학습결과와 연관된 교수행위들을 선별, 불필요한 것들을 모두 제거하고 정수만을 추출하여 법칙의 형태로 추상화한 교수법들이 속속 생산되었다.

그러나 이것을 써본 교사라면 알 것이다. 귀한 연장이라고 받았는데 내 손에서는 무용지물이 되버리는 것을. 현장 교사들의 실제 교수행위를 토대로 도출된 교수법이라 해도 그것이 탈맥락화되는 순간 힘을 잃는다. 불필요하다고 제거하거나 무시했던 변인들이 사실은 교수법이 힘을 발휘하는 데 필요한 것이었음을 깨닫게 된다. 모든 학생, 모든 교실에 적용될 수 있는 교수법의 확립은 연구자의 열망일 뿐 교사에게는 부질없는 일이 아닌가 싶다.

그렇다고 교수법에 대한 탐구나 배움이 필요하지 않다고 주장하는 것은 아니다. 다른 교사들이 어떻게 가르치는지 알고 좋은 교수방법, 전략 등을 배우는 것은 중요하다. 교수법의 습득은 물론이고, 나아가서 이를 토대로 학습자와 교수학습상황에 적절한 교수법을 구상, 구현할 수 있는 능력을 길러야 한다. 교수기술의 핵심은 교수법의 구상, 구현능력에 있다 해도 과언이 아닐 것이다. 그러므로 교수법의 확립을 통해 교직의 전문성을 확보하고자 하는 입장, 그리고 교수법의 습득을 통해 교수기술을 향상시키고자 하는 접근에 문제를 제기하지 않을 수 없다. 이 같은 입장과 접근은 결국 교수기술을 기계적인 적용행위로 전락시킬 것이다.

더욱이 기술중심관의 잘 가르친다는 것의 의미에 대해서도 문제를 제기하지 않을 수 없다. 잘 가르친다는 것의 의미를 가시적인 학습결과로 축소함으로써 교육적 가치의 문제를 외면하고 이를 오히려 측정의 문제로 덮어버리는 결과를 낳았다. 학습결과의 측정에 관심이 집중되었고, 특히 표준화된 학업성취도 평가방법 및 도구 개발에 많은 노력이 기울여졌다. 그리하여 학업성취도 표준화 검사가 폭

1. 집단전문성 | 35

넓게 확산되었고, 그 결과를 근거로 교사가 잘 가르치는지에 대한 평가가 내려졌다. 교사 전문성에 대한 평가가 학생들의 시험점수에 의거하여 이루어진 것이다. 급기야 학생들의 학업성취도 평가결과가 저조한 교사들을 퇴출하려는 움직임까지 일었다. 학생들의 시험점수를 잘 내지 않고는 전문가 교사라 할 수 없는가. 교사의 전문성이 학생들의 시험점수를 높이고 명문 대학에 보내는 기술로 전락한 것은 아닌가.

1.1.3. 교사 전문성에 대한 태도중심관

태도 중심의 교사 전문성에 대한 관점은 교사에게 전문지식과 전문기술도 중요하지만, 학생들을 가르치는 일에 임하는 마음가짐 또는 자세, 즉 태도가 기본이 되어야 한다고 주장한다. 태도중심관에 따르면, 교사의 전문지식과 기술은 올바른 태도 위에 서야 한다. 그렇지 않으면 전문지식과 기술은 변질되고 교육의 모습은 왜곡될 수밖에 없다.

사실 이러한 경우를 드물지 않게 보아왔다. 매스컴을 통해 이른바 촌지 교사, 부패 교사, 비리 교사, 폭력 교사 등의 문제가 심심찮게 보도되었다. 그때마다 교사의 자질, 소양, 또는 최근에는 교직인성이 도마 위에 올랐고, 예비·현직 교사들의 자질, 소양, 또는 인성 등을 평가, 부적격 교사를 퇴출해야 한다는 여론의 목소리가 높았다. 일례로, 2011년 교육과학기술부는 인성에 문제가 있는 교사들을 걸러내야 한다는 사회적 요구에 부응하여 교원양성기관 입학생 선발단계부터 재학, 자격부여, 나아가서 교사임용시험 및 채용단계에 이르기까지 교직인성에 대한 평가를 강화하는 방안을 발표하였다. 그 주요 내용을 살펴보면, 교육대학, 사범대학 등 교원양성기관 입학생 선발 시 입학사정관 전형을 확대, 전형과정에서 인성평가를 강화하고, 교원양성기관 재학기간 중에는 2회 이상 인성검사를 의무적으로 실시하며, 초중등 임용시험 체제를 개편, 교직인성에 대한 심층면접을 강화하는 안 등을 담고 있다.

이에 따라 교직인성을 어떻게 평가할 것인가에 관심이 집중되었고, 교직인성 평가방법 및 도구 개발을 위한 연구가 활발히 수행되었다. 연구는 주로 다음과 같은 방식으로 수행되었다. 먼저 교사가 갖추어야 할 인성, 즉 교직인성이란 무엇인지 조작적 정의를 내리고 그 구성요인을 측정할 수 있는 문항들을 개발, 검사지를 제작하였다. 그리하여 체크리스트 형식의 교직인성 검사지가 예비·현직 교사들을 대상으로 폭넓게 이용되었다. 그러나 교직인성이라는 것이 종이에 적힌 목록에 체크하는 방식으로 평가될 수 있는 것인가.

교직인성 검사지에 단골로 등장하는 사명감, 열정, 성실성 등을 일례로 들면, 사명감이 '있다' 혹은 '없다', 또는 '매우 높다', '조금 높다', '보통이다', '조금 낮다', 혹은 '매우 낮다', 또는 사명감을 나타낸다고 생각되는 행위, 예컨대 '맡은 바 책임을 다한다' 항목에 '매우 동의한다', '어느 정도 동의한다', '다소 동의하지 않는다', 혹은 '전혀 동의하지 않는다' 등에 체크하는 방식으로 교직인성이 제대로 평가될 수 있겠는가. 결국 교직인성에 대한 평가는 형식적인 요식행위로 그치거나 주관적인 판단에 치우친 평가로 전락, 평가자가 평가대상을 통제하는 수단으로 악용될 소지가 있다. 그러나 더 심각한 문제는 교직인성 또한 평가의 압박 속에서 측정의 문제로 변질되고 있다는 것이다. 무엇이든 측정으로 해결하고자 하니, 측정이 교육계 만병통치약인 셈이다.

1.1.4. 교사 전문성에 대한 통합적 관점

교사 전문성에 대한 최근 담론은 교사가 갖추어야 할 전문성으로 지식, 기술, 태도 모두를 강조하는 경향을 나타낸다. 이러한 통합적 관점은 최근 교사임용시험이나 교사평가 또는 교사직무기준 등에서 찾아볼 수 있다. 예를 들어, 교사임용시험의 경우, 1차 시험에서는 교직과 교육과정 과목에 대한 논술형과 서답형 시험을 실시하고 2차 시험에서는 수업실연과 심층면접을 실시함으로써 교직수행에 요구되는 지식, 기술, 태도를 갖추었는지 평가한다. 현직교사의 근무성적평정 또한 지식, 기술, 태도를 통합적으로 평가한다. 평가영역은 크게 '자질 및 태도'와 '근무실적 및 근무수행능력'으로 구성되며, 교육자로서의 품성, 공직자로서의 자세, 학습지도, 생활지도, 교육연구 및 담당업무 수행능력 등을 평가한다(〈표 1.1 참조〉).

최근 발표된 교원능력개발평가도 마찬가지이다(〈표 1.2〉 참조). 평가영역은 크게 '학습지도'와 '생활지도'로 구성되며, 수업준비, 수업실행, 평가 및 활용, 개인생활지도, 사회생활지도 등에 대한 평가를 통해 교사의 지식, 기술, 태도를 통합적으로 평가한다.

지식, 기술, 태도의 통합적 관점은 외국에서도 찾아볼 수 있다. 예를 들어 미국의 경우, 교사 전문성 강화를 목적으로 1987년 설립된 NBPTS(National Board for Professional Teaching Standards, 전미 교직기준위원회)는 1992년 교사 전문성에 대한 비전을 5대 핵심제의

〈표 1.1〉 교사 근무성적평정사항

평가영역	평가요소(배점)	평가지표
1. 자질 및 태도	가. 교육자로서의 품성 (10점)	1) 교원의 사명과 직무에 관한 책임과 긍지를 지니고 있는가?
		2) 교원으로서의 청렴한 생활태도와 예의를 갖추었는가?
		3) 학생에 대한 이해와 사랑을 바탕으로 교육에 헌신하는가?
		4) 학부모·학생으로부터 신뢰와 존경을 받고 있는가?
	나. 공직자로서의 자세 (10점)	1) 교육에 대한 올바른 신념을 가지고 있는가?
		2) 근면하고 직무에 충실하며 솔선수범하는가?
		3) 교직원 간에 협조적이며 학생에 대해 포용력이 있는가?
		4) 자발적·적극적으로 직무를 수행하는가?
2. 근무실적 및 근무수행 능력	가. 학습지도 (40점)	1) 수업 연구 및 준비에 최선을 다하는가?
		2) 수업방법 개선을 위하여 노력하고 학습지도에 열의가 있는가?
		3) 교육과정을 창의적으로 구성하며 교재를 효율적으로 활용하는가?
		4) 평가계획이 적절하고, 평가의 결과를 효율적으로 활용하는가?
	나. 생활지도 (20점)	1) 학생의 인성교육 및 진로지도에 열의가 있는가?
		2) 학교행사 및 교내외 생활지도에 최선을 다하는가?
		3) 학생의 심리, 고민 등을 이해하기 위하여 노력하고 적절히 지도하는가?
		4) 교육활동 중에 학생 개개인의 건강·안전지도 등에 충분한 배려를 하는가?
	다. 교육연구 및 담당 업무 (20점)	1) 전문성을 높이기 위한 연구·연수활동에 적극적인가?
		2) 담당 업무를 정확하고 합리적으로 처리하는가?
		3) 학교 교육목표의 달성을 위한 임무수행에 적극적인가?
		4) 담당 업무를 창의적으로 개선하고 조정하는가?

출처: 국가법령정보센터(www.law.go.kr) 교육공무원 승진규정 [서식 4] [시행 2014.11.4] [대통령령 제25683호, 2014.11.4.일부개정]

〈표 1.2〉 교원능력개발평가 영역 · 요소 · 지표

평가영역	평가요소	평가지표
학습지도	수업준비	• 교육과정의 이해 및 교수 · 학습방법 개선노력 • 학습자 특성 및 교과내용 분석 • 교수 · 학습 전략수립
	수업실행	• 수업의 도입 • 교사의 발문 • 교사의 태도 • 교사–학생 상호작용 • 학습자료의 활용 • 수업의 진행 • 학습정리
	평가 및 활용	• 평가내용 및 방법 • 평가결과의 활용
생활지도	개인생활지도	• 개인문제의 파악 및 창의 · 인성 지도 • 가정 연계 지도 • 진로 지도 및 특기 · 적성 지도
	사회생활지도	• 기본생활습관 지도 • 학교생활적응 지도 • 민주시민성 지도

출처: 교육과학기술부(2010). 2010학년도 교원능력개발평가 표준 매뉴얼.

(Five Core Propositions)로 제시하였다(〈표 1.3〉 참조). 첫째는 사명감 (Commitment)으로, 교사는 학생들과 학생들의 학습에 사명감을 가져 야 한다. 둘째는 교과와 교과교육에 대한 지식으로, 교사는 교과지식 과 교과를 학생들에게 어떻게 가르쳐야 하는가에 대한 지식을 갖추 어야 한다. 셋째는 학습지도로, 교사는 학생들의 학습을 관리하고 모 니터링해야 한다. 넷째는 반성적 실천으로, 교사는 자신의 교육실천 을 체계적으로 고찰하고 경험으로부터 배워야 한다. 다섯째는 협력

〈표 1.3〉 미국 NBPTS의 핵심제의

사명감	1. 교사는 학생들과 학생들의 학습에 사명감을 가져야 한다. • 교사는 학생들의 개인차를 인식하고 그에 따른 적절한 교수방법을 이용한다. • 교사는 학생들의 발달과 학습을 이해한다. • 교사는 학생들을 공평하게 대한다. • 교사의 임무는 학생의 인지 능력을 발달시키는 것 이상으로, 학생들의 자아개념, 동기, 사회성, 인성, 시민의식 등의 발달을 지원한다.
교과와 교과교육에 대한 지식	2. 교사는 교과지식과 교과를 학생들에게 어떻게 가르쳐야 하는가에 대한 지식을 갖추어야 한다. • 교사는 교과의 기반이 되는 학문의 지식이 어떻게 만들어지고 조직되었는지 그리고 다른 학문과 어떻게 연결되는지를 이해한다. • 교사는 교과 교육에 대한 전문지식을 갖는다. • 교사는 다양한 교수·학습방법을 활용한다.
학습지도	3. 교사는 학생들의 학습을 관리하고 모니터링해야 한다. • 교사는 학생들의 학습을 관리하고 모니터하기 위해 다양한 방법을 사용한다. • 교사는 집단 상황에서의 학습을 조정한다. • 교사는 학생들의 학습 참여를 북돋운다. • 교사는 학생의 향상 정도를 주기적으로 평가한다. • 교사는 주요 목표에 중점을 둔다.
반성적 실천	4. 교사는 자신의 교육실천에 대해 체계적으로 고찰하고 경험으로부터 배워야 한다. • 교사는 전문지식과 합리적 판단을 토대로 교육적 결정을 한다. • 교사는 교육실천의 개선을 위하여 다른 사람으로부터 조언을 구하고, 교육 연구와 문헌을 활용한다.
협력	5. 교사는 학습공동체의 일원으로 구성원들과 협력해야 한다. • 교사는 다른 교육전문가와 협력하여 학교의 효율성에 기여한다. • 교사는 학부모와 협력적으로 일한다. • 교사는 지역사회의 자원을 활용한다.

으로, 교사는 학습공동체의 일원으로 구성원들과 협력해야 한다. 이와 같이 NBPTS의 핵심제의는 교사가 갖추어야 할 전문성을 지식, 기술, 태도 등 통합적 관점에서 제시하고 있다.

한편, 같은 해 설립된 인타스크(Interstate New Teacher Assessment and Support Consortium, InTASC, 신규교사 평가지원 주연합 협력단)에서는 1992년 신규교사 자격검정, 평가, 전문성 개발을 위한 기준(Standards for Beginning Teacher Licensing, Assessment, and Development)을 발표하였고(주영주 외, 2006 참고), 이 기준을 토대로 각 주(州)에서 교사자격검정기준과 평가기준이 개발되었다. 2011년 인타스크(InTASC)는 1992년 기준을 업데이트, 교직핵심기준(Core Teaching Standards)을 발표하였다. 이 기준은 1992년 기준과 달리, 신규교사에 제한되지 않고 전 교사들을 대상으로 한다. 교직핵심기준은 4개 영역, 10개 기준으로 구성되었고 각 기준은 수행(Performances), 필수지식(Essential Knowledge), 주요 태도(Critical Dispositions), 이렇게 세 가지 요소로 구성되었다. 그리하여 10개 기준에, 75개의 수행, 56개의 필수지식, 43개의 주요 태도, 총 174개의 기준으로 구성되었다. 인타스크(InTASC)의 교직핵심기준을 간략히 살펴보면 〈표 1.4〉에 제시된 바와 같다.

외국 사례를 좀 더 살펴보면, 최근 교육강국으로 주목을 받고 있는 싱가포르의 경우, 21세기 교사 전문성에 대한 새로운 비전을 담은 V3SK 모델을 수립, 이를 토대로 교사양성교육, 임용, 현직교사교육, 교사평가, 승진 등 교원정책 전반에 걸친 개혁을 추진하고 있다(Schleicher, 2012). V는 Value, 가치를 의미하는 것으로 세 가지 가치를 포함한다. 첫째는 학습자 중심의 가치이며, 두 번째 가치는 교사

〈표 1.4〉 미국 인타스크(InTASC)의 교직핵심기준

영역	기준	지표
학습자와 학습	1. 학습자 발달	교사는 학습자의 성장과 발달을 이해하고 학습자의 학습과 발달 패턴이 인지적, 언어적, 사회적, 정서적, 신체적 영역 등에 걸쳐 개인차가 있음을 고려하고 발달상 적절하고 도전적인 학습경험을 설계, 제공한다.
	2. 학습의 다양성	교사는 개인차 및 다양한 문화와 공동체에 대한 이해를 토대로 학습자 개개인이 높은 기대수준을 성취할 수 있도록 포용적인 학습환경을 조성한다.
	3. 학습환경	교사는 개인학습과 협력학습을 지원하고 긍정적인 사회적 상호교류와 적극적인 학습참여 및 내적 동기를 장려하는 환경을 조성하기 위하여 다른 교사들과 협업한다.
내용	4. 내용지식	교사는 가르치는 교과의 핵심개념, 탐구도구, 학문의 구조를 이해하고 학습자들이 교과내용을 완전히 습득할 수 있도록 의미있는 학습경험을 구안한다.
	5. 내용지식의 적용	교사는 교과의 개념들이 서로 어떻게 연결되는지 이해하고 학습자들이 국지적, 국제적 이슈들과 관련하여 비판적 사고, 창의성, 협력적 문제해결을 할 수 있도록 여러 다양한 관점들을 이용한다.
수업	6. 평가	교사는 학습자 개개인의 성장을 지원하고 학습자의 성장과정을 추적관찰하고 교사와 학습자의 의사결정을 이끌어줄 수 있도록 다양한 평가방법들을 이해하고 이용한다.
	7. 수업계획	교사는 학습자에 대한 지식, 지역공동체에 대한 지식은 물론 교과내용지식, 범학문적 기술, 교수법 등을 활용하여 모든 학생들이 엄격한 학습목표를 성취할 수 있도록 지원하는 수업을 계획한다.
	8. 수업전략	교사는 학습자들이 교과내용 및 교과내용들 간의 관계에 대해 깊이 이해하고 그 지식을 의미있는 방식으로 적용할 수 있도록 지원하기 위하여 다양한 수업전략을 이해하고 이용한다.

전문적인 책무	9. 전문적인 학습 및 윤리적 실천	교사는 끊임없이 배우고 자신의 교육실천, 특히 자신의 선택과 행위가 다른 사람들, 예컨대 학습자, 학습자의 가족, 다른 전문가들, 지역공동체에 미치는 영향을 평가하기 위하여 지속적으로 증거를 수집, 분석하고 학습자 개개인의 요구에 맞게 자신의 교육실천을 수정, 개선한다.
	10. 리더십과 협력	교사는 학생 학습에 대한 책임을 다하기 위하여, 학습자들과 그들의 가족들, 동료 교사들, 학교 교직원들, 지역공동체 구성원들과 협업하기 위하여, 교직의 발전을 위하여 적절한 리더십 역할과 기회를 추구한다.

정체성이고, 세 번째 가치는 교직과 공동체에 대한 봉사이다. S는 Skills, 기술을 의미하며, 교수기술, 대인관리기술, 자기관리기술, 의사소통기술 등을 포함한다. K는 Knowledge, 지식을 의미하며, 자신에 대한 지식, 학생들에 대한 지식, 공동체에 대한 지식, 교과에 대한 지식, 교수학에 대한 지식 등을 포함한다([그림 1.1] 참조). V3SK 모델은 가치를 기둥 축으로 지식과 기술을 계속해서 향상시켜 나아가는 교사 전문성의 비전을 제시하였다.

1.1.5. 교사 전문성에 대한 기존 관점의 한계

이상과 같이, 교사 전문성에 대한 담론은 교사가 갖추어야 할 전문성이 무엇인지 규명하고 이를 성문화하는 데 중점이 주어졌다. 일반적으로 교육부 주도 아래 대학교수들이나 연구기관 연구원들이 교사가 갖추어야 할 전문성을 규명, 교사자격기준 또는 교사직무기준 등으로 성문화하였고, 이것은 교사양성교육, 교사임용시험, 교사평가, 교사연수 등에 영향을 미쳤다. 교사양성교육은 교사자격기준

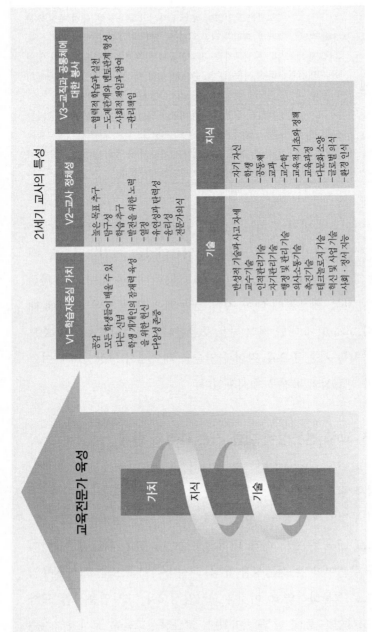

21세기 교사의 특성

V1-학습자중심 가치
- 공감
- 모든 학생들이 배울 수 있다는 신념
- 학생 개개인의 잠재력 육성을 위한 헌신
- 다양성 존중

V2-교사 정체성
- 높은 목표 추구
- 탐구성
- 학습 추구
- 발전을 위한 노력
- 열정
- 유연성과 탄력성
- 윤리성
- 전문가의식

V3-교직과 공동체에 대한 봉사
- 협력적 학습과 실천
- 도제관계와 멘토관계 형성
- 사회적 책임과 참여
- 관리책임

기술
- 반성적 기술과 사고 자세
- 교수기술
- 인적관리기술
- 자기관리기술
- 행정 및 관리 기술
- 의사소통기술
- 촉진기술
- 테크놀로지 기술
- 혁신 및 사업 기술
- 사회·정서 지능

지식
- 자기 자신
- 학생
- 공동체
- 교과
- 교수학
- 교육적 기초와 정책
- 교육과정
- 다문화 소양
- 글로벌 인식
- 환경 인식

교육전문가 육성

가치
지식
기술

[그림 1.1] 싱가포르의 V3SK 모델

출처: National Institute of Education(2009). *A teacher education model for the 21st century*. National Institute of Education, Singapore.

을 기반으로 교사가 갖추어야 할 전문지식, 기술, 태도 등을 예비교사들이 습득하도록 하는 데 중점이 주어졌고, 교사임용시험은 예비교사들이 교직의 전문지식, 기술, 태도 등을 갖추고 있는지, 어느 정도 갖추고 있는지를 평가하는 데 중점이 주어졌다. 교사평가 또한 교직의 전문지식, 기술, 태도 등의 보유 여부 및 정도를 평가하는 데 중점이 주어졌고, 기준에 미치지 못하는 교사들을 선별, 연수를 제공하거나 개선의 여지가 없을 경우 교단에서 내려오도록 하였다. 교사연수는 일반적으로 교사들에게 부족한 지식, 기술 등을 보충해주거나 최신 지식, 기술 등으로 업데이트해주는 데 중점이 주어졌고, 교사들을 현장에서 격리, 대학 교수나 연구기관의 연구원 또는 소수 선택받은 교사들로부터 그들의 전문지식, 기술 등을 전수받도록 한 후 다시 현장에 투입하는 방식으로 이루어졌다.

외부의 일부 소수집단에 의해 규정되는 교사 전문성, 외부 전문가에게서 교사에게로 전달, 주입되는 전문성, 교사 개인을 타깃으로 격리, 보정(補正), 재투입, 적용의 방식으로 개발되는 전문성, 평가를 통해 중앙집권적으로 관리, 통제되는 전문성. 결국 교육현장에서 교사들이 형성, 발전시키는 전문성은 무시되거나 또는 저급으로 취급되었다. 인정받지 못한 채, 동료 교사들과 공유되지 못한 채, 후배 교사들에게 전수되지 못한 채 교육현장에서 사라져갔다.

이제 교사 전문성에 대한 새로운 관점과 접근이 필요한 때다. 교사들이 교육현장에서 형성, 발전시키는 전문성에 관심을 기울여야 할 때다. 교사들이 자신의 전문성을 다른 교사들과 나누고자 하는 자발적인 노력에 관심을 기울여야 할 때다. 교사 개개인의 전문성은 물론 교사 집단의 전문성에 관심을 기울여야 할 때다.

나는 교사 전문성에 대한 재개념화를 주장한다. 교사들이 창출하는 전문성, 교육현장에서 자생적으로 형성, 발전하는 전문성, 교사들이 서로의 전문성을 교류, 공유하며 끊임없이 진화하는 전문성, 집단전문성을 주장한다.

1.2. 집단지성

내가 주장하는 집단전문성은 레비(Lévy, 1994/1997/2002)의 집단지성론에 토대를 두고 있다. 이 절에서는 레비(Lévy)의 집단지성론에 대하여 간략하게 살펴보겠다.

1.2.1. 집단지성의 대두

20세기 말 테크놀로지의 획기적인 발전은 사회, 정치, 경제, 문화 등 인간생활 전반에 일대 변혁을 가져왔다. 레비(Lévy, 1994/1997/2002)는 인류가 신석기 혁명과 산업 혁명을 거쳐 이제 디지털 혁명의 시대에 접어들었다고 선언하였다. 디지털 테크놀로지의 발달로 인터넷을 통해 정보를 손쉽게 이용할 수 있게 되었을 뿐 아니라, 누구나 지식을 교류, 공유하고 나아가서 함께 새로운 지식을 창출할 수 있게 되었다. 과거 소수에 의해 지식이 창출되고 독점되었다면, 이제 지식은 모두가 공유하는 공동자산이 되었고 누구나 지식 창출에 참여할 수 있게 되었다.

이 같은 변화는 인간관계에도 큰 영향을 미쳤다. 과거 개인의 성명, 거주지, 또는 직업으로 사회적 정체성이 규정되었다면, 이제 지식이 사회적 정체성의 핵심으로 부상하였다. 타인을 더 이상 어떤 이름의, 어디에 거주하는, 또는 어떤 직업을 가진 자로서가 아니라, 지식을 가진 자로서 만나게 된 것이다. 지식을 가진 자, 나와는 다른 지식을 가지고 있기에 나의 지식을 더욱 풍부하게 만들어 주고 나를 성장하게 하는 자, 그러므로 타인은 지식의 원천이라 할 수 있다. 타인은 경계와 경쟁의 대상이 아니라 존중과 존경의 대상인 것이다. 나에게 타인이 그러하듯, 나 역시 내 이름이 무엇이고 어디에 거주하고 어떤 직업을 가지고 있고 어떤 사회적 지위를 가지고 있든, 타인에게 지식의 원천이자 새로운 지식을 배우고 성장할 수 있는 배움의 기회가 된다. 그러므로 우리의 인간관계는 서로 가르치고 배우는 상호교학(相互教學, Mutual Apprenticeship)을 전제로 하게 된다. 상호교학에 기초한 인간관계는 타인을 꺾고 이길 수 있는 경쟁력이나 타인을 지배하고 복종시킬 수 있는 권력이 아니라, 타인이 자신의 지성을 최대한 발휘할 수 있도록 도와주는 힘을 가치있게 여긴다. 서로의 지성을 함께 개발, 발전시켜 나아가는 지성공동체를 지향한다.

디지털 테크놀로지의 발달로 이제 지성공동체의 건설이 현실화되었다. 레비(Lévy, 1994/1997/2002)는 인류가 새로운 진화의 문턱에서 있다고 선언하였다. 과거 산업혁명시대의 구질서를 타파하고 새로운 방식의 인간관계를 구축해야 한다고 그는 주장하였다. 종래 관료주의적 위계질서, 대의정치, 미디어 독점 등 소수 지성에 의해 지능적으로 지배되어온 인간관계에서 탈피, 지성공동체를 세워야 한다고 주장하였다. 이를 위해서는 집단지성이 반드시 필요하다. 그렇다면 집단지성이란 무엇인가?

1.2.2. 집단지성의 특성

레비(Lévy, 1994/1997)는 집단지성을 다음과 같이 정의하였다.[2] 집단지성은 모두에게 분산되어 있고, 끊임없이 진화하며, 실시간으로 조정되고, 결과적으로 유감없는 기량 발휘로 나타나는 지성이다 (Lévy, 1994/1997: 13).

■ 모두에게 분산된 지성

모든 것을 다 아는 사람은 없다. 그러나 우리 모두는 무엇인가 알고 있다. 따라서 모든 지식은 인류 전체에 내재한다. 지식에 대한 이같은 편재(遍在)적 접근은 어느 누구도 무지하지 않음을, 모든 사람이 지성인임을 가정한다. 타인이 무지하다는 생각이 들 때 그의 지식이 빛을 발하는 순간을 찾아보라, 레비(Lévy, 1994/1997)는 충고한다. 누구나 일부 가지고 있는, 모두에게 분산된 지성, 그것이 집단지성이다.

■ 끊임없이 진화하는 지성

우리가 타인의 지성을 서로 인정하고 존중한다면, 우리가 타인이 그의 지성을 최대한 발휘할 수 있도록 서로 돕는다면, 집단지성은 끊임없이 진화할 것이다. 그러나 타인의 지성을 무시하거나 조롱하거나 억압한다면 집단지성은 발전할 수 없다.

---

2) 집단지성의 정의에 대한 번역은 한글번역본(2002)과 다르게 해보고 싶은 마음에서 영어번역본(1997)을 참고하였다.

■ 실시간으로 조정되는 지성

디지털 테크놀로지의 발달로 집단지성은 이제 실시간으로 조정된다. 소셜 미디어(Social Media), SNS(Social Network Services) 등 인터넷을 통한 온라인 소통이 폭넓게 확산됨에 따라 시공간의 제약을 넘어 서로의 지성을 자유롭게 교류, 공유하고 실시간 조율하며 집단지성을 생성, 발전시키고 있다.

■ 유감없는 기량 발휘로 나타나는 지성

집단지성은 궁극적으로 우리 각자가 제 기량을 유감없이 발휘할 수 있도록 한다. 집단지성은 상호 인정과 존중을 토대로 개인의 능력을 최대한 개발하는 것을 목적으로 하지, 공동체에 대한 맹목적 숭배나 신격화를 목적으로 하지 않는다. 초월적이고 물신화된 공동체에 개인을 종속시키는 전체주의와 달리, 집단지성은 개개인의 개별성에 가치를 부여한다. 집단지성은 개인지성을 무차별적으로 흡수하는 마그마가 아니라, 개별성이 성장하고 분화하고 상호 부흥하는 과정이다. 그리하여 개개인이 자신의 기량을 유감없이 발휘하는 결과로 나타난다.

집단지성은, 마치 코러스나 심포니처럼, 모두가 다 똑같은 소리를 내는 것이 아니라 각자 서로 다른 음을 내되 아름다운 화음을 만들어낸다. 화음을 이루기 위해서는 내 소리를 온전히 내는 동시에 다른 사람들의 소리를 들어야 하고 그에 맞추어 내 소리를 조율해야 한다. 누가 더 큰 소리를 내거나 누가 소리를 내지 않는다면 아름다운 화음을 만들어내기 어렵다. 개개인의 개별성이 존중되고 개개인의 다양성이 조화롭게 발휘될 때, 집단지성은 그 힘을 발휘한다. 개인의 한계를 초월하는 집단의 힘을 발휘한다.

1.2.3. 집단지성의 함의

집단지성은 학습에 대하여 새로운 통찰을 제공한다. 레비(Lévy, 1994/1997/2002)에 따르면, 배운다는 것은 타인의 세계 속으로 들어감을 의미한다. 자신의 주관적 세계를 열고 타인의 세계 속으로 들어가는 것, 타인을 자아로 이끌고 타인을 자아로 변형시키는 것, 그리하여 끊임없이 자신을 변혁시키는 것이다. 배우지 않는 자는 무지한 자가 아니라 닫히고 경직된 자이다. 타인과의 만남을 거부하는 자이다. 타인의 세계, 미지의 세계에 대한 두려움으로 배움을 관둔 것이다.

이 같은 학습관은 타인에 대한 새로운 시각에 토대를 두고 있다. 모든 것을 다 아는 전지한 인간은 없다. 그러나 우리 모두는 무엇인가 알고 있다. 따라서 타인은 지식을 가진 자, 이름이 무엇이든, 어디에 거주하든, 어떤 직업을 가지고 있든, 어떤 사회적 지위를 가지고 있든, 나와는 다른 지식을 가진 지성인, 내가 모르는 것을 알게 해주는 지식의 원천이다. 그 어느 누구도 무지하지 않다.

배움은 타인의 지식에 대한 인정과 존중에서 시작된다. 배움은 타인의 세계 속으로 들어가 서로의 지식을 교류, 공유하는 것이다. 따라서 학습은 협력적 성격을 띤다. 일방적인 지식 전달과 전수(傳受)가 아닌, 자유로운 지식 교류와 공유를 그 특징으로 한다. 이때 협력은 호혜평등관계에 기초한다. 가르치는 자와 배우는 자가 고정된 것이 아니라, 내가 모르는 것을 아는 자에게 배우고 내가 아는 것을 모르는 자에게 가르치며, 서로 가르치고 배우며 함께 성장한다.

　배운다는 것, 그것은 서로 동등한 관계에서 자유롭게 지식을 교류, 공유하는 것이다. 배움은 개인의 지성을 발전시키고 개개인이 독립적인 지성인으로 서게 한다. 동시에 배움은 개개인의 지식과 사고를 집단지식과 집단사고의 형태로 확장시키고 집단지성을 발전시킨다. 집단지성은 지성적인 개개인들을 지성적인 공동체로 발전시킨다.

1.3. 교사 집단전문성

　일반적으로 집단지성은 대중지성의 의미에서 논의되고 있고 전문성과 대비되는 개념으로 간주되고 있다(이항우, 2009). 집단지성의 '집단'은 전문가로 공인받지 않았지만 서로 지식을 교류, 공유하며 지식을 공동생산하는 일반인들을 의미하는 것으로 여겨지고 있다(최항섭, 2009). 그러나 '집단(Collective)'은 '개인(Individual)'과 대비되는 의미이지, 전문가와 대립적인 의미는 아니다.

　최근 레비(Lévy)는 전문가 지성 중심의 집단지성을 강조하고 있다(Lévy, 2002, 2003; 최항섭, 2009). 그는 전문가의 권위 및 전문가 지식에 대한 신뢰가 급격히 추락하고 있는 현실을 지적하며, 전문가 집단의 폐쇄성과 파편화에 문제제기하였다. 레비(Lévy)는 전문가들이 영역 간 경계, 지식·이익·권력 독점욕에서 탈피, 서로 협업하며 새로운 지성을 발현해야 한다고 주장하였다.

　전문가 집단의 새로운 지성, 집단전문성을 나는 주장한다. 집단전문성은 전문가들의 자유로운 상호 교류와 수평적 협업을 통해 공동 창출되는 전문성을 의미한다. 다양한 전문성을 가진 전문가들이 서로의 전문성을 교류, 공유하며 공동의 전문성을 발전시켜 나아가는 것을 그 특징으로 한다.

집단전문성은 그러나, 개인전문성과 대립되는 개념이 아니다. 집단전문성은 개인전문성에 기초하며 전문가 개개인의 자율성을 존중한다. 집단전문성은 개인전문성이 최대한 발현될 수 있도록 하지, 마치 용광로와 같이 개인전문성을 형체도 없이 녹여버린 것이 아니다. 그런 점에서 집단전문성은 집단주의와 대립된다. 특히 전문가들이 그들의 이익과 권력을 보호하기 위하여 취하는 폐쇄적 집단주의와 대립된다.

보다 근본적으로 집단전문성은 소수 특정집단에 의해 전문성이 규정, 관리되어온 인습에 대립된다. 다시 말해, 집단전문성은 전문성에 대한 중앙집권적 통제에 대한 문제제기이다. 또한 집단전문성은 소수 특정집단에 의해 전문지식이 독점적으로 생산되는 것, 즉 전문지식 생산권의 독점에 대한 문제제기이다. 나아가서 집단전문성은 전통적인 전문성 개발 방식, 즉 전문지식의 일방적인 전달 및 전수를 통한 전문성 개발 방식에 대한 문제제기이다.

집단전문성은 호혜평등관계를 특징으로 한다. 다양한 전문성을 가진 전문가들이 서로 동등한 관계에서 자유롭게 교류하며 개인의 전문성은 물론 공동의 전문성을 발전시켜 나아간다. 둘째로, 집단전문성은 전문지식의 공동창출을 특징으로 한다. 전문가들이 서로의 지식을 교류, 공유하며 함께 새로운 지식을 창출한다. 셋째로, 집단전문성은 상호교학을 특징으로 한다. 고참은 가르치고 신참은 배우는 일방적인 관계가 아니라, 또는 전문성의 경지에 올랐다고 배움이 멈추는 것이 아니라, 고참이든 신참이든, 고경력자든, 저경력자든 또는 전문분야가 서로 다른 전문가들이 서로 가르치고 배우며 함께 성장한다. 마지막으로, 집단전문성은 현장에서의 실시간 조정을 특징으로 한다. 집단전문성은 연구에서 생산되고 현장에서 소비되는 것이 아니라, 현장에서 다양한 전문성을 가진 전문가들이 서로의 전문성을 교류, 공유하며 형성, 발전된다.

나는 교사들이 집단전문성을 개발해야 함을 주장한다. 종래의 방식은 이제 그 한계를 드러내었다. 교사의 전문성이 교육부에 의해 중앙집권적으로 규정, 통제, 관리되고, 교사에게 필요한 전문지식이 대학교수나 연구원들에 의해 독점적으로 생산되고, 대학교수나 선택받은 교사가 교사들에게 부족한 지식을 일방적으로 전달하고, 교사들은 이를 습득함으로써 전문지식을 향상하고, 그리고 각자 학교로 돌아가 전수받은 지식을 적용함으로써 교육실천을 개선하고, 또는 아예 혼자 공부하고 혼자 시행착오를 거듭하며 전문성을 신장하는 등, 이 같은 종래의 방식으로는 날로 더해가는 학생들의 다양성과 교육현장의 복잡성에 교사들이 적절히 대처하기 어렵다. 결국 무능한 집단으로 매도되고 통제의 대상으로 전락할 수밖에 없다.

이제 교사들이 집단전문성을 개발해야 할 때다. 다양한 경력과 전문성을 가진 교사들이 서로의 전문성을 교류, 공유하며 공동의 전문성을 발전시켜야 할 때다. 일방적인 지식전달 위주의 교사연수나 혼자 공부하고 시행착오를 통해 배우는 고립적 학습에서 탈피, 서로 가르치고 배우며 개인의 전문성은 물론 교사 집단의 전문성을 발전시켜야 할 때다. 교사들이 교실의 벽, 교과의 벽을 허물고 자신의 교육실천을 서로 개방, 협업하며 공동의 전문성을 발휘해야 할 때다.

　이를 위해 나는 교사학습공동체를 제안한다. 교사 개인의 전문성은 물론 집단전문성 개발을 위한 한 접근으로 교사학습공동체를 제안한다. 그렇다면 교사학습공동체란 무엇인가? 이제 교사학습공동체에 대한 논의를 시작해보겠다.

2. 교사 학습에 대한 관점

교 사학습공동체에 대해 본격적으로 논의
하기에 앞서 먼저 교사의 학습에 대하
여 살펴보고자 한다. 교사가 배운다는 것, 다시 말해, 가르치는 자가
배운다는 것, 이것은 어떠한 의미인가? 교사 전문성의 개념과 마찬가
지로, 교사 학습에 대해서도 관점과 입장에 따라, 시대 변화에 따라, 또
는 교육환경의 변화에 따라 다양한 의견이 제기되어왔다. 이 장에서는
하그리브스(Hargreaves)의 시대적 접근, 숀(Schön)의 반성적 접근, 카
크란 스미스와 라이틀(Cochran-Smith & Lytle)의 지행(知行)관계적 접
근, 자이크너(Zeichner)의 교육 이데올로기적 접근 등을 중심으로[1]
교사 학습에 대한 주요 관점과 접근에 대해 논의하고자 한다.

2.1. 하그리브스(Hargreaves)의 시대적 접근

하그리브스(Hargreaves)는 그의 논문 「전문성의 네 시대와 전문가
학습(Four Ages of Professionalism and Professional Learning)」(2000)에서 교
사 전문성의 변천 과정을 전문성 이전 시대(Pre-professional Age), 자율
적 전문성의 시대(Age of Autonomous Professional), 협업적 전문성의 시
대(Age of Collegial Professional), 그리고 포스트모던 전문성의 시대

---

1) 교사 학습에 대한 하그리브스(Hargreaves)의 논의를 "시대적 접근", 숀(Schön)의 논
   의를 "반성적 접근", 카크란 스미스와 라이틀(Cochran-Smith & Lytle)의 논의를 "지행
   (知行)관계적 접근", 자이크너(Zeichner)의 논의를 "교육 이데올로기적 접근"으로 명
   명하였다.

(Age of Post-professional or Postmodern Professional)로 구분하고, 시대의 흐름에 따라 교사의 전문성 및 학습에 대한 개념이 어떻게 변화해왔는지 논의하였다. 먼저 논문의 내용을 살펴보면 2.1.1에서 2.1.4에 제시된 바와 같다.

2.1.1. 전문성 이전 시대

19세기 말 공교육 초기 교사들은 교과서나 교육자료도 충분하지 않고 보상이나 인정도 제대로 받지 못하는 상황에서 혼자 교실에서 대집단의 학생들, 그것도 배우고자 하는 의욕도 별로 없는 학생들에게 교과를 가르치고자 고군분투하였다. 대집단의 학생들을 가르치기 위해서는 교실 통제가 반드시 필요하였고, 따라서 교사의 생존과 성공은 교육과 통제, 이 둘을 얼마나 잘 해내는가에 달렸다.

이러한 상황에서 공교육은 마치 공장 같은 대중교육 시스템으로 변화하였다. 학생들은 연령에 따라 학년으로 나뉘었고 대규모 집단으로 묶여졌다(Cuban, 1984). 교육과정은 교과나 학년 등으로 분화되고 표준화되었다. 교수방법으로는 설명 또는 강의, 노트필기, 질의응답, 자습 등이 이용되었다. 설명식 교수방법은 대규모 학생 집단, 학습동기가 낮은 학생들, 부족한 자원 등의 열악한 상황에서 교사로서의 책임 즉 교과과정을 가르치고 학생들이 교과내용을 습득하게끔 하는 등의 직무를 수행하는 데 효율적이었다(Hoetker & Ahlbrand, 1969; Westbury, 1973; Abrahamson, 1974).

수업은 교사의 설명 위주로 진행되었고, 학생들의 발언은 교사에 의해 철저히 통제되었다. 일반적으로 질의응답 방식이 통제방법으

로 이용되었다. 교사가 질문하고 학생이 대답하는 방식으로, 그 역
방향, 즉 학생이 질문하고 교사가 대답하는 방식은 배제되었다
(Sinclair & Coulthard, 1974). 교사가 응답할 학생을 선택하였고, 교사
의 선택을 받은 학생이 전체 학생들을 대표하는 역할을 하였으며,
학생이 응답하면 교사가 그 응답의 정확성, 질, 적절성 등을 평가하
였다.

　이러한 수업구조에서 교사는 학생 개개인의 요구에 크게 관심을
두지 않았다(Bromme, 1987). 학생들은 집단으로 다루어졌다. 교사에
게 가장 중요한 관심사는 학생 개개인의 학습경험이 아니라 수업의
흐름, 즉 수업이 의도한 방향으로 순조롭게 잘 진행되는가 하는 것
이었다(Clark & Peterson, 1986).

　이와 같이 전통적인 교수방식은 질서와 통제를 핵심으로 한다. 전
통적 교수방식은 공교육 초기 대규모 학생 집단, 부족한 자원 등의
열악한 여건 속에서 교사에게 주어진 책무를 수행하기 위한 일종의
생존전략이었다(Hargreaves, A., 1977, 1978, 1979; Woods, 1977; Pollard,
1982; Scarth, 1987).

　전문성 이전 시대, 가르치는 일은 힘들었지만 고도의 전문성을 요
하는 어려운 일로 여겨지지는 않았다. 가르치는 일은 비교적 단순하
고, 한번 배우면 더 이상의 배움도, 도움도 필요 없는 일로 여겨졌
다. 따라서 교사교육은 양성교육에 집중되었다. 교사양성교육은 일
반적으로 도제방식으로 이루어졌다. 예비교사는 고경력의 숙련된
교사 옆에서 그를 보고 배우며 교직에 필요한 지식과 기술을 습득하
였다. 이러한 견습경험과 더불어 일정 기간의 교육실습을 거쳐 교사
로 임용되었다.

교사 임용 후, 실습생 시절과는 달리, 동료 교사들의 수업을 보기도 어려웠고 동료 교사들로부터 자신의 수업에 대한 피드백을 받기도 어려웠다. 교사들은 제각기 각자의 교실에 고립된 채 혼자서 시행착오를 거듭하며 자신의 교육실천을 개선해야 했다. 이같이 개인적이고 직관적이며 점진적인 방식은 교사들의 전문성 신장을 크게 제한하였다. 호일(Hoyle, 1974)은 이 시대 교사 전문성을 '제한적 전문성(Restricted Professionalism)'이라 칭하였는데, 사실 이것은 전문성의 한 형태라 보기 어렵다. 이 시대 교사들은 실상 아마추어와 다를 바 없었다.

2.1.2. 자율적 전문성의 시대

1960년대 들어 교사의 지위는 크게 향상되었다. 공교육 수립 초기 도제방식으로 이루어졌던 교사양성교육은 사범학교, 전문대학 등을 거쳐 이제 본격적으로 대학에서 이루어졌고 교직은 대졸 학력을 요하는 직업이 되었다(Labaree, 1992).

1960년대 미국은 우주경쟁과 과학기술개발에 전력을 기울였다. 그 일환으로 교육에도 대대적인 투자가 이루어졌고 특히 수학, 과학 등 주요 교과과정 개혁에 중점이 주어졌다. 일반적으로 연방정부나 주 수준에서 대학이나 연구소를 중심으로 교수, 학자, 연구원 등에 의해 새 교육과정이 개발되었고, 이를 학교 현장에 그대로 적용할 수 있게끔 패키지 형태로 교사들에게 제공되었다. 그러나 새 교육과정의 대부분은 학교에서 제대로 실행되지 못하였다(Fullan, 1991). 여기에는 여러 가지 이유가 있는데, 역설적이게도 교사의 자율성도 한몫

하였다. 교장이 새 교육과정을 채택했어도 이를 실제로 교실에서 가르치는 것은 교사 개인의 전문적 판단에 달렸기에, 교육과정 개혁은 종종 그 기획자나 설계자가 의도한 것과는 다른 양상으로 나타났다.

막대한 돈이 투자된 교육과정 개혁 프로젝트가 성공하기 위해서는 무엇보다도 교사들의 실행 의지와 노력이 필요하였다. 정부는 국가가 기대하는 바를 수행하는 대가로 교사들에게 물질적 보상, 직업적 안정, 전문적 권위, 신임, 재량권 등을 부여하였다(Helsby & McCulloch, 1997). 교사들은 일종의 '허가된 자율권(Licensed Autonomy)'을 누렸다(Dale, 1988).

한편 교육에 대한 대대적인 투자는 교수법의 혁신 또한 가져왔다. 전통적인 교수법의 문제를 해결하고자 여러 다양한 교수방법들이 개발되었고, 열린 교육, 탈학교교육, 자유학교제 등 실험적이고 대안적인 교육개혁운동이 일었다(Holt, 1964, 1969; Illich, 1971; Postman & Weingarter, 1969; Silberman, 1970). 교실은 곧 아동중심과 교과중심, 개방적 교실과 비개방적 교실, 전통주의와 진보주의 등 이데올로기의 싸움터가 되었다. 이제 교사에게 교수법은 이데올로기적 결정이 되었다. 과거 당연시되었던 학교의 일상적 활동들은 전통주의와 진보주의 간의 이데올로기적 갈등으로 대치되었다.

이 같은 교육혁신의 시대에 교사교육도 크게 발전하였다. 교사들이 교육개혁을 성공적으로 수행하는 데 필요한 능력을 길러줄 수 있는 교사교육이 필요하였고, 이는 현직교사를 위한 교육에 있어 괄목할 만한 발전을 가져왔다(Fullan & Connelly, 1990). 일반적으로 워크숍, 강좌, 단기 코스 등이 현직교사 교육방법으로 이용되었다. 교수, 학자, 연구원 등 외부 전문가들이 초빙되어 교사들에게 필요한 지식

과 기술을 전달하였고, 교사들로 하여금 이 지식과 기술을 학교 현
장에 적용하여 교육개혁을 성공적으로 수행하도록 하였다. 그러나
워크숍에서 배운 지식과 기술을 적용하는 데에는 많은 어려움이 따
랐다. 그럼에도 불구하고 교사들의 어려움에 대한 이해나 지원은 미
미하였다(Little, 1993). 결과적으로, 현직교사교육은 양적으로 급격히
팽창하였으나, 그 내실은 기대에 미치지 못하였다.

　자율적 전문성의 시대 교직의 가장 두드러진 특징 중의 하나는 개
인주의였다(Hargreaves, 1980). 교사들은 대부분 각자의 교실에서 혼
자 학생들을 가르쳤다. 동료 교사들과 협업한다 해도 아주 적은 수
의 동료들하고만 긴밀한 관계를 유지하였다(Johnson, 1990). 또한 교사
들의 협업은 교육과정의 목적과 목표, 교사의 교수행위, 학생들의 학
습보다는 교육과정 자료, 훈육, 개별 학생의 문제 등에 초점이 맞추어
졌다(Lortie, 1975; Little, 1990). 개인주의, 고립주의, 사적 자유 존중주의
는 1970년대와 80년대 교직에 만연하였다. 그 폐해는 심각하였다.

- 동료들로부터 배울 수 있는 기회 부족으로 전문성 신장이 제한
  되었다(Woods, 1990).
- 교사들 간에 전문적 대화가 부족하였고, 이는 자신의 실천에 대
  한 반성과 개선의 기회 부족을 초래하였다(Little, 1990).
- 자신의 교육실천에 대한 피드백을 제대로 받지 못하여 그 효과
  에 대한 자신감과 확실성이 낮았다(Rosenholtz, 1989).
- 피드백과 지원의 부족으로 자기 효능감이 낮고 학생들의 삶과
  미래를 변화시킬 수 있다는 믿음이 부족하였다(Ashton & Webb,
  1986).

- 교사들이 학생들에 대한 지식과 정보를 공유하지 않기 때문에 학생들의 요구에 무관심하거나 돌보지 않는 경향이 심각하였다 (Hargreaves, Earl, & Ryan, 1996).
- 자괴적인 죄책감과 절망, 특히 헌신적인 교사들에게 더욱 심하게 나타났다(Hargreaves, A., 1994; Johnson, 1990).
- 학교 전체에 걸친 장기적이고 보다 근본적인 변화보다 자신의 교실, 자신의 학생들에 대한 단기적인 개선에 중점을 두는 경향을 보였다(Lortie, 1975).
- 고립이 교사들의 교육실천에 있어 다양성과 독특성을 가져오기보다 오히려 식상한 일상과 획일성을 가져왔다(Goodlad, 1984).

교사 개인주의의 원인 또한 그 폐해만큼 다양한데, 주원인을 살펴보면 다음과 같다. 첫째로 학교의 물리적 구조를 들 수 있는데, 마치 달걀상자와 같은 학교 구조는 교사들을 서로 격리시켰고 협업을 어렵게 하였다(Lortie, 1975). 둘째, 전통적인 학교교육의 틀에 익숙하여 이 틀을 깬 다른 대안을 상상하기 어렵다는 점도 교사 개인주의를 지속시키는 원인이 되었다(Hargreaves, A., 1994). 셋째, 자신의 역량에 대한 자신감 부족과 자신의 결점이 동료 교사들과의 협업을 통해 드러나지 않을까 하는 불안감이 교사 개인주의에 기여하였다(Hargreaves, D., 1980; Joyce & Showers, 1988; Rosenholtz, 1989). 넷째, 학생들로부터 얻는 '심리적 보상'과 그에 따른 학생들과의 강한 유대감을 다른 동료 교사들과 학생들을 공유함으로써 빼앗기고 싶지 않은 심리적 이유 또한 교사 개인주의에 기여하였다(Lortie, 1975).

자율적 전문성의 시대는 과거 당연시되었던 전통과 교육의 획일성에 대한 도전으로 특징지을 수 있다. 이러한 도전이 종종 말뿐이기는 했지만, 교사가 자신의 학생들에게 가장 좋은 방법을 선택할 수 있는 권리를 확보하였다. 이러한 선택권이 열리자, 자율권을 보장받을 수 있게 되었고 외부 간섭으로부터 보호받을 수 있었다. 아울러 교사양성교육이 본격적으로 대학에서 이루어지고 현직교사교육이 교수, 학자, 연구원 등 전문가들에 의해 제공됨에 따라 교사들의 전문적 자율권에 대한 요구에 힘을 실어주었다.

교직의 전문화를 위한 근대주의적 모델은—예컨대 교사양성교육 기간의 연장, 교원양성기관에 대한 인증 확대, 교사교육 지식기반의 학문화 등—교사와 교사 교육자의 지위를 향상시켰지만, 이러한 전략과 '허가된 자율권'은 교직의 전문성 신장에는 크게 기여하지는 못하였다(Hargreaves & Goodson, 1996). 이 전략들은 오히려 교사 개인에 초점을 둠으로써 교사들을 서로 격리, 고립시켰고, 교사들의 학습을 그들의 실천과는 동떨어진 학문적 활동에 종속시켰다. 현직교사교육이 활성화되었음에도 교사들의 교육실천 개선에는 큰 도움을 주지 못하였다. 현직교육을 마치고 학교로 돌아온 교사들이 마주한 현실은, 그들이 연수에서 배운 것에 대해 별 관심도 없고 알고 싶어 하지도, 공유하고 싶어 하지도 않는 동료 교사들이었다. 교사들이 동료들 사이에서 튀는 것을 꺼리고 자신만의 작은 변화를 이루는 것 이상을 할 수 없게 되면서 교육은 점차 침체되었다. 자율적 전문성의 시대 교사들은 앞으로 다가올 거대한 변화에 거의 무방비 상태로 놓여 있었다.

2.1.3. 협업적 전문성의 시대

1980년대 중반, 교사 개인의 자율적 전문성만으로는 점차 증가하는 학교교육의 복잡성에 효과적으로 대응하기 어렵게 되었다. 교사들이 일하는 세계는 급속히 변화하였고, 교사들의 일 또한 크게 변화하였다. 개인주의의 고수는 교사들이 직면한 도전에 임시방편으로 대응함을 의미하였다. 동료 교사들과 협업하지 않고 교사 혼자서 자신의 지식과 기술을 발전시키는 속도로는 끊임없이 변화하는 요구에 시의적절하게 대응할 수 없게 되었다(Fullan & Hargreaves, 1996).

이처럼 불확실성이 고조되는 시대, 종래 교과중심과 아동중심 교수법, 전통주의와 진보주의 교수법 등의 단순한 이분법을 넘어서 다양한 교수방법들이 개발, 보급되었다. 한편, 학자나 연구원 등 외부 전문가가 교사들에게 지식을 전달하는 방식의 현직교사교육의 한계가 드러나면서(Day, 1999), 교사들은 지속적인 학습과 전문성 개발을 위하여 서로에게 의지하게 되었다. 교사의 역할은 협력적 교육계획 및 실천, 동료 코칭, 자문 등을 포함, 더욱 확대되었다. 교육개혁이 가속화되는 상황에서 협업은 교사들로 하여금 자원을 공유하고 점차 증가하는 외부의 다양하고 변덕스런 요구에 대하여 집단적 대응을 할 수 있도록 하였다. 동시에 협업은 교사들에게 새로운 기술과 자세를 요했고 교사들은 협업에 많은 시간과 노력을 쏟아야 했다.

교사 협업 실태에 대한 정확한 전수 데이터는 별로 없지만, 수많은 사례연구들이 교사들 간의 협업이 폭넓게 확산되고 있음을 보여주고 있다(예를 들어, Acker, 2000; Campbell & Neill, 1994; Nias et al., 1989, 1992; Lieberman & Miller, 2000). 물론 모든 교사들이 동료 교사들과 협업하는 것은 아니었다. 여전히 많은 교사들이 협업에 관심을 보이지 않았고, 일부 교사들은 협업이 강제되자 개인의 자율권을 더욱 확고히 고수하였다(Grimmett & Crehan, 1992).

  그렇다면 교사 협업이 이처럼 중요시되는 이유는 무엇인가? 여기에는 여러 다양한 요인들이 있다.

■ **교사가 가르쳐야 하는 교과내용의 팽창과 급속한 변화**: 학문 및 교과의 급속한 발전은 이제 교사 혼자서 따라잡기 힘들게 되었고, 협업과 지식의 공유가 필수불가결하게 되었다(Campbell, 1985; Hargreaves et al., 1992).

■ **교수(Teaching) 스타일과 방법에 대한 지식의 급증**: 어떻게 가르칠 것인가는 이제 더 이상 전문성 이전 시대처럼 자명한 것도 아니고, 자율적 전문성의 시대처럼 전통주의냐 진보주의냐 또는 좌익이나 우익이냐 등의 이데올로기적 선택의 문제도 아니다. 지난 15년간 메타인지, 상황인지, 협동학습, 컴퓨터 기반 탐구, 학생들의 자기평가, 포트폴리오 평가 등 다양한 교수이론과 방법들이 개발되었다(Joyce & Weil, 1980). 어떤 교사도 이 모든 교수방법에 정통할 수 없다. 또한 어떤 교수방법도 다른 방법들보다 절대적으로 우월하다고 말할 수 없다. 중요한 것은, 자신이 가르치는 학생들에게 적절한 교수방법을 선택, 효과적으로 활용하는 것이다. 이것은 교사 혼자 하는 것보다 같은 교과를 가르치는 교사들이 또는 같은 학교에서 가르치는 교사들이 협업할 때 훨씬 효과적으로 할 수 있다.

■ **학생지도 업무의 증가:** 교사들은 학교에서 나날이 증가하는 폭력문제, 학생들의 비행, 일탈 문제 등에 적절히 대처해야 하고 학생 생활지도에 더 많은 시간과 노력을 쏟아야 한다. 학생들의 교과학습지도는 물론 생활지도를 효과적으로 하기 위하여 교사들 간의 협업이 더욱 필요하게 되었다(Galloway, 1985).

■ **통합교육 확대:** 장애학생을 특수학교에 격리하여 교육하는 것이 아니라 일반학교에서 일반 학생들과 함께 같은 교실에서 교육하는 통합교육이 확대됨에 따라 교사들에게 새로운 전문성이 요구되었다. 아울러 특수교육 담당교사 및 전문가들과의 협업이 반드시 필요하게 되었다(Wilson, 1983).

■ **문화적 다양성의 증가:** 오늘날 교실에는 다양한 문화적 배경을 가진 학생들이 함께 공부한다. 교사는 학생들의 사전지식, 이해, 학습 스타일 등이 매우 다양함을 인식하고 이에 맞추어 가르쳐야 한다(Cummins, 1998; Ryan, 1995). 이를 위하여 교사는 어떻게 자신의 수업을 학생들의 다양성에 맞추어 개별화할 수 있는지 그리고 어떻게 모든 학생들이 수업에 참여할 수 있도록 하는지 배워야 한다(Hargreaves & Fullan, 1998; Nieto, 1998). 이는 교사에게 더 높은 수준의 전문성을 요하고, 이러한 전문성은 동료 교사들과의 협업을 통해 보다 효과적으로 향상시킬 수 있다.

■ **제한적인 학교 구조:** 중등학교 구조와 문화는 새로운 교수전략을 받아들이기에 매우 제한적이다. 교사들이 기존의 고립적인 교실구조,

교과구분, 시간표, 개인주의 문화 등을 거스르는 방식으로 가르치고자 할 때, 예컨대 90분 수업의 블록 스케줄링이나 팀 티칭 등을 시도하고자 할 때 많은 어려움에 부딪히게 된다(Hargreaves, Earl, & Ryan, 1996). 특히 위험을 무릅쓰고 개혁을 시도하거나, 좌절을 겪거나, 또는 자기 혼자만 교육개혁을 위하여 고군분투한다고 느낄 때 교사들은 더욱 어려움을 겪게 된다(Kelchtermans, 1996). 그러나 동료 교사들 또한 그들의 교실에서 이러한 심경으로 고군분투하는 경우가 적지 않다(Hargreaves et al., 1992).

■ **중등학교 구조의 소외적 특성**: 중등학교 구조는 청소년기 학생들의 자퇴나 눈에 보이지는 않지만 자퇴와 같이 중요한 심리적 이탈을 초래하고 있다. 중등학교는 학생들을 위한 진정한 공동체가 되는 데 실패하였다(Hargreaves, A., 1982). 많은 학생들이 자신을 진심으로 이해하고 관심을 가져주는 어른이 학교에 없다고 생각한다. 중등학교에서의 소외의 문제를 해결하고자 다양한 노력이 기울여졌는데, 미니학교(Mini-Schools), 서브학교(Sub-Schools), 학교 내 학교(Schools-within-Schools) 등을 그 예로 들 수 있다. 이 학교들은 학생들을 80~100명 정도의 그룹으로 묶고 4~5명의 교사들이 팀을 형성하여 학생들을 가르치게 함으로써 교사들과 학생들이 서로 잘 알고 공동체 유대감을 기를 수 있도록 하였다. 이 과정에서 교사들 또한 전통적인 학교에서와 같이 그저 교과를 공통분모로 교과지도계획을 함께 세우는 수준을 넘어서 그들이 가르치는 학생들에 대한 정보와 관심을 공유하고 학생들의 학습 향상을 위하여 협력적인 노력을 기울이게 되었다(Hargreaves et al., 1993; Meier, 1998; Sizer, 1992).

■ **학교 운영 및 리더십의 구조, 절차, 담론의 변화**: 자금 압박과 기업에서 일고 있는 구조조정의 영향으로, 학교 운영 및 의사결정 방식, 리더십 등에도 큰 변화가 일었다. 이에 따라 학교 교직원들 간의 팀워크와 협력적 의사결정이 더욱 중요하게 되었다(Hannay & Ross, 1997).

■ **협업문화의 긍정적 효과**: 1980년대부터 협업문화가 교수 학습의 향상 및 교육개혁의 성공에 긍정적인 영향을 미친다는 연구결과가 속속 발표되었다. 협업문화는 교사들의 효능감 향상은 물론 위험을 무릅쓰고라도 더 나은 교육을 위하여 노력하고자 하는 의지, 지속적인 개선을 위한 헌신 등에도 긍정적인 영향을 미친다(Ashton & Webb, 1986; McLaughlin, 1997; Newmann & Wehlage, 1995; Ross, 1995; Rosenholtz, 1989; Talbert & McLaughlin, 1994). 교사들 간의 협업이 그저 이야기를 나누는 수준을 넘어서 공동실천으로 발전될 때, 교사들 간의 유대가 공고하고 의미가 있을 때 그 효과는 배가된다(Little, 1990). 더욱이 교사들 간의 동료 코칭(Peer Coaching)은 새로운 교수 전략을 성공적으로 실행하는 데 매우 효과적이다(Joyce & Showers, 1988). 일반적으로 교사들은 혼자 가르칠 때보다 협력적으로 가르칠 때 더 많은 것을 배운다. 교사들이 함께 교육실천을 계획하고 실행할 때, 함께 그들의 교육실천을 반성하고 개선할 때 보다 효과적으로 전문성을 향상시킬 수 있다(McLaughlin, 1997).

이와 같은 점에서 전문성 개발은 학교 밖에서 외부 전문가들에 의해 기획, 운영되는 것보다 학교 내에서 협력적으로 이루어지는 것이 더 효과적이다. 전문성 개발이 교사들의 학교에서의 삶과 교육실천에 토대를 두고 있을 때, 교장과 부장교사들의 지원과 참여에 기초할 때, 교사들 간의 협력적 논의와 실천을 강조할 때 더 큰 효과를 거둘 수 있다(Little, 1993). 따라서 협업적 전문성의 시대는 교사의 학습, 현직교육, 교사양성교육이 학교를 중심으로 이루어졌다.

교사들의 협업문화를 구축하고자 하는 노력은 지금도 계속되고 있다. 공동의 목표를 세우고, 불확실성과 복잡성에 대처하고, 급속한 변화와 개혁에 효과적으로 대응하고, 도전과 지속적인 개선을 가치롭게 여기는 풍토를 조성하고, 교사 효능감을 증진시키고, 과거 개인주의적이고 일회적 속성의 전문성 개발에서 탈피하여 협력적 학습문화를 형성하고자 하는 노력이 지금도 계속되고 있다.

요컨대, 협업적 전문성의 시대 '전문성'은 종래 전문성의 개념과는 다른 새로운 것이었다(Hargreaves, D., 1994). 자율적이고 개인주의적 성격의 전문성이 아니라 협력적이고 집단적 성격의 전문성이 추구되었다(Hargreaves & Goodson, 1996). 그러나 동료 간 협업이 '강요'되거나 '강제'될 경우, 교사들의 분노와 저항을 불러일으켰다(Grimmett & Crehan, 1992; Hargreaves, A., 1994). 또한 권한부여와 같은 수평적인 운영구조는 협업을 착취와 노예화의 수단으로 변질시키기도 하였다(Renihan & Renihan, 1992). 교사 협업이 정부나 외부 이익집단의 목적을 수행하기 위한 수단으로 이용되는 경우도 적지 않았다.

교육개혁과 변화의 한가운데에서 교사들은 자신들의 노력과 헌신이 궁극적으로 지향하는 것이 무엇인지 알지 못한 채 그들에게 요구되는 책무는 더욱더 가중됨을 경험한다. 이러한 상황에서 교사들의 협업은 그들이 서로 힘을 모아 외부의 과도한 요구를 헤쳐 나가는 데 도움이 된다. 허나 역으로, 교사들의 협업이 그들의 이상과 노력을 희생하면서 다른 사람들의 정책목표를 수행하게끔 하는 전략으로 이용될 수도 있다(Smyth, 1995). 이러한 점에서 학교를 중심으로 교사양성 및 재교육이 이루어지는 것이 필요하며, 이는 교사교육의 협력적, 실천적 가능성을 증진시키는 효과를 가져올 것이다. 그러나 그것이 지나쳐 교사교육이 학문세계와 완전히 분리된다면, 교직의 지식기반을 탈전문화시키고 비판정신을 무디게 할 것이다.

교사의 학습과 전문화는 지금 기로에 있다. 보다 협력적 성격으로 나아갈 수도 있고, 또는 보다 착취적 성격으로 나아갈 수도 있다. 교육자들과 정책결정자들이 풀어야 할 과제는 교사 협업을 과도한 일을 시키거나 마음에 내키지 않는 정책들을 수행하게 만드는 수단으로 이용하지 말고, 교사들과 학생들에게 도움이 되는 진정한 교사공동체를 구축하는 일이다.

2.1.4. 포스트모던 전문성의 시대

21세기 들어 급격히 일고 있는 사회와 교육의 변화는 우리가 새 시대, 즉 포스트모던 시대에 들어섰음을 시사한다. 그렇다면 포스트모던 시대 교사의 전문성은 어떠해야 하는가? 이에 대해서는 의견이 분분한데, 보다 포괄적이고 유연하며 민주적이고 교직 외부의 다양한 집단들을 포용하는 새로운 성격의 포스트모던 전문성이 무엇보다도 필요하다. 이러한 전문성은 절로 생기지 않는다. 그렇다고 선구적인 정책결정자로부터 선물로 받게 되는 것도 아니다. 헌신적인 교사들과 그들과 뜻을 같이 하는 사람들이 협력하여 의식적인 사회운동을 펼칠 때 얻게 될 것이다(Touraine, 1995).

그러나 이러한 가능성을 저해하는 세력 또한 만만찮다. 교사 전문성을 전문성 이전 시대처럼 개인적이고 직관적이며 점진적인 방식으로 퇴화시킴으로써 또는 이른바 교사 역량이라는 제한적 틀과 평가체제에 교사 전문성을 가둠으로써 포스트모던 시대 새로운 전문성의 구축을 저해하고 있다.

포스트모던 시대 사회적 상황 또한 교사 전문성과 교직 전문화를 위협하고 있다. 1970년대 경제와 커뮤니케이션에 있어 획기적인 변화는 포스트모던 시대를 여는 원동력이 되었다. 기업들이 급속히 글로벌화됨에 따라 국가 경제의 자율성이 대폭 축소되었고 시장지향적 경제구조로 변화하였다. 자유시장체제, 자유경쟁논리가 경제를 지배하게 되었다. 기업들은 경쟁력을 갖추기 위하여 생산성이 낮은 공장을 폐쇄하거나 인건비가 낮은 지역이나 국가로 공장을 이전하는 등의 구조조정을 단행하였고 이는 고용 불안정을 가져왔다. 다른 한편으로 커뮤니케이션 분야에서는 전자공학과 디지털 혁명으로 시간과 공간의 제약을 넘어선 새로운 방식의 의사소통이 가능하게 되었다. 의사소통의 혁명은 다양한 문화와 신념체계 간의 상호작용을 촉진하였고 지식과 정보의 홍수를 가져왔다.

이 같은 포스트모던 사회의 발전으로 야기된 결과 중의 하나는 전문성에 대한 공격이었다. 정부가 시장원리를 적극 수용하면서 공공기관은 물론 학교에 대한 경제적 분석을 토대로 효율성 제고를 위한 구조조정이 이루어졌다. 학교 예산 삭감과 인력 감축이 단행되었고 학교는 '고객'을 두고 서로 경쟁하는 체제로 전환되었다. 고비용 항목인 교사들, 즉 교사 임금, 교사의 근로조건, 예를 들어 교사 양성, 교사 연수 기회 등은 예산 절감의 주요 대상이 되었다. 교사들과 교원노조는 교육 시장화의 걸림돌로 여겨졌고, 이들 세력을 약화시키기 위한 여러 정책들이 시행되었다. 그 대표적인 예로 노조원 자격 조건에 대한 법률을 개정하여 노조 가입 및 참여를 제한한다거나 노조의 의사결정 범위를 제한하는 정책, 중앙집권적 교육과정 정책, 교사의 지위를 계약직으로 전환한다거나 시간제 교사를 확대하는 정책, 공교육의 병폐를 교사의 탓으로 돌리는 '조롱의 담화' 및 교사의 지위를 깎아내리는 그 외 여러 비난선전 등을 들 수 있다(Ball, S. J., 1990). 또한 교사양성교육 기간과 수준을 제한하거나 교사교육을 고등교육기관에서 단위학교로 넘기는 일도 벌어졌다(Barton et al., 1994). 교사들과 교원노조의 힘을 약화시키고자 하는 이 같은 모든 시도는 결국 교직을 전근대적이고 아마추어적이며 비전문적인 직업으로 퇴보시키는 결과를 낳는다.

전문성에 대한 공격은 포스트모던 시대 불확실성의 산물이자 불확실성에 대한 정부 대응의 산물이기도 하다. 포스트모던 시대 지식과 정보가 폭발적으로 증가하면서 학교에서 가르쳐야 할 가장 기본적인 지식은 무엇인가에 대한 기존의 가정들이 도전을 받게 되었고, 문화적 다양성이 증가함에 따라 교육과정의 토대를 제공해 온 종래 서구 지식과 신념 또한 도전 받게 되었다. 그 결과 학교교육은 학교에서 무엇을 가르쳐야 하는가를 둘러싼 논쟁과 불확실성에 시달리게 되었다. 어떤 정부는 이러한 불확실성을 받아들이고 다중지능, 다양한 학습 스타일 등을 존중하는 교육정책을 폈고, 어떤 정부는 국민들에게 허위 확실성을 심어줌으로써 불확실성에 반격하고 나섰다. 예컨대, 학교 교육과정과 평가를 중앙집권화 체제로 기획, 관리, 운영하였고, 스탠다드(Standards), 평가, 책무성 등 기업의 성과관리 시스템을 도입, 적용하여 학교행정체제를 기업화하였다. 이 같은 허위 확실성의 추구는 '효과성에 대한 절차적 환상'(Bishop & Mulford, 1996)을 심어줌으로써 국민들을 안심시켰다. 그러나 교사들을 아주 엄격한 규제와 통제하에 종속시켰고 교직의 탈전문화를 심화시켰다.

이처럼 탈전문화가 심화되는 상황에서 교사들은 우수교사 포상과 같은 개혁안에 대하여 냉소적으로 반응하였다. 교직이 대중의 비난과 조롱을 받고 정부의 검열과 감찰을 받는 상황에서 우수교사를 선정하여 포상금을 주는 것은 높은 봉급을 받는 간부진을 형성하는 꼴이고 결국 교사들 간의 불화를 일으킬 뿐이었다. 교사들이 그들의 전문성을 유지하고자 한다면, 탈전문화를 야기하는 강력한 세력들로부터 그들을 보호해야 한다. 이는 앞서 논의한 자율적 전문성 시대에 이루어졌던 교직 전문화를 위한 노력들을 지속적으로 유지하고 더욱 강화해야 함을 의미한다. 그중 몇 가지를 제시하면 다음과 같다.

첫째, 교사들은 유능한 사람들이 교직을 선택하고 평생 종사할 수 있도록 경쟁력 있는 임금을 위하여 지속적으로 투쟁해야 한다. 보직이나 우수교사 등 일부 교사들을 대상으로 한 금전적 보상이 아니라, 전체 교사들을 위한 임금 투쟁을 벌여야 한다. 이를 위해서는 교육에 대한 투자 확대의 중요성에 대하여 정치인들과 대중을 설득하는 일이 필요하다.

둘째, 교사들은 교사와 교직에 대한 대중의 신뢰 저하를 야기하는 정치인들과 미디어의 비난, 조롱, 모욕 등의 담론에 반격해야 한다. 그렇다고 교사들이 그들의 과오를 숨기거나 그들 자신이나 다른 교사들의 교육실천을 과장하여 칭찬하라는 것이 아니다. '수치심의 사회학'에 대한 저서에서 쉐프(Scheff, 1994)가 주장하듯, 수치심이 꼭 나쁜 것만은 아니다. 건강한 사람은 자신의 과거 행위에 대하여 자긍심과 수치심을 동시에 가지고 있다. 쉐프(Scheff)에 따르면, 수치심을 부정할 때, 그리고 수치심을 타인을 비난하는 데 투사할 때 갈등이나 냉담 등 부정적인 결과가 나타난다. 갈등을 해소하기 위해서는 먼저 양쪽 모두가 자신의 과거 행위에 대한 수치심을 인정하고 서로에게 사과해야 한다. 그래야만 양쪽이 개선을 위하여 함께 나아갈 수 있다. 이 이론을 교육계에 적용하면, 정부는 부족한 재정 지원으로 공교육을 약화시켰음을, 교육개혁을 제대로 추진하지 못하여 교수 학습의 질을 저하시켰음을 공식적으로 인정하고 사과해야 한다. 교원노조 또한 전문성이 미흡한 교사들을 제대로 다루지 못하고 제 식구 감싸기에 급급했음을, 또한 교사들의 노력이 무엇보다도 요구되는 교육개혁을 주도적으로 추진하기보다 오히려 반대해왔음을 인정하고 사과해야 한다.

셋째, 교사들은 학위와 자격증이 없는 성인들이 학교에서 학생들을 가르치지 못하도록 통제해야 한다. 학생들의 학습요구의 다양성, 가르치는 일의 복합성 등을 고려할 때, 학교와 교실에서 교사들과 함께 일할 수 있는 성인들을 더 많이 더 잘 활용하는 것은 매우 중요하다(Hargreaves & Fullan, 1998). 예컨대, 교직 전문성을 그다지 요하지 않는 업무들, 사무나 행정적인 일들은 교사 외 인력을 활용할 수 있다. 그러나 수업과 학생지도 등 교직 전문성을 갖춘 교사가 해야할 일들을 학위와 자격증이 없는 성인이 하는 것은 막아야 한다.

넷째, 교사들은 교직 전문성의 토대가 되는 지식기반의 발전에 참여하고 교직의 지식기반을 예비교사들에게 교육하는 것에 대하여 중요하게 생각하고 옹호해야 한다. 이는 교원단체의 권리일 뿐 아니라, 교사 개개인의 의무로 여겨져야 한다. 교사들이 교직의 지식기반 발전에 참여하는 것이야말로 전문성 이전 시대의 편견, 즉 오직 실습만이 교사를 만든다는 편견을 깨뜨릴 수 있는 가장 효과적인 길이다. 또한 교직의 지식기반을 논쟁의 여지가 없는 명백한 과학적 사실로 신성시하고 무비판적으로 적용하기보다 교육에 대한 이해와 교육연구의 활용을 돕는 것으로 받아들여야 한다. 무엇보다도 교육연구의 질에 대한 고의적인 공격과 대학 수준에서 이루어지는 교사교육을 폐지하거나 축소하고자 하는 시도는 교사교육에 대한 공격이자 교직 전문성에 대한 공격으로, 이에 적극 대항해야 한다.

이와 같이 교사들이 탈전문화로부터 자신들을 옹호하기 위해서는 자율적 전문성 시대의 노력들을 더욱 강화해야 한다. 아울러 협업적 전문성 시대의 교직 전문화를 위한 노력들 또한 더욱 심화, 확대할 필요가 있다. 몇 가지 예를 들면, 첫째, 교사들 간의 협업은 수업 개선, 학생 학습 증진, 학생 생활지도 등과 직접적으로 연계되어야 하고, 이러한 연계성이 교사들에게는 물론, 학생과 학부모에게도 명확히 보여야 한다.

둘째, 근무시간 중 왜 협업을 위한 시간이 필요한지, 방과 후나 방학 때보다 학교 근무 중 서로 협업할 수 있는 시간을 갖는 것이 왜 중요한지에 대하여 대중에게 설득력 있게 설명할 필요가 있다. 일반적으로 교사들의 협업, 예컨대 교육과정을 함께 계획하고, 학생들의 학습에 대하여 함께 진단, 논의하고, 수업에 대하여 함께 반성, 평가하는 등의 협업은 선택적으로 근무시간 외에 방과 후나 방학에 이루어져왔다. 그러나 교사들의 협업이 근무시간 외에 이루어지는 선택적 업무가 되어서는 안 된다. 수많은 연구를 통해 교사들의 협업시간 증가가 교육실천 개선 및 학생들의 학습 증진에 긍정적인 영향을 준다는 것이 입증되었다(Fullan, 1991). 협업은 수업과 같이 교사들의 일과가 되어야 한다.

셋째, 교사들은 그들의 협업이 자신의 학교에서뿐 아니라 다른 학교의 교사들에게도, 나아가 교직 전반에 걸쳐 확산되도록 노력해야 한다. 교직 스탠다드를 세우는 것이 그 한 방법이 될 수 있다. 사실 교직 스탠다드 수립은 새로울 것이 없으나, 현재 대부분의 스탠다드는 교사가 아닌 사람들에 의해 수립된 것들이다. 예컨대, 영국의 경우에는 교사연수기관(Teacher Training Agency)에서, 미국의 경우에는 소수 정예교사들이, 그리고 캐나다의 경우에는 교원노조주의 전통의 대표자들이 교직 스탠다드를 수립하였다. 교사들이 자발적으로 자율규제기구를 결성, 교원 전문성 향상 및 학교 교육력 제고를 위하여 높은 수준의 교직 스탠다드를 수립한 실례는 찾아보기 어렵다. 이러한 노력이 없는 한, 대중의 눈에 교직은 전문성이 떨어지는, 기껏해야 준전문직으로 보일 것이고, 교사들은 교육개혁의 주체가 아니라 희생자가 될 것이다.

결론적으로, 포스트모던 시대 탈전문화의 위기에서 벗어나기 위해서는 교사 전문성을 이전 시대와 달리 재개념화할 필요가 있다. 학교를 둘러싼 사회, 경제, 문화적 환경이 급변하고 있는 상황에서 교사 전문성 및 교직 전문화에 대한 기존 관점으로는 이 변화에 능동적으로 대처할 수 없다.

좋든 나쁘든 교육의 시장화가 급속히 진행되고 있고, 따라서 교사들은 대중과 보다 긴밀한 관계를 맺어야 한다(Hargreaves & Fullan, 1998). 교사들은 지역사회의 다양한 공동체와 협력적으로 일할 수 있는 능력을 키워야 하고, 학부모를 간섭자가 아니라 학생의 학습은 물론 교사의 학습을 지원하는 파트너로 받아들여야 한다. 이제 테크놀로지의 발전으로 학교의 벽은 점차 무너지고 있다. 과거 학교는 지식을 습득할 수 있는 유일한 곳이었다. 그러나 인터넷 등을 통해 학생과 학부모가 독자적으로 정보를 얻을 수 있게 됨에 따라 학교는 학습에 대한 독점권을 잃게 되었다.

포스트모던 시대 공동체 해체의 위기 속에서 학교와 사회, 교사와 대중 간 긴밀한 관계의 필요성이 더욱 강조되고 있다(Etzioni, 1993; Sergiovanni, 1994a). 학교는 해체되어 가고 있는 공동체를 존속, 부흥시킬 수 있는 중심지로 주목을 받고 있다. 따라서 교사 전문성은 학부모 및 지역사회 공동체와 보다 개방적이고 상호교류적인 관계를 발전시킬 수 있는 방향으로 재개념화되어야 한다(Hargreaves & Fullan, 1998).

2.1.5. 하그리브스(Hargreaves)의 시대적 접근의 의의와 한계

하그리브스(Hargreaves)는 시대 변화에 따라 교사 전문성의 개념이 어떻게 변화하였고 그리고 그에 따라 교사 학습에 대한 개념이 어떻게 변화하였는지 논의하였다. 하그리브스(Hargreaves)의 교사 전문성 및 학습에 대한 시대적 접근을 간추리면 〈표 2.1〉에 제시된 바와 같다.

하그리브스(Hargreaves)는 교사 전문성의 변천 과정을 전문성 이전

〈표 2.1〉 하그리브스(Hargreaves)의 시대적 접근

전문성 이전 시대

- 공교육이 형성, 수립되었던 시기로 교사 전문성이 확립되기 이전 시대이다.
- 교직은 전문직으로 여겨지지 않았고, 교사의 지위도 낮았으며, 근로조건 및 근무환경 또한 열악하였다.
- 교사교육은 양성교육에 치중하였고, 고등학교나 전문학교 수준에서 이루어졌다.
- 교사양성교육은 일반적으로 도제방식, 즉 예비교사로 하여금 경력교사 옆에서 그의 교육실천을 관찰, 모방하며 교직에 필요한 지식과 기술을 습득하도록 하였다.

자율적 전문성 시대

- 1960년대 들어 교육이 국가 경쟁력의 도구로 부각되면서 교육개혁을 위한 대대적인 투자가 이루어졌다.
- 교육개혁을 성공적으로 수행하기 위해서는 교사들의 실행 의지와 노력이 절대적으로 필요하였기에, 정부는 국가가 기대하는 바를 수행하는 대가로 교사들에게 물질적 보상, 직업적 안정, 전문적 권위, 신임, 재량권 등을 부여하였고, 교사들은 일종의 허가된 자율권을 누리게 되었다.
- 교사들이 교육개혁을 성공적으로 수행하는 데 필요한 능력을 길러줄 수 있는 교육 또한 필요하였기에, 교사교육에 대한 투자도 대폭 확대되었고, 이는 특히 현직교사를 위한 교육에 있어 괄목할 만한 발전을 가져왔다.
- 현직교사교육을 위하여 주로 워크숍이나 강좌 등이 이용되었으며, 일반적으로 대학 교수나 연구원 등 외부 전문가가 초빙되어 교과의 기반이 되는 학문지식이나 교육이론 등을 전달하였고, 교사들로 하여금 전달받은 지식을 학교 현장에 적용하여 교육개혁을 성공적으로 수행하도록 하였다.
- 교사 및 교사교육에 대한 투자 확대는 교직 전문화에 일조하였으나, 교사 개인의 전문성에 초점을 둠으로써 개인주의적인 교사 문화를 강화하였고, 교사의 학습을 개인적 차원에서의 학문적 지식 습득에 종속시켰으며, 결과적으로 이 같은 개인주의적 접근은 교사의 전문성 신장을 크게 제한하였다.

협업적 전문성 시대

- 1980년대 교사 개인의 자율적 전문성만으로는 점차 증가하는 학교교육의 복잡성에 효과적으로 대응하기 어렵게 되자 교사 협업의 필요성이 대두되었다.
- 개인주의적, 고립주의적 교사 문화에서 탈피, 협력적 교육과정 개발 및 실행, 협력적 수업 계획 및 팀티칭, 협력적 교육연구, 협력적 의사결정 등 학교교육 전반에 걸쳐 교사들의 협업 노력이 폭넓게 확산되었다.

- 교사교육 또한 외부 전문가가 교사들에게 학문적 지식을 전달하는 방식에서 탈피, 교사들이 서로의 지식과 경험을 나누고, 그들의 교육실천을 함께 반성, 개선하고, 학교의 교육문제를 함께 연구, 해결하는 등 교사들의 교육실천에 기반을 둔 학교 중심의 협력적 전문성 개발 노력이 폭넓게 확산되었다.
- 교사의 전문성은 자율적, 개인주의적인 것이라기보다 협력적, 집단적인 것으로 재개념화되었고, 교사의 학습 또한 협력학습이 강조되었다.
- 교사들의 협업이 전문성 향상은 물론 학생들의 학습 증진 및 학교교육 개선에 크게 기여하였다.
- 그러나 종종 교사 협업이 강요되거나 강제되었고, 정부나 외부 이익집단의 목적을 수행하기 위한 수단으로 또는 착취와 노예화의 수단으로 이용되었다.

포스트모던 전문성 시대

- 21세기 들어 정부가 시장경제원리를 적극 수용하면서 학교에 대한 구조조정이 시행되었고 교육 시장화에 걸림돌이 되는 교사들의 세력 약화를 위한 여러 정책들이 추진됨에 따라 교직의 탈전문화가 급속히 일고 있다.
- 예컨대, 학교 교육과정과 평가를 중앙집권화 체제로 기획·관리·운영, 스탠다드·모니터링·책무성 등 기업의 성과관리 시스템을 학교행정에 적용, 교직 스탠다드 및 교원평가체제 수립·운영, 교원양성기관에 대한 획일적 평가, 교사의 지위를 임시 계약직으로 전환, 시간제 교사 확대, 교원노조 탄압, 공교육의 병폐를 교사의 탓으로 돌리는 조롱의 담화 및 교사의 지위를 깎아내리는 비난 선전 등은 교사들을 엄격한 규제와 통제하에 종속시키고 교직의 탈전문화를 심화시키고 있다.
- 교직 탈전문화에 맞서, 자율적 전문성 시대와 협업적 전문성 시대에 이루어졌던 교직 전문화를 위한 노력들을 더욱 강화할 필요가 있다.
- 아울러 교사 전문성을 이전 시대와 달리 재개념화할 필요가 있다.
- 보다 포괄적이고 유연하며 민주적이고 학부모 및 지역사회 다양한 집단들을 포용하는 새로운 성격의 포스트모던 전문성이 필요하다.

시대, 자율적 전문성 시대, 협업적 전문성 시대, 포스트모던 전문성 시대로 개념화하고 이를 토대로 교사 학습에 대한 개념을 논의하였다. 먼저 전문성 이전 시대 교사의 학습은 도제식 학습으로 특징지었고, 자율적 전문성 시대 교사의 학습은 개인주의적 학습으로, 그리고 협업적 전문성 시대 교사의 학습은 협력학습으로 특징지었다. 마지막으로 현 포스트모던 전문성 시대를 탈전문화의 위기로 특징짓고 교사 전문성 및 학습에 대한 재개념화의 필요성을 역설하였다.

허나 시대가 변했다고 개념이 사라진 것은 아니다. 다시 말해, 도제식 학습이나 개인주의적 학습, 협력학습은 교사 학습에 대한 지나간 구시대의 개념이라기보다 현 시대에 공존하는 개념이다. 도제식 학습은 대부분 자취를 감추었으나 교육실습의 형태로 명맥을 유지하고 있고, 교사교육에는 '실습이 최고'라는 주장이나 교육실습 확대를 주장하는 목소리가 여전히 설득력을 얻고 있다. 또한 개인주의적 학습은 여전히 교사들 사이에서 팽배하고 학문적 지식 전수 위주의 교사교육이 여전히 지배적인 상황이다. 이에 대한 대안으로 협력학습이 교사들 사이에서 확산되고 있고 교사들 간의 협력적 실천, 연구, 학습을 강조하는 단위학교 중심의 교사교육이 관심을 끌고 있다.

이와 같이 교사 학습에 대한 다양한 개념들이 공존하는 상황에서 탈전문화의 위기를 맞고 있다. 신자유주의가 교육을 지배하면서 효율성과 책무성이 우선시되었고 이를 극대화하기 위한 전략으로 경쟁, 평가, 성과제 등이 이용되고 있다. 현재 시행되고 있는 교원평가제, 교원성과급제, 교원양성기관평가 등은 그 대표적인 예이다. 이같은 신자유주의 교육정책은 교사들을 엄격한 규제와 통제하에 종속시켰고 교사 전문성을 표준화, 획일화함으로써 교직의 탈전문화를 초래하고 있다. 하그리브스(Hargreaves)는 탈전문화의 위기에 맞서 자율적 그리고 협업적 전문성 시대 교직 전문화를 위한 노력들을 유지 강화하는 한편, 교사 전문성 및 학습에 대한 재개념화를 주장하였다.

나는 재개념화의 가능성을 공동체적 접근에서 찾고자 한다. 자율적 또는 협업적 전문성을 넘어서서, 개인주의적 또는 협력적 학습을 넘어서서, 교사 전문성 및 학습에 대한 공동체적 접근을 주장한다. 그리고 이를 위해 교사학습공동체를 제안한다.

2.2. 숀(Schön)의 반성적 접근

숀(Schön)의 저서 『반성적 실천가(The Reflective Practitioner)』(1983)는 전문성의 위기에 대한 문제의식에서 출발하였다. 전문가에 대한 대중의 신뢰가 무너진 현대, 숀(Schön)은 전문성 위기의 근원이 기술적 합리성에 있다고 주장하였다. 기술적 합리성은 전문성에 대한 지배관점으로, 전문성은 과학, 즉 학문에 토대를 두고 있다고 본다. 전문가의 지식은 학문적 지식에 기초하고 전문가의 실천은 학문적 지식을 적용, 실제의 문제를 해결하는 데 그 특징이 있다고 주장한다. 숀(Schön)은 기술적 합리성이 실천의 문제를 지식 적용의 기술적, 방법적 문제로 사소화함으로써 전문성의 위기를 초래하였다고 비판하였다. 그는 유능한 전문가가 불확실하고 급변하며 특수하고 갈등적인 가치들이 공존하는 복잡한 실천상황에서 발휘하는 전문성에 주목하였다. 숀(Schön)에 따르면, 실천가의 지식은 암묵적이며 실천 속에 녹아있다. 이 같은 실천지는 '행위 중 반성(Reflection-in-Action)'을 통해 형성된다. 전문가는 실천상황에서 자신의 행위 기저의 앎을 비판적으로 재구성, 이를 후속 행위에 구현, 검증함으로써 새로운 지식을 형성하고 그의 실천을 개선한다. 행위 중 반성을 통해 전문가는 그의 전문성을 향상시킨다.

숀(Schön)의 행위 중 반성 개념에 기초한 실천의 인식론은 교사의 전문성 발달을 설명하는 개념으로 각광을 받았다(Munby & Russell, 1989). 교사의 반성에 대한 연구가 활발히 수행되었고, 기술적 합리성에 기초한 전통적 교사교육의 대안으로 반성적 교사교육(Reflective Teacher Education)이 대두, 폭넓게 확산되었다(Hatton & Smith, 1994; Valli, 1993; Zeichner & Liston, 1996). 이 절에서는 숀(Schön)의 행위 중 반성 개념에 기초한 실천의 인식론을 토대로 교사 학습에 대한 반성적 접근을 논의하겠다.[2]

2.2.1. 기술적 합리성

기술적 합리성은 전문성에 대한 지배관점으로 실증주의(Positivism)에 토대를 두고 있다. 실증주의는 19세기 과학과 기술의 발전을 인간 복지에 적용하고자 하는 사회운동에서 발전된 철학이다. 프랑스 철학자 콩트(Comte)는 실증주의를 다음과 같은 세 가지 원칙으로 설명하였다(Schön, 1983). 실증주의는 첫째, 경험과학은 그저 지식의 한 유형이 아니라 실증적 지식의 유일한 원천이라는 신념에 기초한다. 둘째, 신비주의, 미신, 그 외 허위지식으로부터 인간의 마음을 정화하고자 한다. 셋째, 과학 지식과 기술 통제를 인간 사회로 확장한다. 실증주의에 따르면, 실재에 대한 유의미한 진술은 오직 실증적 관찰에 기초한 것이다. 따라서 실재에 대한 논쟁은 관찰 가능한

---

2) 2.2.1에서 2.2.3은 서경혜(2005) 「반성과 실천: 교사의 전문성 개발에 대한 소고」를 토대로 집필되었다.

사실을 토대로 해결될 수 있다. 실증적 검증이 불가능한 진술은 의미가 없다. 그런 진술은 감정적인 발언이나 시, 또는 헛소리에 불과하다.

실증주의자들에게 실천은 당혹스러운 변이로 여겨졌다. 실천적 지식의 존재를 인정하지만, 실증주의의 카테고리에 들어맞지 않았다. 그렇다고 실천적 지식을 서술적 지식의 한 형태로 받아들일 수도 없었고, 논리나 수학의 분석적 도식에 끼워넣을 수도 없었다. 실증주의자들의 해결책은 실천적 지식을 목적을 위한 방법적 지식으로 받아들이는 것이었다(Schön, 1983). 목적에 대한 합의가 이루어진 상태에서 '어떻게 해야 하는가' 하는 실천의 문제는 목적을 성취하기 위한 방법적 질문으로 축소될 수 있다. 이때 방법에 대한 불일치는 방법의 실행 가능성, 적절성, 그리고 결과의 적절성 등에 대한 평가로 해결될 수 있다. 따라서 방법적 문제는 과학적으로 해결될 수 있다. 적절한 과학적 이론을 선택하여 그 목적에 맞는 적절한 방법을 찾음으로써 방법적 문제를 해결할 수 있는 것이다. 그리하여 '어떻게 해야 하는가' 하는 실천의 문제는 과학적 문제가 되고, 과학에 기초한 기술을 이용하여 가장 적절한 방법, 즉 가장 적절한 실천을 선택할 수 있게 된다.

이와 같이 실증주의에 기초한 기술적 합리성은 전문가의 실천을 과학적 이론과 기술을 엄밀히 적용하여 실제의 문제를 해결하는 것이라 본다. 따라서 '적용'은 기술적 합리성에서 전문가의 지식과 실천을 설명하는 핵심 개념이다. 적용을 강조할 때, 전문지식은 적용의 수준에 따라 위계화될 수 있다. 예컨대, 샤인(Schein)은 전문지식을 세 계층으로 위계화하였다(Schein, 1973). 최상층에는 기초학문이 있다. 기초학문의 적용은 응용학문을 낳는다. 응용학문은 그것의 적용을 통해 기술을 낳고 이것은 최하층에 배정된다. 적용의 수준은 파생과 종속의 관계를 나타낸다. 일반적 지식의 적용은 구체적 지식을 파생하고, 구체적 지식은 일반적 지식에 종속된다. 그리하여 더 기초적이고 일반적일수록 전문지식의 사다리에서 더 높은 위치를 차지한다.

위계적 관점에서 전문지식을 볼 때, 어떤 직업이 전문직으로 인정받기 위해서는 그 직업의 전문지식이 기초·응용 학문에 기반을 두고 있음을 보여주어야 한다. 예컨대 의사의 의술활동이 생리학, 화학과 같은 기초학문과 소화기학, 호흡기학, 외과학과 같은 응용학문에 기초하는 것과 같이, 그 직업에서 행하는 실천의 학문적 지식기반을 확립해야 전문직으로 인정받을 수 있다. 기초학문 → 응용학문 → 기술의 전문지식체계를 확립하지 못한 직업은 기술적 합리성하에서 전문직으로 인정받지 못했다.

전문지식을 학문적 지식의 실제 적용으로 보는 기술적 합리성 관점은 전문지식의 위계화를 가져왔고 이는 전문지식의 원천을 과학, 즉 학문에 두는 결과를 가져왔다. 이것은 한국의 사범대학과 교육대학 발전사에서도 어렵지 않게 찾아볼 수 있다(박상완, 2002; 한기언, 1988). 예를 들어, 사범대학을 인문 '과학' 대학, 사회 '과학' 대학, 자연 '과학' 대학의 기초학문을 실제에 적용하는 응용학문대학으로 보고 기초학문대학으로부터 파생되고 그에 종속된 그래서 기초학문대학보다 학문적 수준이 낮은 대학으로 보는 관점, 가르치는 내용만 잘 알면 학생들을 잘 가르칠 수 있는데 왜 사범대학이 필요한가 그리고 가르치는 기술을 가르치기 위하여 대학을 만들 필요가 있는가와 같은 주장을 하는 사범대학 무용론, 사범대학 교수들이 인문과학대학, 사회과학대학, 자연과학대학의 학문을 모학문이라 여기고 자신의 학문적 정체성을 기초학문에서 찾으려고 하는 경향, 교육 '과학' 대학, 교육 '과학' 연구, 교육 '과학' 논문 등으로 용어를 바꾸는 추세 등은 기술적 합리성을 반영한다.

　적용 개념에 기초한 전문지식의 위계화는 연구와 실천의 분리를 가져왔다. 실천가는 기초·응용 학문에서 도출된 지식을 적용하여 문제를 해결하는 역할을 한다. 기초·응용 학문의 지식으로 실제의 문제를 해결할 수 없을 때 실천가는 이 문제를 연구자에게 보낸다. 연구자는 문제에 대한 과학적 연구를 통해 지식을 생성, 실천가에게 제공한다. 실천가는 연구자가 제공한 지식을 실제 문제에 적용하여 문제를 해결한다. 그리하여 지식의 유용성 또한 검증하게 된다. 실천가의 실천을 통해 검증된 지식은 전문지식으로 인정받고, 이러한 과정을 통해 전문지식이 확장된다. 이처럼 기술적 합리성하에서는 연구중심과 실천중심의 노동 분업이 자연스레 발생하게 된다. 연구와 실천의 분업은 대부분의 전문직에서 발견할 수 있다. 예컨대, 의학계에서 기초와 임상의 구분이라든가, 교육계에서 특히 대학에서 연구와 교육의 구분 등을 들 수 있다.

　적용 개념에 기초한 전문지식의 위계화는 전문가 양성 및 재교육 교육과정에서도 발견할 수 있다. 전문가 교육기관의 교육과정 계열은 전문지식의 위계와 유사하다. 학생들은 먼저 전문영역의 기반이 되는 기초학문을 배우고, 그 다음에 응용학문을 배운 후, 기초·응용 학문의 지식을 실제에 적용하는 것을 배운다. 예컨대 의대 학생들의 경우 예과에서 생물학, 화학 등 기초학문을 배우고 본과에서 소화기학, 호흡기학, 외과학과 같은 응용과학을 배운다. 그러고 나서 실습과목들을 통해 기초 · 응용 학문의 지식을 실제에 적용하는 것을 배우고 인턴십과 레지던시를 통해 본격적으로 실제 적용을 교육받는다.

사범대학과 교육대학의 교육과정도 이 같은 과정을 따르고 있다. 예를 들어, 수학교육과 학생들의 경우 먼저 수학, 즉 기초학문을 배운다. 이때의 교육과정은 수학과의 교육과정과 크게 다르지 않다. 이렇게 기초를 닦은 후에 수학을 어떻게 가르쳐야 하는가 하는 수학교육학을 배운다. 그런 후에 실습과목들을 수강하면서 수학 및 수학교육학의 지식을 실제에 적용하는 연습을 한다. 마지막으로 교육실습을 통해 학문적 지식을 실제 교육현장에 적용해보는 경험을 쌓고 적용 기술을 연마한다.

기술적 합리성하에서 진정한 지식은 기초 · 응용 학문에 있다. 기초 · 응용 학문의 지식을 실제에 적용, 실제의 문제를 해결하는 것이 바로 실천의 핵심이다. 이와 같이 문제해결에 치중함으로써 기술적 합리성은 문제설정을 간과한다. 실세계에서 문제라는 것은 주어지지 않는다. '문제'는 불확실하고 급변하며 특수하고 가치갈등적인 문제상황으로부터 실천가에 의해 형성된다. 즉, 실천가는 문제상황을 문제로 전환시킨다. 애코프(Ackoff)는 문제설정의 중요성을 다음과 같이 설명하였다.

　　관리자는 서로 관계없는 개별적인 문제들에 직면하는 것이 아니라 서로 상호작용하며 변화하는 문제들의 복합적인 체계로 이루어진 역동적인 상황에 직면한다. 이것을 나는 혼란(Messes)이라 부른다. 문제라는 것은 혼란으로부터 분석을 통해 도출된 것이다. …… 관리자는 문제를 해결하지 않는다. 그는 혼란을 관리한다(Ackoff, 1979: 99-100, Schön, 1983: 16 재인용).

전문가 실천의 핵심은 문제해결이 아니라 문제설정에 있다. 문제가 무엇인지 알아야 문제를 해결할 수 있는데 문제가 무엇인지를 규명하는 것이 그렇게 간단하지 않다. 실천가의 전문성은 문제가 무엇인지 모르는 혼란스러운 문제상황에서 문제를 도출해내는 데서 빛을 발한다. 아무리 학문적 지식이 많고 뛰어난 적용기술을 가지고 있다 한들 문제가 무엇인지 제대로 보지 못한다면 그 지식과 기술은 무용지물일 수밖에 없다.

기술적 합리성은 전문가의 실천에 있어 문제설정의 중요성을 간과한다. 숀(Schön)에 따르면, 이는 기술적 합리성이 목적에 대한 합의를 전제하기 때문이다. 목적이 무엇인지 명확할 때, 행위에 대한 결정은 목적을 이루기 위해 어떻게 할 것인가 하는 방법적 문제가 될 수 있다. 그러나 목적이 불분명하거나 여러 목적들이 상충할 때 문제해결은 고사하고 문제조차 파악하기 어렵다. 문제상황이 있을 뿐이지 문제가 무엇인지 아직 규명되지 않은 상태인 것이다. 그렇다면 먼저 불확실하고 급변하며 특수하고 가치갈등적인 문제상황으로부터 문제가 무엇인지 문제설정을 해야 하는데, 이것은 과학적 지식과 기술을 적용해서 해결할 수 있는 것이 아니다. 따라서 기술적 합리성 관점에서 실천상황의 불확실성, 급변성, 특수성, 가치갈등은 골칫거리일 수밖에 없다. 과학적 지식과 기술을 아무리 엄밀히 적용해도 이를 해결할 수 없기 때문이다.

기술적 합리성에 갇힌 실천가들은 그들이 가지고 있는 전문지식, 즉 기초·응용 학문의 지식과 적용기술로는 그들 실천의 핵심, 즉 문제상황의 불확실성, 급변성, 특수성, 가치갈등을 제대로 이해하고 다룰 수 없기에 전문지식에 회의를 품게 되고 전문성의 위기를 느끼게 된다. 이들은 학문적 지식이 부족하다거나 적용기술이 미흡하다는 진단을 받고 재교육을 받는다. 그러나 학문적 지식과 적용기술을 아무리 많이 쌓아도 여전히 전문성의 위기를 느끼게 되고 결국 전문성 개발 노력을 포기하고 위기상황에 불안감을 가진 채 적당히 안주하게 된다. 기술적 합리성하에서 실천가들은 전문성의 위기를 극복하기 어렵다.

2.2.2. 행위 중 반성

숀(Schön)은 기술적 합리성의 한계를 비판하고 실천가가 불확실하고 급변하며 특수하고 가치갈등적인 실천상황에서 발휘하는 전문적인 실천행위 기저의 앎에 주목하였다. 숀(Schön)에 따르면, 실천가의 앎은 행위 속에 녹아있는 암묵적 앎, 즉 '행위지(Knowing-in-Action)'이다. 행위지는 다음과 같은 특징을 띤다. 첫째, 행위는 자연스럽게 일어난다. 행위를 하기 위해 행위 전이나 행위 중에 그 행위에 대하여 생각할 필요가 없다. 둘째, 이러한 행위를 하는 것을 배웠다는 사실을 실천가는 종종 잊는다. 셋째, 실천가는 자신의 행위 기저에 있는 앎을 서술하거나 표현하는 데 어려움을 겪는다. 사실 실천가는 자신이 무엇을 알고 있다고 말할 수 있는 것보다 훨씬 많은 것을 알고 있다. 이 행위지를 서술하면 '행위 중 지식(Knowledge-in-

Action)', 즉 실천적 지식(Practical Knowledge)이 된다.

손(Schön)은 실천가의 행위지는 행위 중 반성 통해 형성된다고 주장하였다. 행위 중 반성은 행위가 진행되는 상황에서 행위 기저의 앎을 표면화하고 비판하고 재구성한 후 재구성한 앎을 후속 행위에 구현하여 검증하는 것을 특징으로 한다.

행위 중 반성의 과정을 구체적으로 살펴보면 다음과 같다(Schön, 1983). 실천가는 자연스레 일상화된 행위를 한다. 이러한 행위는 실천가의 행위지, 즉 행위 속에 녹아있는 암묵지를 드러낸다. 행위가 예상된 결과를 가져왔을 때 실천가는 그 행위에 대해 그리고 그 행위 속에 녹아있는 암묵지에 대하여 생각하지 않는다. 그러나 실천가의 일상화된 행위가 예상치 않는 결과를 가져올 때가 있다. 그 결과가 좋든 나쁘든 실천가는 예상치 않은 결과에 놀라게 되고 이것은 반성으로 이끈다. 즉, 행위 중 반성은 놀람의 경험에서 시작된다. 이 때 반성은 행위가 계속되는 상황에서 일어나며 행위지와 달리 의식적이다. 또한 반성은 행위 그 자체에 대한 반성뿐 아니라 행위 기저에 있는 앎, 즉 행위지에 대한 반성을 포함한다. 따라서 행위 중 반성은 실천가의 행위지에 대한 문제제기라 할 수 있다. 실천가는 놀람의 경험을 가져온 행위 기저에 있는 암묵지를 표면화하고 이를 비판적으로 고찰함으로써 자신의 앎을 재구성한다. 이와 같이 행위 중 반성을 통해 실천가는 새로운 앎을 형성한다.

그러나 행위 중 반성은 여기서 끝나지 않는다. 행위 중 반성의 마지막 과정은 즉석실험(On-the-Spot Experiment)이다. 실천가가 행위지를 표면화, 비판, 재구성하여 형성한 앎은 잠정적인 것이다. 실천가는 새롭게 형성한 잠정적 앎을 즉석에서 실천에 옮겨 행위를 통해 검증한다. 이제 실천가의 실천은 잠정적 앎에 대한 실험이 된다. 실천행위가 예상된 결과를 가져오면 잠정적 앎은 실천행위를 통해 검증된 새로운 실천지가 된다. 이 새로운 실천지는 실천가의 행위 속에 자연스레 녹아들어 실천가의 행위지가 될 것이다. 그러나 실천행위가 예상치 못한 결과를 가져오면 실천가는 행위 중 반성의 초기 과정으로 되돌아가 그의 실천지를 재구성한다.

이와 같이 숀(Schön)의 행위 중 반성 개념은 앎과 행위의 상호작용을 특징으로 한다. 행위 중 반성은 행위 기저의 앎을 표면화하고 비판적으로 재구성하여 새로운 앎을 형성하는 데서 멈추지 않는다. 여기까지의 과정은 행위 후에 이루어지는 '행위에 대한 반성(Reflection-on-Action)'과 별로 다를 바 없다. 행위 중 반성은 행위 중에 앎을 재구성하는 데서 그치지 않고 않고 재구성한 새로운 앎을 즉석에서 실천에 옮긴다. 그리하여 새로운 앎은 행위의 변화를, 즉 실천가의 일상화된 실천행위의 변화를 낳는다. 이와 같이 새로운 앎이 행위에 즉각적인 영향을 미치는 것이 행위 중 반성이 다른 종류의 반성과 구별되는 특징이다. '행위에 대한 반성'은 실천행위에 즉각적인 변화를 가져오지 못한다. 행위 후, 행위에 대한 반성을 통해 행위 기저의 앎을 재구성했다 해도 이미 행위가 끝난 상황이기 때문에 재구성한 새로운 앎을 즉각 실천에 옮겨 검증할 수 없다. 새로운 앎이 이후 실천에 옮겨져 행위의 변화를 가져올지는 미지수이고, 새로운 앎은 실천되지 않은 앎, 실천으로 검증되지 않은 앎, 그저 머릿속에 있는 앎으로 남을 수도 있다. 이런 점에서 행위 중 반성의 가장 중요한 특징은 즉석실험, 즉 새로운 앎을 즉석에서 행위로 옮기는, 새로운 앎의 실천이라 할 수 있다.

행위 중 반성의 과정에서 일어나는 앎과 행위의 상호작용을 토대로 숀(Schön)은 전문지식의 형성 및 발달을 설명하였다. 숀(Schön)에 따르면, 전문가의 '실천 중 반성(Reflection-in-Practice)'을 이해하기 위해서는 실천의 특징을 고려해야 한다. 앞서 논의한 바와 같이, 전문가의 실천은 불확실하고 급변하며 특수하고 가치갈등적인 문제상황에서 문제가 무엇인지 도출하고 이를 해결하는 데 그 특징이 있다. 전문가 실천의 핵심은 문제설정에 있다. 따라서 전문가의 실천 중 반성은 문제설정에 대한, 다시 말해 문제를 보는 프레임(Frame)에 대한 비판, 재구성, 즉석실험을 특징으로 한다.

전문가는 자신의 실천이 예상치 못한 결과를 가져왔을 때, 기술적인 실천가(Technical Practitioner)가 하듯 이를 예외적인 것으로 간주하거나 자신의 전문성을 의심할까 혹은 자신의 무능을 나타내는 것으로 여겨질까 하는 두려움에 이를 덮어버리지 않고 새로운 지식을 형성할 수 있는 학습의 기회로 받아들인다. 전문가는 자신의 실천 기저의 암묵지를 표면화하여 비판적으로 성찰한다. 이때 전문가는, 기술적인 실천가가 하듯 문제에 적절한 지식과 기술을 엄밀하게 적용했는가에 초점을 두기보다, 문제상황을 어떻게 이해했고 그로부터 어떤 문제를 도출했는지, 즉 그의 문제설정에 대하여 비판적으로 성찰한다. 그리하여 문제상황을 다른 관점에서 보고 새로운 관점에서 문제를 설정한다. 문제상황에서 문제가 무엇인지를 보는 프레임을 재구성하는 것이다.

그러므로 전문가가 실천 중 반성의 과정에서 하는 즉석실험은 프레임 실험(Frame Experiment)이라 할 수 있다. 전문가는 문제를 보는 프레임을 재구성하여 문제를 다른 관점에서 재설정하고 문제에 대한 해결책을 실천에 옮긴다. 문제를 보는 프레임의 변화는 실천의 변화를 가져오게 되고, 새로운 실천행위는 대안적 프레임에 대한 실험이 된다. 이때 프레임 실험은 탐색적일 수도 있고, 행위검증(Move-Testing)이나 가설검증(Hypothesis Testing)을 위한 것일 수도 있고, 또는 이 세 기능을 모두 포함하는 것일 수도 있다. 탐색적 실험은 새로운 실천행위를 했을 때 어떤 일이 일어나는지 보겠다는, 말 그대로 탐색적 성격의 실험이다. 행위검증 실험은 새로운 실천행위가 의도된 결과를 가져오는지를 검증한다. 가설검증 실험은 서로 맞서는 가설들이 있을 때, 예컨대 문제에 대한 서로 다른 관점들이 공존할 때 가설을 채택 또는 기각하기 위한 실험이다. 전문가는 프레임 실험을 통해 새로운 실천행위가 어떤 결과를 가져오는지 탐색하거나 그것이 의도한 결과인지 검증하거나 혹은 대안적 프레임을 채택 또는 기각한다. 대안적 프레임이 의도된 결과를 가져와 채택되었을 때, 이것은 전문가의 실천 속에 녹아든 실천지가 된다. 그러나 대안적 프레임이 기각되었을 때 전문가는 실천 중 반성의 초기 과정으로 되돌아가 그의 프레임을 재구성한다.

이와 같이 전문가가 실천 중 반성을 할 때 그는 실천상황에서 연구자가 된다. 전문가는 학문적 지식에 맹목적으로 의존하지 않는다. 그의 실천은 학문적 지식의 적용을 넘어선다. 전문가는 실천 중 반성을 통해 자신의 지식을 비판적으로 재구성, 새로운 앎을 형성하고 이를 즉석에서 실천에 옮겨 검증한다. 전문가의 새로운 앎은 실천의 변화를 가져오고 실천의 변화는 새로운 실천지를 낳는다. 따라서 전문가가 실천 중 반성을 할 때, 앎과 행위, 연구와 실천은 분리되지 않는다. 그의 실천이 바로 연구이다. 실천 중 반성을 통해 전문가는 그의 전문지식과 실천을 향상시킨다. 그러므로 전문가는 반성적 실천가이다.

2.2.3. 반성적 교사교육

『반성적 실천가(The Reflective Practitioner)』 출간 후, 쇤(Schön)의 반성 개념은 교사의 전문성 발달을 설명하는 개념으로 각광을 받았다. 교사의 반성에 대한 연구가 활발히 수행되었고, 쇤(Schön)의 반성론에 기초한 반성적 교사교육이 대두(Hatton & Smith, 1994; Valli, 1993; Zeichner & Liston, 1996), 기술적 합리성에 기초한 전통적 교사교육의 대안으로 주목을 받았다. 반성적 교사교육은 종래 지식 전수 위주의 교사교육에서 탈피하여 반성을 교사교육의 핵심으로 삼았다. 교사들이 자신의 교육실천을 비판적으로 성찰하고 그 기저의 지식, 신념, 가정 등을 비판적으로 재구성할 수 있도록 지원하는 데 중점이 주어졌다. 이를 위하여 저널쓰기, 반성적 대화, 코칭, 멘토링 등 다양한 방법들이 이용되었다. 그리하여 교사들이 반성을 통해 그들의 지식과 실천을 향상시키고 전문성을 신장시킬 수 있도록 지원하였다. 반성적 교사교육은 교사들을 지식 창출자로 재정의함으로써, 교사 전문성의 근원을 교육실천에서 찾음으로써, 그리고 교사들의 교육실천에 기반한 전문성 개발을 강조함으로써 기술적 합리성에 기초한 전통적 교사교육의 한계를 극복하였다. 그러나 동시에 그 한계 또한 드러내었다.

교사 반성에 대한 연구는 대체로 반성적 사고에 초점이 맞추어졌다. 교사가 자신의 실천에 대하여 어떻게 반성하는지, 즉 행위 후 행위에 대한 반성(Reflection-on-Action)과 관련된 연구가 주를 이루었다. 결과적으로, 교사 반성에 대한 연구는 실천행위 기저의 실천지를 표면화, 비판, 재구성하는 것에서 그쳤다. 숀(Schön)이 행위 중 반성의 개념을 통해 강조한 앎과 행위의 상호작용은 교사 반성에 대한 연구 대부분에서 구현되지 못하였다.

　교사의 반성적 사고에 대한 연구가 주를 이루면서 연구자들이 관심을 쏟은 것은 반성의 수준이었다. 반성의 수준에 대한 연구 기저에는 반성을 통해 전문성이 향상된다면, 전문성이 향상될수록 반성의 수준이 높아질 것이라는 가정이 깔려있다. 그리하여 초임교사와 전문교사의 반성을 비교하는 연구들이 활발하게 수행되었고, 교사의 반성적 사고를 수준별로 분류한 연구물들이 쏟아졌다. 몇 가지 예를 들면 다음과 같다.

- 반 매넌(van Manen)의 교사의 반성적 사고의 수준(van Manen, 1977, 1991)
  - 기계적 수준: 교육목표를 달성하기 위한 방법의 효과와 효능에 관심
  - 실천적 수준: 교육목표와 교수행위의 적절성에 관심
  - 비판적 수준: 교육목표, 교수행위, 교수상황 등의 도덕적, 윤리적 목적에 관심

- 자이크너와 리스톤(Zeichner & Liston)의 교사의 반성적 사고의 수준(Zeichner & Liston, 1996)
  - 고려의 과정: 수업에 대한 충고와 조언 및 지침에 초점

2. 교사 학습에 대한 관점 | 95

-실천적 과정: 주어진 상황에 대한 느낌, 일어난 일의 이유에
대한 설명, 정보, 서술에 초점
-정당화 과정: 교사 행위에 대한 합리화에 초점
-비판적 과정: 교사 자신이 정당화하고 있는 이론적 근거의 이
면에 초점

- 제이(Jay)의 교사의 반성적 사고의 수준(Jay, 1999)
  -서술 수준: 반성의 대상이 되는 문제를 서술하는 수준
  -비교 수준: 문제에 접근하는 대안적 방법이나 관점 등 문제에
  대한 다양한 해석들을 서로 비교하는 수준
  -평가 수준: 문제에 대한 여러 접근, 관점, 해석 등을 비교, 평가
  하여 의사결정, 판단을 내리는 수준

- 로스(Ross)의 반성적 사고의 수준(Ross, 1989)
  -자신의 교수행위와 교육이론과의 일치성에 초점을 두는 단계
  -한 가지 관점에만 근거한 비판 제시의 단계
  -복합적 관점으로 교수방법을 인식하는 단계

- 스파크스-랑어와 콜튼(Sparks-Langer & Colton)의 반성적 사고의
  수준(Sparks-Langer & Colton, 1991)
  -서술하지 못하는 단계
  -간단하게 일상적 용어로 서술하는 단계
  -교수학 개념에 기초한 용어를 사용하는 단계
  -전통적 또는 개인적 이론에 근거하여 설명하는 단계

- 교육이론을 이용하여 설명하는 단계
- 교육이론은 물론 상황을 고려하여 설명하는 단계
- 윤리적, 도덕적 문제를 고려하여 설명하는 단계

반성적 사고의 수준에 대한 연구들은 교사의 반성을 어떻게 촉진, 지원할 것인가 하는 처방적 연구를 활성화시켰다. 그리고 이러한 처방적 연구결과를 토대로 다양한 반성교육 프로그램들이 개발되었다. 이 프로그램들은 교사들에게 높은 수준의 반성을 가르침으로써 전문성의 향상을 꾀하였다.

그러나 반성의 수준이 높아진다고 전문성의 수준 또한 높아지는가? 전문성이 높은 교사가 높은 수준의 반성을 한다 해서, 높은 수준의 반성을 가르친다고 전문성이 향상되겠는가? 보다 근본적인 질문을 던지자면, 반성의 수준을 매기는 것이 무슨 의미가 있는가? 연구자들이 제시한 반성의 수준은 교사 반성의 다양성과 복합성을 나타내는 것일 뿐, 반성의 위계로 볼 수 없다. 다양하고 복합적 성격의 교사 반성을 위계화하는 것은 교사들이 교육실천에 대해 생각하고 말하고 담화하는 방식을 통제하고 검열하는 결과를 가져올 수 있다 (Fendler, 2003). 반성의 위계화는 교사들의 반성에 대한 통제와 검열의 수단이 될 수 있다.

더욱이 반성적 교사교육은 반성적 사고에 초점을 둠으로써 지식과 실천의 분리를 유지, 강화하는 결과를 가져왔다. 숀(Schön)의 행위 중 반성 개념에 있어, 반성은 그저 사고에 그치지 않는다. 반성은 실천 기저의 암묵지를 표면화, 비판, 재구성하여 재구성한 앎을 실천에 옮겨 검증하는 과정으로 이루어진다. 새로운 지식을 실천에 옮

김으로써 지식은 실천의 변화를 가져오고, 실천을 통해 지식을 검증함으로써 실천은 지식의 변화를 가져온다. 반성이 사고만을 강조할 때, 이 같은 지식과 실천의 역동적인 상호작용은 사라지고 실천 없는 사고의 수동성만 남을 뿐이다.

결국 반성은 교사가 갖추어야 할 하나의 기술로 전락하게 되었다. 기술적 합리성 패러다임에 종속되어 문제해결을 위한 방법으로 전락한 것이다. 반성적 교사교육은 기술적 합리성에 기초한 전통적인 교사교육에 대한 문제제기와 대안제시라는 정신은 퇴색하고 반성을 가르치는 프로그램으로 전락하였다.

2.2.4. 숀(Schön)의 반성적 접근의 의의와 한계

반성이 일종의 기술로 가르쳐지고 이용되고 있는 작금에 숀(Schön)의 반성적 실천론을 재음미해볼 필요가 있다. 먼저 교사 전문성 및 학습에 대한 숀(Schön)의 반성적 접근을 요약하면 〈표 2.2〉에 제시된 바와 같다.

숀(Schön)의 저서 『반성적 실천가』가 출간된 지 30여 년, 그간 전문성의 위기는 더욱 가속화되었다. 교육전문가들이 마련한 교육정책들은 교육문제를 해결하기는커녕 공교육에 대한 불신을 가중시켰다. 학교 교사들은 무사안일에 빠진 무능한 철밥통 집단으로 여겨졌고 공교육 문제의 주범으로 비난 받아왔다.

숀(Schön)의 반성적 실천론은 이 같은 전문성의 위기를 극복하기 위해서는 우리 교육계가 기술적 합리성 패러다임에서 탈피해야 함을 시사한다. 교직 전문성의 토대를 학문에 두려는 노력에서 이제

〈표 2.2〉 숀(Schön)의 반성적 접근

	기술적 합리성	반성적 실천
패러다임	실증주의	구성주의
교사의 전문성	과학에 기초함	반성적 실천에 기초함
교사의 지식	과학적 지식에 토대를 두고 있음	실천 속에 녹아있는 암묵적 속성의 실천적 지식임
교사의 실천	과학적 지식을 적용, 실제의 문제를 해결하는 것을 특징으로 함	불확실하고 급변하며 특수하고 가치갈등적인 교육상황에서 문제가 무엇인지 밝히는 것, 즉 문제설정을 핵심으로 함
교사의 학습	과학적 지식의 습득과 적용 기술의 연마를 통해 이루어짐	'행위 중 반성(Reflection-in-Action)', 즉 행위가 진행되는 상황에서 행위 기저의 앎을 표면화하고 비판하고 재구성한 후 재구성한 앎을 후속 행위에 구현하여 검증하는 행위 중 반성을 통해 이루어짐
교사교육	과학적 지식, 예컨대 교육이론, 교과내용학, 교과교육학 등의 과학적 지식 전수 위주의 교육	반성적 교사교육, 즉 반성적 실천을 통한 전문성 개발을 강조함

벗어나야 한다. 교직 전문성은 교사의 반성적 실천에 토대를 두어야 한다.

교사 지식의 원천을 학문적 지식에서 찾는 종속적 관점에서 탈피해야 한다. 교사의 지식은 그의 실천 중 반성을 통해 형성된다. 교사는 자신의 실천 기저의 실천지를 비판적으로 재구성, 이를 실천에 옮겨 검증함으로써 새로운 실천적 지식을 창출한다.

교사의 실천을 학문적 지식을 실제에 적용하여 교육목적을 달성하는 것으로 보는 수단적 관점에서 탈피해야 한다. 교육상황은 갈등적인 교육목적과 가치가 위태롭게 공존하는 곳이다. 교사 실천의 핵심은 다양한 교육목적과 가치가 갈등하는 복잡한 교육상황에서 우리가 지향해야 할 교육목적이 무엇이고 왜 그 목적을 지향해야 하는지 그리고 그 목적을 어떻게 이룰 수 있는지를 탐구하고 행하는 데 있다.

교사의 학습을 학문적 지식과 그 적용기술의 습득으로 보는 축적(蓄積)관점에서 탈피해야 한다. 교사는 반성적 실천을 통해 배우고 성장한다. 교사는 그의 교육실천이 예상치 못한 결과를 가져왔을 때 이를 묵과하거나 감추지 않는다. 오히려 이를 학습의 기회로 삼는다. 교사는 그의 실천과 그 기저의 실천지를 비판적으로 고찰, 그의 실천지를 재구성하고 이를 실천에 옮겨 그의 교육실천을 개선한다. 그리하여 기계적인 실천에 빠지지 않고 끊임없이 자신의 전문지식과 실천을 비판적으로 재구성하며 전문성을 향상시킨다.

그러므로 교사교육 또한 바뀌어야 한다. 교육이론, 교과내용학 등 학문적 지식을 주입하는 데 치중한 교사양성교육과 교수방법, 학급운영전략, 생활지도요령 등 교육기술 전수에 치중한 현직교사교육에서 탈피해야 한다. 교사교육은 예비·현직교사들의 반성적 실천을 지원해야 한다. 그리하여 교사들이 그저 주어진 교직업무를 수행하는 실행자의 역할을 넘어서서 자신의 교육실천을 비판적으로 탐구하는 연구자로, 새로운 실천지를 창출하는 지식창출자로, 실패를 두려워하지 않고 실천의 변화를 꾀하는 개혁가로, 즉 반성적 실천가로 성장할 수 있도록 지원해야 한다.

그러나 교사 개인 수준의 노력만으로는 현 전문성의 위기를 벗어나기 어렵다. 숀(Schön)의 반성적 실천론은 교사의 학습과 전문성 개발을 개인적 과정으로 접근하였다. 교사는 혼자 학생들을 가르치며 혼자 자신의 교육실천과 그 기저의 실천지를 비판적으로 고찰, 재구성하며 혼자 자신의 전문지식과 실천을 개선하였다. 교사는 험난한 교육현장을 홀로 헤쳐나가는 외로운 실천가였다. 그의 전문성은 외로운 고투의 영광스러운 결과였다. 그리하여 교사 개인의 전문성은 발전하였으나, 교사들이 공유하는 집단전문성은 크게 달라지지 않았다. 초임교사들은 선배교사들이 그러했듯이 처음부터 다시 시작해야 했다. 혼자 고군분투하며 전문성을 쌓아야 했다. 결국 숀(Schön)의 반성적 실천론은 한계에 부딪칠 수밖에 없다. 이제 교사 개인의 전문성을 넘어 집단전문성을 발전시켜야 할 때다.

2.3. 카크란 스미스와 라이틀(Cochran-Smith & Lytle)의 지행(知行)관계적 접근

일반적으로 많이 알아야 잘 가르친다고 생각한다. 그러나 카크란 스미스와 라이틀(Cochran-Smith & Lytle, 1999b)은 이 속설에 의문을 제기한다. 많이 알면 잘 가르칠 수 있는가? 많이 안다는 것은 무슨 뜻인가? 또 잘 가르친다는 것은 무슨 뜻인가? 아는 것과 가르치는 것, 즉 지식과 실천은 어떤 관계인가?

카크란 스미스와 라이틀(Cochran-Smith & Lytle)은 지식과 실천의 관계를 어떻게 보느냐에 따라 교사 학습에 대한 개념과 교사교육에 대한 접근이 크게 달라질 수 있음을 주장하였다. 그들의 논문, 「지식과 실천의 관계: 공동체에서의 교사 학습(Relationship of Knowledge and Practice: Teacher Learning in Communities)」에서 카크란 스미스와 라이틀(Cochran-Smith & Lytle, 1999b)은 지식과 실천의 관계를 토대로 교사 학습에 대한 관점을 '실천을 위한 지식(Knowledge-for-Practice)', '실천 속 지식(Knowledge-in-Practice)', 그리고 '실천의 지식(Knowledge -of-Practice)'으로 유형화하고, 각 관점별로 지식에 대한 이미지, 교사와 교직 및 전문가 실천에 대한 이미지, 교육개혁에 있어 교사의 학습과 역할에 대한 이미지, 교사교육의 실제 등에 대하여 논의하였다(〈표 2.3〉의 개념틀 참고). 먼저 논문의 내용을 살펴보면 2.3.1에서 2.3.3에 제시된 바와 같다.

〈표 2.3〉 카크란 스미스와 라이틀(Cochran-Smith & Lytle)의 교사 학습에 대한 탐구를 위한 개념틀

지식과 실천의 관계	• 지식과 실천의 관계를 어떻게 규정하는가? • '많이 아는 것'과 '잘 가르치는 것'의 관계를 어떻게 가정하는가?
지식에 대한 이미지	• 교사가 잘 가르치기 위하여 필요한 지식은 무엇인가? • 교사에게 필요한 지식의 범위, 근원, 또는 형태는 무엇인가? • 교사에게 필요한 지식을 누가 창출하는가? • 교사에게 필요한 지식을 누가 평가하고 해석하는가?
교사, 교직, 전문가 실천에 대한 이미지	• 가르치는 일, 즉 교직의 특성에 대한 가정은 무엇인가? • 실천에 대하여 어떻게 정의하는가? • 교실 안과 밖에서 교사의 주역할에 대하여 어떻게 규정하는가? • 교실 안과 밖에서 교사 업무의 관계를 어떻게 규정하는가?
교육개혁에 있어 교사의 학습과 역할에 대한 이미지	• 교육개혁에 있어 교사와 교사의 학습이 어떤 역할을 하는가? • 어떠한 지적, 사회적, 또는 조직적 상황이 교사의 학습을 지원하는가? • 교육개혁에 있어 공동체의 역할은 무엇인가?
교사교육의 실제	• 상기 이미지에 토대를 둔 교사교육, 교사 전문성 개발, 교사평가의 실제는 어떠한가?

2.3.1. 실천을 위한 지식 관점

교사 학습에 대한 첫 번째 관점은 실천을 위한 지식의 관계에 토대를 두고 있다. 실천을 위한 지식 관점은 교사 학습에 대한 가장 일반적인 관점으로, 지식을 많이 습득할수록 더 잘 가르칠 수 있다고 가정한다. 이때 실천을 위한 지식은 형식적 지식, 즉 이론, 원리, 공식 등으로 성문화된 지식으로 구성되며, 흔히 '교직의 지식기반'이라 일컬어진다. 교사의 지식과 실천은 형식적 지식을 습득, 교육실제에 적용함으로써 향상된다. 따라서 교사교육은 예비·현직교사들에게 형식적 지식을 전달하는 데 중점을 둔다.

2.3.1.1. 지식에 대한 이미지

실천을 위한 지식 관점은 다음과 같은 가정에 기초한다. 첫째, 가르치는 일, 즉 교직은 그 특유의 지식기반에 토대를 두고 있고 둘째, 이 지식기반이 교사를 전문가로 만든다(Gardner, 1989). 그리고 셋째, 교직의 지식기반을 명확히 체계화할 수 있다(Gardner, 1989; Huberman, 1996; Murray, 1989). 이 같은 가정은 교직에 필요한 지식을 성문화하고자 한 여러 논문, 논문집, 저서 등에서 찾아볼 수 있다(예를 들어, Banks, 1996; Flood, Jensen, Lapp, & Squire, 1991; Gardner, 1989; Murray, 1989; Sikula, 1996; Wittrock, 1986). 교직의 지식기반 수립을 위한 노력은 이론과 교육실천의 정확성(Correctness) 그리고 이론으로부터 실천방법, 전략 등이 도출되는 과정의 정확성을 확보함으로써 교육실천의 진리(Truth)를 확립하고자 하였다(Murray, 1989). 따라서 전통적인 과학적 연구방법이 보편적으로 이용되었고 이를 통해 연구로부

터 도출된 지식의 타당성, 신뢰성, 일반화 가능성 등을 확보하고자
하였다(Fenstermacher, 1994).

이 같은 노력은 한편으로 교직의 지식기반을 제한하는 결과를 가
져왔다. 슐만(Shulman, 1987)은 교직의 지식기반에 관한 대부분의 문헌
에서 가장 중요한 지식, 즉 실천의 지혜가 누락되었다고 비판하였다. 특
히 '교수학적 내용지식(Pedagogical Content Knowledge, PCK)'이 그러
한데, 슐만(Shulman)은 이를 다음과 같이 정의하였다.

> 내용과 교수학의 독특한 조합으로 교사만이 가지고 있는 것, 교
> 사 특유의 전문적 이해의 형태이다. 이것은 내용과 교수학이 한데
> 어우러져 특정 토픽, 문제, 이슈 등이 어떻게 조직되고, 표상되고,
> 학습자들의 다양한 흥미와 능력에 맞추어 변형되는지, 그리하여 수
> 업에서 어떻게 제시되어야 하는지에 대한 이해로 나타난 것이다
> (Shulman, 1987: 8).

슐만(Shulman)에 이어 많은 연구자들이 유능한 교사들이 가지고
있는 교수학적 지혜를 성문화하고자 하였다. 교수학적 내용지식, 즉
교사가 교과내용을 어떻게 이해하고 교과내용에 대한 이해를 어떻
게 교수행위로 변형시키는가에 관한 지식은 교직의 지식기반에 있
어 핵심 구인이 되었다. 특히 스탠퍼드대학(Stanford University)의 연
구자들과(예를 들어, Grossman, 1990; Shulman, 1986, 1987; Shulman &
Grossman, 1987; Wilson, Shulman, & Richert, 1987) 미시간주립대학
(Michigan State University)의 연구자들이(예를 들어, Ball, D. L., 1990;
McDiarmid, Ball, & Anderson, 1989; Wilson, S., 1994; Wilson, Miller, &

Yerkes, 1993) 이 분야에서 왕성한 연구활동을 펼쳤다. 이들의 연구는 교사가 어떻게 자신이 가지고 있는 교과내용에 대한 이해를 학생들이 배울 수 있도록 변형, 표상화하는지, 즉 교사의 교수학적 사고에 중점을 두었다(Grossman, 1990; McDiarmid & Ball, 1989; McDiarmid, Ball, & Anderson, 1989; Wilson, Shulman, & Richert, 1987). 그리고 연구결과를 토대로 교사들이 교과에 대해 무엇을 알아야 하고, 교과에 대한 표상화를 위해서 무엇을 알아야 하는지를 명시, 공식화하고자 하였다.

실천을 위한 지식 관점은 교직 특유의 형식적, 공식적 지식 체계를 수립함으로써 교직을 전문직의 반열에 올리기 위한 교육계의 노력을 보여준다. 일면, 이것은 전문성과 그 전문성의 근원으로서 과학적 지식에 대한 신념을 반영한다(Donmoyer, 1996). 사실 형식적 지식기반에 '실천의 지혜'를 포함시키는 것이 당혹스럽기는 하다. 한편으로는, 유능한 교사가 중요한 지식을 가지고 있다는 점 그리고 이 지식 중의 일부는 슐만(Shulman)이 칭한 교수학적 내용지식일 것이라는 점을 인정하는 것도 필요하다는 생각이 든다. 그러나 다른 한편으로는, 지금까지 주요 저서들에서 유능한 교사들이 가지고 있는 실천의 지혜를 교직의 지식기반에 포함시켜 보급하고자 많은 노력이 기울여졌는데, 이 지식을 형식적 지식기반에 포함시키는 것은 대학 교수나 연구자들의 틀, 언어, 연구방법 등을 이용하여 유능한 교사의 지식을 성문화하는 것이 아닌가 하는 생각도 든다. 그렇다면 학교 교사들의 지식을 대학 교수나 연구자들이 성문화한다는 것은 무엇을 의미하는가? 문제는 슐만(Shulman)의 교수학적 내용지식의 개념이 형식적 지식과 실천적 지식으로 구분되는 전통적인 지식 유형에 딱 들어맞지 않는다는 데 있다(Fenstermacher, 1994). 모든 지식을 형식적 지식과 실천적 지식, 두 가지로 유형화할 때, 슐만(Shulman)의 교수학적 내용지식과 같이 두 유형을 연결하고자 하는 시도는 문제가 될 수 있다. 그러나 더 심각한 문제는 교직을 위한 지식의 개념이 이 이원화에 잘 적용되지 않는다는 것이 아니라, 지식을 형식적 지식과 실천적 지식으로 이원화하는 데 있다.

2.3.1.2. 교사, 교직, 전문가 실천에 대한 이미지

실천을 위한 지식 관점에서 볼 때, 가르친다는 것은 교직의 지식기반을 교육실제에 적용하는 것이다. 즉, 교사양성교육 또는 현직교사교육을 통해 습득한 형식적 지식을 실천으로 옮기는 것이다. 이같은 관점은 교직을 전문직으로 만드는 지식은 교직 외부의 권위 있는 학자나 연구자들에 의해 창출된다는 가정에 토대를 두고 있다. 전문가 교사의 이미지는 학자나 연구자들에 의해 창출된 지식기반을 교육실제에 능숙하게 적용하는 사람이다. 교직의 형식적 지식기반과 지식 적용능력을 가지고 있다는 점에서 교사는 전문가로 여겨진다. 그러나 교사는 지식을 창출하거나 교육실천을 이론화하는 전문가로 여겨지지 않는다(Lytle & Cochran-Smith, 1992; Schön, 1987).

실천을 위한 지식 관점은 지식과 실천 간의 관계에 대한 도구적 관점에 기초한다. 실천은, 한마디로, 지식을 적용하는 것이다. 따라서 교육실천의 개선을 위하여 교육실천을 위한 형식적 지식기반을 확립하고, 교사들로 하여금 이 지식기반을 습득, 잘 적용하도록 하는 데 많은 노력이 기울여졌다.

2.3.1.3. 교육개혁에 있어 교사의 학습과 역할에 대한 이미지

지난 수십 년간 교사 학습에 대한 새로운 이미지와 교사교육 및 전문성 개발에 대한 여러 새로운 모델들이 등장하였다(Grimmett & Neufeld, 1994; Hargreaves & Fullan, 1991; Lieberman & Miller, 1991; Little, 1993; McLaughlin, 1993). 이러한 새로운 동향은 교사 행위에 초점을 두었던 과거와 달리, 교사의 지식 그리고 교사의 지식이 그의 실천에 어떻게 영향을 미치는지에 중점을 두고 있다(Barnes, 1989).

교사 학습에 대한 이 같은 새로운 동향은 실천을 위한 지식, 실천 속 지식, 실천의 지식, 세 관점 모두에서 찾아볼 수 있다. 그러나 좀 더 깊이 들여다보면, 이 새 동향은 세 관점에서 각기 다른 모습으로 나타난다. 실천을 위한 지식 관점의 경우, 교사 학습은 교과내용과 교과교육방법 및 전략에 관한 지식 등 이른바 교직의 지식기반을 배우는 데 중점을 둔다. 이러한 지식기반을 배우는 데 있어 과거에는 전달주의적 접근이 지배적이었다면, 최근에는 구성주의적 접근이 시도되고 있다. 예컨대 예비ㆍ현직교사들이 가지고 있는 교과내용지식, 교수학적 내용지식, 교수법에 대한 지식 등을 고려, 교사들의 기존 지식과 새로운 지식을 연결시킬 수 있도록 지원하는 것이다.

교직의 지식기반을 배움으로써 그리하여 교과내용과 교과교육방법 및 전략에 대한 깊고 풍부한 지식을 쌓음으로써 교사들이 교육개혁에서 핵심적 역할을 할 수 있다는 것이 실천을 위한 지식 관점 기저에 깔린 가정이다. 교사의 역할은 학자나 연구자들에 의해 창출, 과학적 방법을 통해 입증된 형식적 지식을 실행함으로써 교육실제의 문제를 해결하는 것이다. 실천을 위한 지식 관점에서 볼 때 교육개혁은 교사 개개인이 깊고 풍부한 지식기반을 가지고 있고 이를 교육실제에 충실히 적용할 때 성공할 수 있다.

2.3.1.4. 실천을 위한 지식 관점에 기초한 교사교육의 실제

교사교육은 대부분 실천을 위한 지식 관점에 기초하고 있다. 특히 실천을 위한 지식 관점은 교사양성교육, 현직교사교육, 교사 자격부여 및 임용 등에 관한 가시적이고 정치적인 정책들의 기초가 되었다. 그 대표적인 예로 교사양성 교육과정 표준화 정책들을 들 수 있다. 이것은 교사양성 교육과정이 양성기관마다 천차만별이고 규범적이라는 문제의식에서 비롯되었다. 그리하여 미국사범대학협회(American Association of Colleges for Teacher Education, AACTE)에서 교직의 지식기반에 대한 두 권의 책(Murray, 1996; Reynolds, 1989)을 출간하였고, 미국교사교육자협회(Association of Teacher Educators, ATE)에서 교사교육연구에 관한 두 권의 논문집(Houston, 1990; Sikula, 1996)을 출간하였다. 이를 통해 교사양성교육에서 무엇을 가르쳐야 하는지 교사양성 교육과정에 대한 가이드라인을 제시하고자 하였다.

예를 들어, 레이놀즈(Reynolds) 편집의 『초임교사를 위한 지식기반(Knowledge Base for the Beginning Teacher)』의 기획 의도에 대한 미국사범대학협회(AACTE)의 설명은 '실천을 위한 지식' 관점을 확연히 드러낸다.

초임교사에게 적절하다고 생각되는 지식을 구체적으로 명시함으로써 이 지식을 습득하는 데 필요한 선수조건을 체계적으로 수립할 수 있고 이 지식을 기초로 교사와 교사양성기관에 대한 평가를 기획할 수 있다. 따라서 『초임교사를 위한 지식기반』 저서는 교직

선수과목과 기초과목을 설정하고, 교사 지식에 대한 평가를 기획
하고, 교사양성 프로그램의 인가기준을 확립하는 데 도움을 줄 것
이다(Reynolds, 1989: x).

지식기반에 대한 저서들은 교사와 교사교육자가 갖추어야 할 지
식을 강조하였다. 교사교육연구에 관한 미국교사교육자협회(ATE)
의 논문집도 유사한 맥락으로, 다음과 같이 논문집의 기획 의도를
밝혔다. "교직과 같이 공동의 지식기반에 대한 합의가 부족한 전문
직도 없을 것이다. …… 요즘 교직의 지식기반을 수립하고자 하는
움직임이 폭넓게 확산되고 있다"(Sikula, 1996: xv).

1980년대 이후, 미국교사교육인가위원회, 이른바 앤케이트
(National Council for the Accreditation of Teacher Education, NCATE)는
교사양성기관의 교육과정이 교직의 지식기반에 토대를 두고 있는
지를 평가해왔다(Christensen, 1996). 앤케이트(NCATE) 스탠다드의 서
문에는 그 목적을 다음과 같이 설명하였다.

앤케이트(NCATE) 스탠다드는 해당 학문분야의 최신 지식기
반에 기초하여 교사교육 프로그램을 개발하도록 장려하는 데 목
적이 있다. 교사양성기관은 교직원과 학생 모두 지식기반을 이해
하고 적용하고 있음을 보여주어야 한다(NCATE, 1995: 11).

앤케이트(NCATE) 스탠다드 발표 후, 교사교육 프로그램에 대한
평가는 교직의 지식기반, 즉 교사교육분야의 전문조직 및 교과 관련
학문분야의 전문조직에 의해 수립, 보급된 지식기반을 토대로 이루

어졌다.

  실천을 위한 지식 관점은 현직교사교육에도 큰 영향을 미쳤다. 특히 실천을 위한 지식 관점은 '최고의 교수법(Best Practice)'을 전면에 내세운 현직교사교육 프로그램들에 깊이 뿌리박혀있다. 이 프로그램들은 개별 교실의 특수성을 넘어서 모든 교실에 적용될 수 있는 실증적으로 입증된 교육과정, 수업, 평가, 학급운영 등에 대한 최고의 방법 및 전략이 있다는 가정에 기초한다(Fashola & Slavin, 1998). 이 관점에서 볼 때, 우수 학교와 우수 교사에 대한 실증연구를 통해 규명된 최고의 교수법은 일반적으로 우수하다고 알려진 실천과는 다를 수 있다. 최고의 교수법은 민간 지혜나 구전 지식과 달리 효과성에 대한 실증적 증거에 기초하고 있다. 이러한 관점은 미국교사연맹(American Federation of Teachers)의 저널, 「유행에서 유효성으로 전환: 연구기반의 교직 확립(Moving from Fads to What Works: Building a Research-Based Profession)」에 실린 그로슨(Grossen, 1996)의 논문에 잘 나타나있다.

  교사들에게 이론이 효과적인지에 대한 증거도 없이, 이론을 어떻게 이용해야 하는지에 대한 구체적인 설명도 없이 이론을 제공하는 것은 교사들 각자가 알아서 하라고 말하는 것과 마찬가지이다. 교사들에게 교육과정과 그 외 학생들을 가르치는 데 필요한 것들을 만들어서 가르치라고 하는 것은 의사에게 스스로 약을 만들어서 환자를 치료하라는 것과 마찬가지이고, 비행기 조종사에게 비행기를 직접 만들어서 운행하라는 것과 마찬가지이다. 교사가 그 같은 일을 할 시간이 있겠는가? 효과적인 교수방법을 설계하는 것만으로도 교사 개인 시간의 대부분을 차지하게 될 것이다.

전문직이라는 것은 그 구성원들이 공유하는 절차와 전략으로 구성된 전문적인 지식기반을 가지고 있음을 의미한다. 이것은 다른 전문직들에서는 당연한 것이겠지만, 교사들에게는 새로운 아이디어일 것이다. 잘 제작된 도구와 상세히 마련된 절차를 잘 활용하는 좋은 교사가 뛰어난 결과를 성취할 수 있다. 교사들이 뛰어난 결과를 얻을 수 있고 동시에 개인의 사생활을 누릴 수 있다는 것은 기쁜 소식이다(Grossen, 1996: 27).

최고의 교수법을 배우는 데 중점을 둔 현직교사교육의 관점에서 유능한 교사는 최고의 교수법에 대해 잘 알고 이를 교실에서 정확하게 그리고 일관되게 적용하는 교사이다. 실천을 위한 지식 관점에 기초한 학교개혁 프로젝트들은 특정 모델이나 방법 등에 대하여 공식적으로 인정받은 트레이너를 초빙, 훈련과 코칭을 통해 교사들에게 최고의 교수법을 전수, 보급함으로써 교육의 변화를 꾀하였다. 최근에는 사기업들이 대규모 실증연구를 통해 그 효과를 검증 받은 교수방법이나 전략 등을 패키지 형태로 상품화한 프로그램들을 이용, 최고의 교수법을 전수, 보급하는 교사 연수가 확산되고 있다 (Fashola & Slavin, 1998; Grossen, 1996).

2.3.2. 실천 속 지식 관점

교사 학습에 대한 두 번째 관점은 실천 속 지식의 관계에 토대를 두고 있다. 실천 속 지식 관점은 지식은 경험과 그에 대한 반성을 통해 생성되며 실천을 통해 나타난다고 가정한다. 따라서 실천 속에 녹아있는, 실천에 대한 반성 속에 녹아있는 지식을 강조한다. 특히 유능한 교사의 현명한 실천 속에 녹아있는 지식을 강조하며, 이에 대한 탐구를 통해 교사들의 지식과 실천을 향상시킬 수 있다고 주장한다.

2.3.2.1. 지식에 대한 이미지

교사 학습에 대한 실천 속 지식 관점은 교사가 잘 가르치기 위해 필요한 지식은 유능한 교사들의 우수한 실천 속에 녹아있다고 본다. 이 관점의 대표적 학자로 숀(Schön, 1983, 1987, 1995)을 들 수 있다. 숀(Schön)은 실천 속 지식을 다음과 같이 설명하였다.

> 우리가 일상에서 하는 자발적이고 직관적인 행위는 우리가 알고 있는 것을 드러낸다. 이것을 말로 표현하려 하면 어떻게 설명해야 할지 몰라 당혹스럽거나 설명을 한다 해도 제대로 하지 못하는 경우가 종종 있다. 우리의 앎은 대체로 암묵적인 것으로, 우리의 행위와 감정에 내재되어 있다. 즉, 우리의 지식은 우리 행위 속에 있다. 마찬가지로 전문가의 실천은 암묵적인 행위지(Knowing-in-Action)를 드러낸다(Schön, 1995: 29).

전문가 지식에 대한 숀(Schön)의 관점은 이른바 '기술적 합리성(Technical Rationality)'의 인식론을 거부하는 것이다. 기술적 합리성에 따르면 전문가의 실천은 이론을 실제에 적용하여 문제를 해결하는 것을 특징으로 한다. 그러나 실천 속 지식 관점은 전문가 실천의 핵심은 문제해결이 아니라 문제제기에 있다고 주장한다. 전문가는 불확실하고 복합적인 상황에서 문제가 무엇인지 밝히고 여러 다양한 정보들을 통합, 처한 상황에 대한 새로운 인식을 형성한다. 그러므로 전문가의 실천에서 사고와 행위, 지식 생성과 활용의 경계는 무너진다. 지식과 실천의 관계에 대한 이 같은 관점은 전문가의 실천을 이해하고 향상시키기 위해서는 실증주의(Positivism) 패러다임을 탈피한 새로운 인식론, 즉 '새로운 실천의 인식론(New Epistemology of Practice)'(Schön, 1983)이 필요하다는 주장의 토대가 되었다.

한편 러셀(Russell, 1987)은 숀(Schön)의 행위지 개념이 '실천적 지식(Practical Knowledge)의 개념과 유사하다고 주장하였다. 실천적 지식의 개념은 교수(Teaching)에 대한 지식을 개념화하는 데 활용되어 왔다. 예컨대, 카터(Carter, 1990)는 실천적 지식은 교사가 교실 실천을 통해 형성하는 지식으로, 교실에서 학생들을 가르치며 실제 딜레마에 부딪쳤을 때 교수(Teaching)와 '행위 중 사고(Thinking-in-Action)'의 상호작용을 통해 형성된다고 주장하였다. 또한 리차드슨(Richardson, 1994b)은 교사의 실천적 지식에는 과학적 연구를 통해 수립된 이론으로는 담을 수 없는 즉시성과 실천성이 있다고 주장하였다.

아울러 교사의 실천적 지식의 개념을 보다 확장, 발전시키고자 하는 노력이 있었다(예를 들어, Carter, 1990; Clandinin, 1986; Clandinin & Connelly, 1987; Elbaz, 1983, 1990; Fenstermacher, 1994; Grimmett, MacKinnon, Erickson, & Riecken, 1990; Leinhardt, 1989; Munby, 1987; Richardson, 1994a; Russell, 1987; Shulman, 1986, 1987). 일부 학자들은 모든 학교와 교실에 적용될 수 있는 형식적 지식이 있다는 인식론적

주장을 깨뜨림으로써 실천적 지식의 개념을 발전시키고자 하였다. 이들은 형식적 지식과 실천적 지식의 구분을 거부하였고, 실천적 지식이 형식적 지식보다 수준이 낮다는 통념 또한 거부하였다. 이들의 연구는 어떻게 교사들이 그들의 실천 속에서 지식을 생성하는지에 중점을 두었다(예를 들어, Clandinin, 1986; Clandinin & Connelly, 1987; Elbaz, 1983, 1990; Grimmett, MacKinnon, Erickson, & Riecken, 1990; Munby, 1987; Russell, 1987).

2.3.2.2. 교사, 교직, 전문가 실천에 대한 이미지

실천 속 지식 관점 기저에 있는 가르치는 일에 대한 이미지는 불확실하고 급변하는 상황 한가운데에서 이루어지는 현명한 행위이다. 가르침에 대한 이 같은 이미지는 '예술', '기예' 등의 용어로 표현되었고, '실천적', '구체적'이라는 수식어가 따랐다. 여기서 초점은 행위로서의 가르침에 맞추어져있다. 그렇다고 가르침을 그저 테크닉 또는 기술로 여기는 것은 아니다. 실천 속 지식 관점 기저에 있는 가르침에 대한 이미지는 예술성과 디자인(Design) 능력을 요하는 다른 전문직들, 예컨대 건축학, 정신분석학, 음악, 의학 등과 연계되어있다. 이러한 전문직에서 예술성은 그저 스타일에 관한 것이 아니라 예상치 못한 상황에 부딪쳤을 때 새로운 지식과 전략을 창출하는 데 필요한 것이다. 숀(Schön, 1995)은 전문가 실천에 있어 '디자인'을 듀이(Dewey, 1916)의 사고와 행위의 결합으로서의 '탐구(Inquiry)'에 비유하였다.

듀이의 탐구 개념은 일반적 의미의 디자이닝(Designing) 개념,

즉 건축이나 조경, 산업디자인 등과 같은 디자인 직업의 활동이
아니라, 복잡하고 불확실한 상황에서 무엇을 만들어내는 과정과
유사하다. 디자이닝에 대한 이러한 광의의 해석은 법조인이 케이
스나 법정진술을 구상하는 것, 의사가 병을 진단하고 치료방법을
계획하는 것, 정보기술자가 정보처리방식을 설계하는 것, 교사가
수업을 계획하는 것을 포함한다(Schön, 1995: 31).

실천에 대한 디자인 또는 예술적 관점은 가르침을 교실에서 일어
나는 예술행위로 강조한다. 또한 전문적인 교사를 초임교사는 물론
하고 경력교사와도 구별되는, 그저 남들보다 잘하는 교사가 아니라,
유능하고 지혜롭고 예술적인 교사로 특징짓는다.

2.3.2.3. 교육개혁에 있어 교사의 학습과 역할에 대한 이미지

실천 속 지식 관점에서 교사가 잘 가르치기 위하여 무엇을 배워야
하고 또 그것을 어떻게 배워야 하는지는 명확하다. '무엇'은 실천적
지식, 즉 전문가 교사가 불확실한 교육상황을 헤쳐 나아가며 생성한
지식이다. '어떻게'는 반성과 숙의를 통해서이다. 반성과 숙의를 통
한 학습은 두 교사 간에, 예컨대 전문가 교사와 초임교사의 상호작
용을 통해 이루어질 수도 있고, 또는 집단이나 공동체 상황에서, 예
를 들어 경력교사들이 함께 그들의 실천을 반성, 탐구함으로써 이루
어질 수 있다. 숀(Schön)은 전문적인 학습을 위한 장(Context)으로 전
문적 프랙티컴(Professional Practicum)을 제안하였다.

전문적 프랙티컴은 자기 혼자 알아서 배우는 독습과 다르고, 또
도제학습과도 다르다. 독습은 개인에게 배움의 자유를 주지만, 이미

있는 것을 다시 만드느라, 즉 처음부터 모든 것을 혼자 다시 다 해야 하므로 시간을 낭비하게 되고, 도제학습은 실제 세계에 대한 경험은 할 수 있지만, 전문가로 성장하는 데 한계가 있다. 전문적 프랙티컴은 보호된 학습공간을 제공한다. 초심자를 압도하는 실제 세계가 아니라, 실제 세계와 유사한 실천 세계를 제공함으로써 초심자가 보다 안전한 상황에서 학습할 수 있는 장을 제공한다.

숀(Schön)의 전문적 프랙티컴은 듀이(Dewey)의 교사교육에 대한 아이디어와 유사한 면이 있다. 1900년대 초 듀이(Dewey, 1904)는 당시 교사교육에 대한 도제교육 모델과 실험학교 모델을 비교하면서, 예비교사들을 무턱대로 학교 현장에 내보낼 경우 학교 현장의 자질구레한 관리, 운영 이슈들에 매몰되게 되고 결국 사려 깊은 숙의를 하기보다 '눈먼 실험'을 통해 습관을 형성하기 쉽다고 경고하였다.

듀이(Dewey)와 숀(Schön)의 이론에 기초한 실천 속 지식 관점은 반성적 장학이나 코칭(Coaching)의 과정을 통해 교육실천을 향상시킬 수 있다고 가정한다. 여기서 코칭의 개념은 일반적인 코칭의 개념, 즉 전문가가 초심자를 훈련시키는 방식으로서의 코칭과는 다르다. 후자는 실천을 위한 지식 관점에 보다 가깝다. 실천 속 지식 관점에서의 반성적 장학이나 코칭은 교사교육에 큰 영향을 미쳤는데, 이에 대해서는 다음 절에서 논의하겠다.

2.3.2.4. 실천 속 지식 관점에 기초한 교사교육의 실제

교사 학습에 대한 실천 속 지식 관점은 교사를 실천적 지식의 주체로 중요시함으로써 교육실천 전문화를 위한 노력을 북돋아 주었다. 교사양성교육의 경우 멘토링(Mentoring)이 대안적 방법으로 각광

을 받았다. 예비교사들은 전문가 교사, 이른바 멘토(Mentor)와 한 팀
을 이루어 지도를 받는데, 이때 멘토 교사를 선정함에 있어 경력보
다는 전문성과 예술성이 강조된다(Grant, 1997). 여기서 한 가지 강조
하고 싶은 것은 특정 용어나 방법이 특정 관점을 가리키는 것은 아
니라는 점이다. 다시 말해, 교사 학습에 대한 세 가지 관점 간의 차
이는 용어나 방법에 있는 것이 아니라, 아이디어와 가정에 있다. 따
라서 예컨대 '멘토링'이라는 용어를 사용한다고 해서 실천 속 지식
관점이라 단정할 수 없다. 사실 '멘토 현상'은 교사양성교육 및 현직
교사교육에서 다양한 형태로 나타났다(Little, 1990). 실천 속 지식 관
점에 기초한 멘토링은 초심자가 당혹스러운 실천의 문제에 대한 대
화에 참여하는 것을 돕는 데 초점이 주어진다. 이 같은 멘토링을 혹
자는 '교사교육의 새 교수법'(Heaton & Lampert, 1993)이라 칭했고,
혹자는 '실천에 대한 연구에 기초한 교사교육의 접근방식'(Lampert
& Ball, 1998)이라 일컬었다.

　실천 속 지식 관점은 학습은 본질적으로 사회적이며 상황적이라
가정한다. 이러한 가정에 기초한 교사교육 프로그램들은 교육실천
에 근간을 둔 사회적 상호작용을 통한 학습을 강조한다. 일례로 수업
에 대한 집단반성을 강조하는 프로그램을 들 수 있는데, 예비교사와
경력교사 또는 저경력교사와 고경력교사 둘이 짝을 이루거나 또는
예비·현직교사 여러 명이 팀을 형성하여 예비교사나 저경력교사가
고경력교사의 실천을 관찰하고 이에 대해 함께 반성하도록 한다. 그
리하여 교사들이 자신의 교육실천과 그 기저에 있는 지식, 가정, 신
념 등을 비판적으로 고찰하고 향상시킬 수 있도록 지원한다. 또 다른
예로 램퍼트와 볼(Lampert & Ball)의 '교수법 탐구(Pedagogical Inquiry)'

를 들 수 있는데, 예비교사들로 하여금 경력교사들의 교육실천에 대한 기록을 읽게 하고 교사교육자의 지도 아래 이에 대해 면밀히 탐구하도록 한다(Lampert & Ball, 1998).

이와 같이 실천 속 지식 관점에 기초한 교사교육 프로그램들은 실천의 문제, 특히 이론의 적용으로 해결하기 어려운 실천의 문제를 협력적으로 반성, 탐구하는 데 중점을 둔다. 그리고 이러한 협력적 반성 또는 탐구를 통해 예비·현직교사들이 그들의 교육실천과 그 기저의 지식과 신념을 비판적으로 재구성할 수 있도록, 그리하여 교사로서의 전문성과 예술성을 개발할 수 있도록 지원한다. 따라서 실천 속 지식 관점에 기초한 교사교육 프로그램들에서는 교사교육자들이 예비·현직교사들의 반성과 탐구를 이끌어주는 조력자의 역할을 하는 것이 매우 중요하다. 그러나 교사교육자들이 전통적인 역할에서 탈피하여 조력자의 역할을 하기란 쉽지 않다. 일례로 그리메트와 도켄도르프(Grimmett & Dockendorf)의 연구는 교사연구모임의 리더들이 전통적인 리더의 역할, 예컨대 지식과 기술 전달자로서의 역할을 깨고 조력자로서 거듭나고자 할 때 부딪히는 딜레마와 이슈들을 생생하게 보여준다(Grimmett & Dockendorf, 1997). 그러나 힘든 만큼 보람 있는 일이기도 하다. 하버드대학(Harvard University) 교육대학원의 덕워스(Duckworth, 1987) 교수는 교사의 학습을 돕는 교사교육자로서 자신의 역할에 대하여 다음과 같이 말하였다.

내가 좋아하는 것은 교사들을 가르치는 것이다. 나는 교사들이 자신이 어떻게 배우는지, 대체 어떻게 타인의 학습을 도와줄 수 있는지, 또 무엇을 안다는 것은 무슨 뜻인지 등에 대해 가지고 있던

생각을 휘저어 놓는 것을 좋아한다. 내가 또 좋아하는 것은 웃음소
리 속에서 가장 좋은 질문이 나오는 것을 보는 것, 그리고 좌절과
절망의 벽이 무너지고 그 속에서 숨어 있던 아이디어가 나오는 것
을 보는 것이다(Duckworth, 1987: 122).

덕워스(Duckworth)는 통찰력 있는 조력자로서 교사교육자의 역할
을 강조하였다. 교사들로 하여금 자신이 알고 있고 믿고 있는 것에
대하여 생각해보고 재고(再考)하도록 하고, 또 안다는 것, 믿는다는
것이 무엇을 의미하는지 생각해보고 재고하도록 하고, 그리하여 자
신의 지식, 신념과 일치하는 방식으로 학생들을 가르칠 수 있는 방
법을 탐구하고 창조할 수 있도록 조력하는 것이다.

이상과 같이, 실천 속 지식 관점에 기초한 교사교육은 교사의 반
성과 탐구, 그리고 멘토링, 코칭 등 조력자로서의 교사교육자의 역
할을 강조한다. 그러나 앞서 강조한 바와 같이, 반성, 탐구, 멘토링,
코칭 등의 용어나 방법을 이용한다고 해서 다 실천 속 지식 관점에
해당하는 것은 아니다. 보다 중요한 것은 이러한 방법을 왜 이용하
는가 하는 목적에 있다. 실천 속 지식 관점에 기초한 교사교육에서
반성, 탐구, 멘토링, 코칭 등을 이용하는 목적은 예비 · 현직교사들
이 유능한 교사들의 현명한 교육실천 기저에 있는 지식을 탐구하고
그리하여 그들도 현명한 교육실천을 할 수 있는 지식과 능력을 개발
할 수 있도록 조력하기 위함이다.

2.3.3. 실천의 지식 관점

교사 학습에 대한 세 번째 관점은 실천의 지식 관계에 토대를 두고 있다. 실천의 지식 관점은 지식과 가르침에 대한 근본적인 문제, 즉 지식을 생성한다는 것은 무엇을 의미하는가, 누가 지식을 생성하는가, 무엇이 지식이라 여겨지는가, 지식이 특정 상황에서 어떻게 활용되고 평가되는가 등은 논쟁의 여지가 있다고 본다. 실천의 지식 관점에서 볼 때, 지식은 인식주체와 독립적으로 존재하지 않으며, 지식이 활용되는 장에서 생성된다. 이때 지식 생성은 당면 상황에 기반을 두지만, 동시에 당면 상황을 뛰어넘는 이론화 과정을 포함한다. 다시 말해서, 지식은 당면 상황에 즉시 적용되는 도구적 필요에 제한되지 않는다. 실천의 지식 관점은 교사들이 실천의 지식 생성에 핵심적인 역할을 한다고 본다. 교실과 학교를 탐구의 장으로 삼고, 자신의 교육실천을 비판적으로 탐구하고, 다른 사람들의 이론이나 연구를 비판적으로 고찰하고, 자신의 교육적 노력을 동료 교사, 대학 교수, 연구자, 교육행정가, 지역 공동체의 노력과 연계하고, 나아가서 보다 넓은 사회·정치적 이슈들과 연계함으로써 실천의 지식 생성에 핵심 역할을 한다.

실천의 지식 관점은 실천을 위한 지식 관점과 달리, 형식적 지식과 실천적 지식의 이원화를 거부한다. 또한 실천 속 지식 관점과 달리, 형식적 지식과 실천적 지식의 구분을 나타내는 용어를 사용하지 않는다. 실천의 지식 관점은 교직을 위한 지식에는 두 가지 유형의 지식, 즉 형식적 지식과 실천적 지식이 있다는 가정 자체를 거부한다. 아울러, 실천의 지식 관점은 능력이 뛰어난 이른바 우수교사와 그렇지 못한 교사 또는 초임교사를 구별하지 않는다. 나아가, 실천의 지식 관점은 교사들이 다른 사람들에 의해 개발된 지식, 예컨대 학자나 연구자들에 의해 창출된 형식적 지식이든, 유능한 교사들의 현명한 실천 기저에 있는 지식이든, 기존 지식을 습득하도록 하는 데 역점을 두지 않는다.

그렇다고 실천의 지식 관점이 형식적 지식이 교사들에게 무용함을, 또는 실천적 지식이 교사들의 교육실천에 필요한 모든 지식을 담고 있음을 주장하는 것은 아니다. 또한 교사연구자들이 그들의 내부관점을 토대로 대학 교수나 연구자들이 이용하는 방법을 활용하여 교사 지식을 형식화, 성문화해야 함을 주장하는 것도 아니다. 아울러, 유능한 교사들의 현명한 교육실천 기저의 지식을 예찬하고 교사들이 특히 초임교사들이 이러한 실천적 지식을 탐구해야 함을 주장하는 것도 아니다.

실천의 지식 관점은 다양한 경력과 능력의 교사들이, 초임교사에서 고경력교사, 우수교사에 이르기까지, 다른 사람들의 지식과 실천은 물론이고 자신의 지식과 실천을 비판적으로 탐구하고 끊임없이 재구성해야 함을 주장한다. 그리고 이를 위하여 교사들이 공동체를 형성, 다양한 경력과 능력의 교사들이 협력적으로 그리고 동등하게 비판적 탐구활동에 참여할 것을 강조한다.

2.3.3.1. 지식에 대한 이미지

실천의 지식 관점은 교사가 잘 가르치기 위해 필요한 지식은 첫째, 교육실천, 학습자와 학습, 교과와 교육과정, 학교와 학교교육 등에 대한 체계적인 탐구를 통해 생성되고, 둘째, 교사공동체의 집단

탐구를 통해 생성되며, 셋째, 교실과 학교를 넘어서 보다 넓은 사회
적, 정치적 이슈들과 연계된 탐구를 통해 생성된다고 가정한다.

지식에 대한 이러한 이미지는 여러 분야에서 찾아볼 수 있는데,
일례로 실행연구(Action Research)를 들 수 있다. 실행연구는 교육과
정 구성 및 재구성을 사회 변혁과 보다 정의롭고 민주적인 사회 건
설을 위한 핵심으로 본다(Carr & Kemmis, 1986; Noffke, 1991; Noffke &
Brennan, 1997). 노프크(Noffke, 1997)에 따르면, 실행연구는 지식은
교사, 학생, 교육행정가, 학부모, 학자 등에 의해 협력적으로 생성된
다는 가정에 기초하며, 연구결과 산출보다 교육과정, 교사의 역할,
학교교육의 목적과 방법 등에 대한 근본적인 문제제기에 연구의 목
적을 둔다. 따라서 실행연구를 통한 지식 생성은 비판적 입장을 체화
한 것으로, 교직의 지식기반에 지식을 추가하는 것이 아니라, 해방을
목적으로 교육이론과 실천의 혁신을 추구한다.

또 다른 예로 학교 교사와 대학 교수 간의 협업을 들 수 있다. 교사
와 교수의 협업은 여러 다양한 양상으로 나타날 수 있지만, 그 기본
적인 가정은 교사는 지식 창출자이며 교직에 필요한 지식은 학교 교
사와 대학 교수 등 교육공동체 구성원들의 협력적 탐구를 통해 공동
창출된다는 것이다. 실천의 지식 관점에 기초한 교사와 교수의 협업
은 가르치고 배우는 것, 그리고 학교교육에 대한 암묵적 가정을 비판
적으로 고찰하고 보다 정의롭고 민주적인 사회 건설을 위한 교육개
혁을 추구한다(Bussis, Chittenden, & Amarel, 1976; Duckworth, 1987;
Perrone, 1989; Traugh et al., 1986).

교사연구 또는 실천가연구(Practitioner Research)에서도 실천의 지
식 관점을 찾아볼 수 있다. 교사연구는 실천의 지식은 교사들이 교실

과 학교를 연구의 장으로 삼음으로써, 탐구공동체를 형성, 협력적으로 연구함으로써, 로컬 지식(Local Knowledge)을 창출함으로써, 기존 이론과 연구에 대해 비판적 관점을 취함으로써 생성된다는 가정에 기초한다(Cochran-Smith & Lytle, 1993; Erickson, 1986; Hollingsworth & Sockett, 1994; Wells, 1994). 라이틀과 카크란 스미스(Lytle & Cochan-Smith)는 교사연구를 다음과 같이 특징지었다.

> 교사연구는 …… 교사와 학생들이 교실과 학교에서 권력, 권위, 지식을 협상하는 방식을 가시화한다. 따라서 앎의 방식으로서 교사연구는 교직문화, 즉 어떻게 교사들이 학생들과 함께 보다 비판적이고 민주적인 교육을 추구할 것인지, 어떻게 교사들이 교육자이자 사회운동가인 동료들과 함께 지성공동체를 형성할 것인지, 어떻게 교사들이 학교행정가, 정책입안자, 대학 교수나 연구자 등과의 관계에서 혁신의 주체로 설 것인지 등을 변혁시킬 수 있는 가능성을 가지고 있다(Lytle & Cochran-Smith, 1992: 47).

이와 같이 실천의 지식 관점은 지식의 변혁적 특성을 강조한다. 하그리브스(Hargreaves, 1996)는 지식 생성과 활용에 대한 새로운 이론의 필요성을 강조하였는데, 무엇을 지식으로 여길 것인가에 대한 관점을 다양화해야 하고, 지식에 대한 담론의 형태를 확장해야 하며, 교사의 역할에 체계적인 연구와 정책 제정을 포함, 교사의 역할을 확대해야 함을 주장하였다.

2.3.3.2. 교사, 교직, 전문가 실천에 대한 이미지

교사 학습에 대한 실천의 지식 관점은 교사의 교육실천을 교실은 물론 교실 밖으로 확장한다. 앞서 논의한 두 관점, 실천을 위한 지식과 실천 속 지식 관점은 교사의 실천을 교실 내로 제한한다. 실천을 위한 지식 관점은 어떻게 교사가 교직의 지식기반을 적용, 효과적으로 학생들을 가르치는지에 중점을 두고, 실천 속 지식 관점은 어떻게 교사가 불확실하고 특수한 교실 상황에서 현명한 교수적 결정을 내리는지에 중점을 둔다.

이와 달리, 실천의 지식 관점은 교사의 실천에 대한 혁신적이고 확장적 시각을 제시한다. 교사의 실천은 학교에서 학생들을 가르치는 것은 물론, 학생들의 가족, 나아가 학생들을 둘러싼 지역사회 공동체에도 관심을 기울여야 한다. 또한 교내 교직원은 물론이고 다른 학교 교직원, 교육청과 그 외 교육기관의 교육행정가, 대학 교수, 연구원, 외부 전문가 등과 협력적으로 일하는 것을 포함한다. 이러한 실천관은 교육과정 개발자로서, 지식 창출자로서의 교사는 물론, 이론가로서, 사회운동가로서, 학교 지도자로서의 교사 역할에 대한 새로운 시각에 토대를 두고 있다. 그렇다고 교사의 실천 및 역할에 대한 이러한 확장적 관점이 교사 업무에 교외 업무를 추가함을 의미하는 것은 아니다. 이는 교사의 실천이 지적, 사회적, 문화적 행위임을 의미한다.

이처럼 실천의 지식 관점은 전통적인 교사관, 예컨대 교사를 테크니션(Technician), 소비자, 수신인, 전달자, 수행자로 보는 관점을 거부하고, 교사를 변화의 주체로 강조한다. 또한 불평등한 교육과 사회구조를 재생산하는 데 기여하는 교육실천을 비판하고, 교사의 교

육실천을 변화의 동인으로 강조한다. 일례로, 고스와미와 스틸만
(Goswami & Stillman)은 그들의 저서, 『교실 탈환: 혁신의 주체로서
교사연구(Reclaiming the Classroom: Teacher Research as an Agency for
Change)』에서 교사연구를 통한 실천의 혁신을 다음과 같이 설명하
였다.

> [교사들이 연구를 할 때] 그들은 이론가가 된다. 자신의 의도를
> 명확히 하고, 자신의 가정을 점검하고, 실천과의 연계를 찾는 이론
> 가가 된다. …… [교사들은] 자료 활용 정도나 수준을 높이고, 네트
> 워크를 형성하고, 보다 적극적으로 전문적 활동에 참여한다. ……
> 그들은 교직에 필요한 정보를 제공하는 자원이 된다. …… 그들은
> 최근 연구에 관심을 가지고 있는 비판적 독자이자 활용가이다.
> …… 그들은 교사와 학생 모두에게 중요한 질문을 탐구하기 위하여
> 지역공동체의 자원을 새로운 방식으로 활용하며 학생들과 협력한
> 다. 이러한 탐구가 시작될 때, 교실 담화의 성격은 변화하게 된다
> (Goswami & Stillman, 1987: Preface).

실제로 교사연구자들의 글에서 이 같은 실천의 모습을 어렵지 않
게 찾아볼 수 있다. 교실과 학교에서 행해지는 관습적 실천에 도전하
고, 전문가 지식이라 여겨지는 것에 대하여 숙고하고, 교육이론과 실
천 기저에 깔린 가정들을 검토하고, 학생들의 가정과 공동체의 삶을
교육과정에 포함시키는 등, 가르친다는 것이 무엇인지를 탐구하는 교
사들의 모습이 교사연구자들의 글에 생생하게 그려져 있다(Ballenger,
1992; Gallas, 1998; Resnick, 1996).

이와 같이 실천의 지식 관점에서 교사의 실천은 지성적이고, 비판적이며, 정치적 특성을 띤다. 특히 킨첼로(Kincheloe, 1991)는 해방에 이르는 길로서 비판적 성격의 교사 실천과 연구를 강조하였다. 그외 프레이리(Freire, 1970)의 '해방적 교육학(Liberatory Pedagogy)', 지루(Giroux, 1988)의 '변혁적 지성인(Transformative Intellectual)'으로서의 교사 개념에서도 비판적 성격의 실천관을 찾아볼 수 있다.

교사 실천의 비판적 성격을 강조하는 일부 학자들은 비판적 사회이론과 비판적 교육실천 간의 필연적 연관을 가정한다. 그러나 다른 한편으로 일부 학자들은 비판적 탐구가 교사 실천 및 역할을 근본적으로 변화시킬 수 있는 가능성은 인정하지만, 그 필연적 연관을 가정하지 않는다. 오히려 교사연구가, 그 민주주의적 특성이 무디어진다면(Kincheloe, 1988), 정치적 영역과 분리된다면(Noffke, 1997), 또는 그 생성적 특성이 한편으로는 주변화와 사소화에 그리고 다른 한편으로는 식민화에 기여하게 된다면(Cochran-Smith & Lytle, 1998) 그 힘을 잃게 될 것이라 우려한다.

2.3.3.3. 교육개혁에 있어 교사의 학습과 역할에 대한 이미지

앞서 언급한 바와 같이, 지난 수십 년간 교사교육에 대한 새로운 비전들이 등장하였다. 실천의 지식 관점은 현직교사교육에서 필요한 것은 교사들에게 자신과 다른 사람들의 해석, 이데올로기, 실천 등에 대하여 고찰하고 문제제기할 수 있는 기회를 제공하는 것이라 주장한다(Grimmett & Neufeld, 1994; Hargreaves & Fullan, 1991; Lieberman & Miller, 1994; Little, 1993; Little & McLaughlin, 1993; McLaughlin, 1993). 이러한 주장은 교사 학습에 대한 다음과 같은 가정에 기초한다. 교사의 학습은 자신이 가지고 있는 가정에 도전함으로써, 실천의 쟁점들을 규명함으로써, 문제를 제기함으로써, 자신의 학생들, 교실, 학교를 연구함으로써, 교육과정을 구성하고 재구성함으로써, 교실과 학교 및 사회 혁신에 참여하고 지도력을 발휘함으로써 이루어진다. 그리고 이 같은 교사 학습은 협력적으로 이루어진다. 교사 학습은 탐구공동체나 네트워크에서, 즉 공동체 구성원들이 의미 있는 로컬 지식을 생성하기 위하여 함께 노력하는, 그리고 탐구가 교수(Teaching)와 학습 및 학교교육의 혁신을 위한 노력의 일환으로 여겨지는 탐구공동체나 네트워크에서 협력적으로 이루어진다.

지난 십여 년간 탐구공동체에서의 교사 학습에 대한 연구가 활발하게 수행되었다(예를 들어, Cochran-Smith 1991a, 1997; Cochran-Smith & Lytle, 1993; Hollingworth & Sockett, 1994; Meyer, 1998; Noffke & Stevenson, 1995; Wells, 1994). 일반적으로 탐구공동체는 학교 교사, 대학 교수, 교육행정가 등, 그 소속과 지위가 다르고 지식과 경험 또한 다양한 교육실천가들로 구성된다. 중요한 것은, 공동체의 모든 참여자들이, 교사든, 교수든, 초임교사든, 경력교사든, 교사교육자든 간에 모두 동료 학습자라는 것이다. 물론 개인의 '전문성'을 공동체의 학습을 위한 자원으로 활용하지만, 실천의 지식 관점에서 전문성의 개념은 앞의 두 관점과 다르다. 실천의 지식 관점은 전문가와 초심자의 관계를 대체하는 새로운 협력관계를 제시한다. 누구는 전문가이고 누구는 초심자이고, 누구는 가르치고, 누구는 배우는 것이 아니라, 공동체 구성원 모두가 학습자가 된다. 공동체 구성원 모두가 동등하게 탐구에 참여하고 협력적으로 배운다.

이와 같이 교사 학습에 대한 실천의 지식/관점은 자신의 가정(假

定), 교육실천, 그리고 학교 및 공동체의 정책과 실천에 대한 교사들의 협력적 탐구를 강조한다. 이는 교사 학습은 필연적으로 자신의 경험, 가정, 신념에 대한 비판에서 시작됨을 의미한다. 나아가, 실천에 대한 체계적이고 의도적인 탐구를 통한 학습은 기존에 당연시 받아들였던 것들에 대한 재고찰, 학교와 교실구조에 대한 문제제기, 안다는 것은 무엇을 의미하는지 그리고 무엇이 전문가 지식으로 여겨지고 있는지에 대한 숙고, 교육적 카테고리에 대한 재고(再考), 해석적 틀의 구성 및 재구성, 학교교육이 누구의 가치와 이익에 기여하는지에 대한 규명 등을 수반한다.

실천의 지식 관점에 기초한 탐구공동체는 대학 교수나 연구자들처럼 연구를 한다거나 연구결과를 산출하는 데 목적을 두지 않는다. 탐구공동체의 목적은 실천을 이해하고, 명확화하며, 궁극적으로 변화시키는 데, 그리하여 교실, 학교, 학구(學區), 교사 조직에 근본적인 변화를 일으키는 데 있다. 이러한 목적 기저에는 학생들의 학습과 삶에 대한 깊은 책임의식, 그리고 학생들의 기회를 제한하는 정책과 구조를 변혁하고자 하는 열정이 있다(Lytle & Cochran-Smith, 1994).

실천의 지식 관점에서 교사 학습은 보다 광범위한 개혁노력, 예컨대, 학교조직 개편, 민주적인 학교교육, 사회 정의 등을 위한 개혁노력과 교사 역할에 대한 확장적 관점, 예컨대 교사를 리더, 사회운동가로 보는 관점과 연계되어 있다. 교사 학습에 대한 이러한 이미지는 교사들 간의, 그리고 교사 집단과 학교, 학교 시스템, 대학, 그 외 조직들 간의 새로운 관계에서 나온 것이자 동시에 새로운 관계를 구축하는 발판이 된다.

2.3.3.4. 실천의 지식 관점에 기초한 교사교육의 실제

실천의 지식 관점은 근래 미국에서 일고 있는 교사연구와 그 외 여러 형태의 실천가연구(Practitioner Research)의 기저에 깔려있다 (Cochran-Smith & Lytle, 1999a). 교사들이 그들의 교실과 학교에서 능동적으로 연구를 기획, 수행하는 것, 즉 교사연구는 전문성 개발과 그 외 교수(Teaching) 전문화를 위한 전략들, 학교와 교육과정 개선, 학교중심의 학교체제 전반에 걸친 재구조화와 조직개편, 대학에서 생성된 교직의 지식기반의 헤게모니에 대한 도전, 그리고 나아가 사회변화와 사회정의를 위한 운동과 긴밀하게 연계되어 있다.

실천의 지식 관점에 기초한 교사교육은 탐구공동체를 교사 학습의 중심지로 본다. 그렇다고 '탐구공동체'나 '교사연구', '실행연구' 등의 용어를 사용한다고 해서 실천의 지식 관점에 기초한 교사교육이라 단정할 수 없다. 앞서 강조한 바와 같이, 특정 용어나 방법이 특정 관점을 가리키지 않는다. '탐구공동체', '교사연구', '실행연구' 등의 용어나 방법을 이용하지만, 실천을 위한 지식 또는 실천 속 지식 관점에 기초한 교사교육인 경우가 적지 않다. 일부 학자들은 이것이 불가능하다고 주장하기도 한다. 예컨대, 교사들의 실행연구가 실천을 위한 지식 관점에 토대를 두고 있다면, 이는 실행연구의 역사적 뿌리를 오해한 것이고 실행연구의 필연적 특성인 정치성을 희석시킨 것이라고 주장한다(Kincheloe, 1991; Noffke, 1997).

그러나 그 역사적 뿌리에도 불구하고, 실행연구와 교사연구 같은 용어는 광범위하게 도용 또는 전용(專用)되어왔고 다양한 의미로 해석되어왔다. 카크란 스미스와 라이틀(Cochran-Smith & Lytle)은 교사연구의 변화무쌍한 모습에 다음과 같이 논평하였다. "교사연구가

다방면으로 이용되고 때로 제도화됨에 따라 무엇이든 다 교사연구
가 될 위험에 처해있다. 그러나 알다시피 무엇이든 다 된다는 것은
결국 그 중요성이나 힘을 잃게 됨을 의미한다"(Cochran-Smith & Lytle,
1999a: 17).

　무엇이든 다 교사연구, 실행연구, 또는 탐구공동체가 되는 상황에
서 관건은 어떤 용어나 방법을 사용하느냐가 아니라, 어떤 교육적
목적을 추구하고, 그리고 그 기저에 깔린 지식, 실천, 변화에 대한
가정은 무엇인가 하는 것이다. 실천의 지식 관점에 기초한 교사교육
에서 실행연구그룹이나 탐구공동체 또는 교사네트워크는 교사들에
게 사회적, 지성적 장을 제공하는 데 그 목적이 있다. 그리하여 다양
한 경력의 교사들이 교육이론과 연구는 물론 자신이 가지고 있는 가
정에 비판적 입장을 취하고, 그리고 학교에서 가르치는 일과 광범위
한 사회정치적 이슈들을 연결하는 로컬 지식을 공동으로 창출할 수
있도록 하는 데 그 목적이 있다.

　이 같은 목적을 추구하고자 다양한 노력이 기울여졌다. 예를 들
어, 교사양성교육에서는 예비교사들의 학습을 보다 비판적으로 이
끌어주는 데 노력이 기울여졌다. 예비교사들로 하여금 자서전을 쓰
게 하고 이를 고찰하도록 한다거나, 교사로서 그리고 학생으로서 자
신에 대하여 깊이 성찰하도록 한다거나(예를 들어, Cochran-Smith,
1995; King & Ladson-Billings, 1990; Knowles, 1992; Knowles & Cole,
1996), 특히 인종, 계급, 문화, 민족, 언어, 성 등과 관련하여 자기 자
신을 성찰하도록 하는(예를 들어, Cochran-Smith, 1995; Cochran-Smith
& Lytle, 1992b; Sleeter, 1995; Zeichner, 1993) 방법들이 이용되었다. 아
울러, 비판적 반성, 문화기술지, 교사연구, 실행연구 등도 폭넓게 확

산되었다(Adler, 1991; Beyer, 1988, 1991; Cochran-Smith, 1991b, 1994, 1995; Cochran-Smith & Lytle, 1993; Goodman, 1991; Gore & Zeichner, 1991, 1995; Tabachnik & Zeichner, 1991). 일반적으로 교육실습 세미나나 방법론 코스, 교직 기초과목에서 이 방법들이 이용되었고, 예비교사들로 하여금 비판적 사회, 문화, 정치, 경제이론과 연구를 토대로 그들의 경험, 그리고 나아가 학교교육을 둘러싼 사회적 상황을 고찰하도록 하였다.

한편, 일부 교사양성교육에서는 학습자공동체를 중심으로 프로그램을 개혁, 예비교사, 경력교사, 교사교육자의 학습을 서로 연결하고자 하는 노력을 기울였다(Cochran-Smith, 1991a, 1994; Hursh, 1997; Zeichner & Miller, 1997). 카크란 스미스(Cochran-Smith, 1994, 1998, 1999)는 이러한 노력을 '탐구로서 교사교육(Teacher Education as Inquiry)'이라 일컬었다. 공동체에서의 교사 학습을 강조하는 양성교육은 예비교사들로 하여금 대학 교수나 연구자들에 의한 연구와 학교 교사들에 의한 연구를 골고루 읽도록 하여 다양한 관점을 접할 수 있게끔 하였고, 예비교사, 경력교사, 교사교육자가 그룹을 형성, 그들의 경험을 나누고, 교실에서 수집한 자료들을 서로 공유하고, 이슈들에 대하여 충분히 논의하도록 하였다. 여기서 핵심은 예비교사들이 문제제기를 가르치는 일의 일부로 여기는 학습자공동체의 일원이 되어 가르치는 일에 대하여 배우도록 하는 것이다.

지금까지 논의한 개혁노력들이 대체로 교사양성교육에 초점을 두고 있다면, 전문성개발학교(Professional Development Schools)는 교사양성교육과 현직교사교육을 연결하는 보다 광범위한 개혁노력이라 할 수 있다. 다링 해몬드(Darling-Hammond, 1994)는 전문성개발학교를 다음과 같이 설명하였다.

> 전문성개발학교는 교사 학습을 위한 완전히 새로운 틀을 창조
> 하고 있다. 가르치면서 배우고, 행하면서 배우고, 그리고 협력하
> 면서 배울 수 있는 기회를 제공하는, 새로운 틀을 창조하고 있다.
> 전문성개발학교는 초임교사는 물론이고, 경력교사와 교사교육자
> 의 학습을 증진시킨다. ⋯⋯ 전문성개발학교는 교직을 위한 완전
> 히 새로운 방식의 앎과 지식을 구축할 수 있는 가능성을 창조하고
> 있다(Darling-Hammond, 1994: 10).

그러나 앞서 계속 지적한 바와 같이, 같은 용어를 사용한다고 해
서, 이 경우 전문성개발학교라 해서, 교사 학습에 대한 관점 또한 다
같은 것은 아니다. 지금까지 약 250개 정도의 전문성개발학교들이
세워졌는데, 이 학교들에서 실제로 일어나고 있는 일들은 서로 일관
되지 않다. 자이크너와 밀러(Zeichner & Miller)가 경고한 바와 같이,
전문성개발학교를 교사교육의 모든 문제들을 치유할 수 있는 만병
통치약으로 무비판적으로 받아들이는 것에 주의해야 한다(Zeichner
& Miller, 1997). 기대와 달리, 전문성개발학교는 여러 양상으로 나타
났고 그 의미 또한 매우 다양하게 해석되었다.

실천의 지식 관점에 기초한 현직교사교육으로 학교와 대학 간 협
력적 파트너십에 기초한 교사탐구공동체를 들 수 있다(Erickson &
Christman, 1996; Hursh, 1997; Lytle et al., 1994; Michaels, 1998; Mohr &
Maclean, 1987; Noffke et al., 1996; Wells, 1994). 이 같은 유형의 교사탐
구공동체에서 교사 학습은 중요한 학교 이슈들을 규명하고, 학교현

장의 데이터를 수집, 분석, 해석하는 생태학적으로 타당한 방식을 고안하고자 하는 교사들 간의 협력적 노력의 결과로서 일어난다. 따라서 협력적 의사결정을 위하여 데이터를 활용하는 것에 대하여 배우는 것은 학교문화를 변화시키는 원인이자 결과가 된다. 또 다른 예로 대학과 학교 간 협력에 기초한 새로운 혁신적인 연구협의체 창설 노력을 들 수 있다. 이 연구협의체는 학교 교사와 대학 교수, 연구원 간의 협력을 통해 교실과 학교에 대한 지식을 생성하는 데 목표를 두고 있으며, 나아가 전통적인 학교와 대학문화를 타파하고(Lytle & Cochran-Smith, 1994) 학교와 대학 모두를 개혁하는 데(Allen, Cary, & Delgado, 1995) 그 궁극적 목적을 두고 있다.

마지막으로, 교사연구에 대한 지원 및 확산 노력, 그리고 탐구공동체에서의 교사 학습에 관한 연구에 대한 지원 및 확산 노력을 들 수 있다. 몇 가지 예를 들자면, 전국교육연구회(National Society for the Study of Education)에서는 교사연구와 교육개혁을 주제로『교사연구: 교실탐구 저널(Teacher Research: A Journal of Classroom Inquiry)』학술지를 창간하였고(Hollingsworth & Sockett, 1994), 카크란 스미스와 라이틀(Cochran-Smith & Lytle)은『실천가탐구(Practitioner Inquiry)』라는 새로운 시리즈물을 출간하였다. 아울러 교육연구기관(Office of Educational Research Institute)과 같은 연구기관에서의 교사연구에 대한 지원도 확대되고 있다. 비영리 연구지원기관인 스펜서 재단(Spencer Foundation) 또한 탐구공동체와 실천에 기반을 둔 교수학습에 관한 연구에 대한 지원을 확대하고 있고, 맥아더 재단(MacArthur Foundation)과 함께 실천의 지식 관점에 기초한 현직교사교육 프로젝트들을 지원하고 있다. 아울러 교사연구와 실천가탐구에 관한 저서들도 속속 출간되고 있다(예를 들어, Henson, 1996; Zeichner & Noffke, 2001). 교사연구자들의 학회 참여 또한 급증하고 있다. 예컨대, 미국교육연구협회(American Educational Research Association, AERA)에서 교사연구 관심 그룹이 결성되었고 교사연구자들의 발표도 급증하는 추세다.

2.3.4. 카크란 스미스와 라이틀(Cochran-Smith & Lytle)의 지행관계적 접근의 의의와 한계

카크란 스미스와 라이틀(Cochran-Smith & Lytle)은 지식과 실천의 관계를 토대로 교사의 학습을 고찰하였다. 안다는 것 그리고 가르친다는 것, 즉 지식과 실천의 관계를 어떻게 보느냐에 따라 교사 학습에 대한 개념이 크게 달라질 수 있음을 지적하면서, 카크란 스미스와 라이틀(Cochran-Smith & Lytle)은 지식과 실천의 관계를 '실천을 위한 지식', '실천 속 지식', '실천의 지식'으로 유형화하고, 이에 따라 교사의 학습이 어떻게 개념화되었는지 논의하였다. 이를 요약하면 〈표 2.4〉에 제시된 바와 같다.

카크란 스미스와 라이틀(Cochran-Smith & Lytle)의 실천을 위한 지식 관점은 숀(Schön)의 기술적 합리성과 일맥상통한다. 교직의 과학적 또는 형식적 지식기반을 수립함으로써 교직 전문성을 확보하고자 하는 노력, 과학적 · 형식적 지식을 교육실제에 적용하는 데 역점을 둔 교육실천, 교직의 과학적 · 형식적 지식기반을 습득하고 적용기술을 연마하는 데 중점을 둔 교사의 학습 등을 카크란 스미스와 라이틀(Cochran-Smith & Lytle)은 '실천을 위한 지식' 관점이라, 숀(Schön)은 '기술적 합리성'이라 일컬었다.

〈표 2.4〉 코크란 스미스와 라이틀(Cochran-Smith & Lytle)의 지행관계적 접근

지식과 실천의 관계	실천을 위한 지식	실천 속 지식	실천의 지식
지식에 대한 이미지	• 교직은 그 특유의 지식기반에 토대를 두고 있으며, 그 원천은 학자들에 의해 창출된 형식적 지식에서 찾을 수 있음 • 교직 특유의 형식적, 공식적 지식 체계를 수립, 교직의 전문적 지식기반을 구축하고자 함	• 교직에 필요한 지식은 유능한 교사의 현명한 교육실천 기저에 누어있음 • 교사의 교육실천 경험과 그에 대한 반성을 통해 생성된 실천적 지식을 강조함	• 교직에 필요한 지식은 교육실천, 학습자와 학습, 교과와 교육과정, 학교와 학교교육 등에 대한 체계적인 탐구를 통해 생성되고, 교사공동체의 공동탐구를 통해 생성되며, 교실과 학교를 넘어서 남은 사회적, 정치적 이슈들과 연계된 탐구를 통해 사회적 생성됨
교사, 가르침, 전문가, 실천에 대한 이미지	• 가르친다는 것은 교직의 지식기반을 교육실체에 적용하는 것임 • 교사는 학자나 연구자들에 의해 창출된 형식적 지식을 교육실체에 능숙하게 적용하는 역할을 수행함 • 지식과 실천의 관계에 대한 도구적 관점에 기초함	• 가르친다는 것은 복잡하고 불확실한 상황에서 무엇인가를 만들어내는 예술적 행위임 • 전문가 교사는 유능하고 지혜롭고 예술적인 특성을 띰 • 실천에 대한 예술적 관점에 기초함	• 교사의 실천은 학교에서 학생들을 가르치는 것은 물론, 학생들의 기록, 나아가 학생들을 둘러싼 지역사회 공동체에도 관심을 기울여야 함 • 교사의 실천은 지적, 사회적, 문화적, 정치적 특성을 띠며, 교육개혁의 물론 사회변혁의 동인임 • 교육과정 개발자로서, 교육개혁가로서, 연구자로서, 지식 창출자로서, 이론가로서, 사회운동가로서 교사의 역할을 강조함

교육개혁에 있어 교사의 학습과 역할에 대한 이미지	• 교사의 학습은 교직의 지식기반을 습득하는 것임. • 교사가 교직의 지식기반을 습득하면서, 교과내용과 교과교육방법에 대한 값고 풍부한 지식을 쌓고 이를 교육실제에 충실히 적용할 때 교육개혁의 성공을 가져올 수 있음	• 교사의 학습은 반성과 숙의를 통해 이루어짐 • 유능한 교사의 현명한 실천 기저에 녹아있는 실천적 지식에 대한 탐구를 통해 교사들의 지식과 실천을 향상시킬 수 있음	• 교사의 학습은 탐구공동체에서 협력적으로 이루어짐 • 탐구공동체에 참여, 그들의 경험, 가정, 신념 등을 비판적으로 고찰하고, 기존의 교육실천에 대하여 문제제기하고, 그들의 교육 실제 학교를 비판적으로 연구하며, 교사를 배우고 성장함 • 이 같은 교사의 학습과 성장은 결과적으로 교실과 학교 및 사회 혁신으로 이끎
교사교육의 실체	• 교사양성 교육과정 표준화 정책 • 교사교육 스탠더드 수립 및 이에 기초한 교사양성교육기관 평가 • 효과적인 교육방법, 전략 등, 이른바 '최고의 교수법'을 전수, 보급하는 데 중점을 둔 현직교사교육	• 교사교육은 예비·현직교사들이 협력적으로 그들의 실천을 반성, 탐구하는 데 중점을 둠 • 전문 프랙티컴(Professional Practicum), 멘토링(Mentoring), 코칭(Coaching) 등이 활용됨 • 예비·현직교사들이 유능한 교사들이 현명한 교육실천 기저에 있는 지식을 탐구하고 그리하여 그들도 현명한 교육실천을 할 수 있는 지식과 능력을 개발할 수 있도록 지원하는 조력자로서의 교사교육자의 역할이 강조됨	• 교사탐구공동체의 협력적, 비판적 탐구에 중점을 둔 교사교육 • 예비교사, 경력교사, 교사교육자로 구성된 학습공동체를 형성, 협력적 탐구를 통한 교과와 성장을 지원하는 교사양성교육 • 전문성개발학교(Professional Development School) • 학교와 대학 간 협력적 파트너십에 기초한 교사탐구공동체 지원 • 교사연구, 실천가연구 지원 및 확대

이 같은 관점은 우리 교사교육에서 어렵지 않게 찾아볼 수 있다. 교과의 기반이 되는 학문의 지식을 전수하는 데 치중한 교사양성교육, 교사에게 부족한 학문적 지식을 보충해주거나 교사의 낡은 지식을 최신 지식으로 업데이트해주는 데 치중한 교사연수 등은 실천을 위한 지식 관점, 기술적 합리성을 반영한다. 결과적으로 우리 교사교육은 실천을 위한 지식 관점의 문제, 기술적 합리성의 문제를 고스란히 드러내고 있다. 교육실습을 나간 예비교사들은 대학에서 배운 지식이 쓸모없다 하고, 현직교사들은 교사연수에서 배운 지식이 별 도움이 되지 않는다고 한다. 예비ㆍ현직교사들의 이러한 비판은 그러나 학문적 지식을 깊이 이해하지 못해서 또는 지식을 제대로 적용하지 못해서 나오는 불평으로 일축되곤 한다. 결국 기술적 합리성 하에서, 실천을 위한 지식 관점하에서, 교사들은 전문성의 위기에 빠질 수밖에 없다.

숀(Schön)은 기술적 합리성의 대안으로 반성적 실천론을 제시하였다. 그는 불확실성, 급변성, 특수성, 가치갈등을 특징으로 하는 실천 상황에서 유능한 전문가가 발휘하는 전문성에 주목하였다. 숀(Schön)에 따르면, 전문가는 실천상황에서 자신의 행위 기저의 앎을 비판적으로 재구성, 이를 후속 행위에 구현, 검증함으로써 새로운 지식을 형성하고 그의 실천을 개선한다. 이른바 '실천 중 반성'을 통해 전문가는 그의 전문성을 향상시킨다.

카크란 스미스와 라이틀(Cochran-Smith & Lytle)은 이 같은 주장을 '실천 속 지식' 관점으로 유형화하였다. 실천 속 지식 관점은 교사 지식의 원천을 학문이 아니라 교사의 반성적 실천에서 찾았고, 교사의 실천적 지식을 형식적 지식과 동등한 반열에 올려놓았으며, 교사의 실천을 복잡하고 불확실한 상황에서 예술적 기예를 발휘하는 교육적 행위로 재개념화하였고, 교사의 역할을 반성적 실천가, 연구자, 지식 창출자로 확대했다는 점에서 카크란 스미스와 라이틀(Cochran-Smith & Lytle)은 그 의의를 높이 평가하였다.

그러나 교사 학습에 대해서는, 실천을 위한 지식 관점과 마찬가지로, 여전히 전수(傳受) 관점에서 접근함으로써 그 한계를 드러냈다고 카크란 스미스와 라이틀(Cochran-Smith & Lytle)은 비판하였다. 교사들은 학자들이 창출한 형식적 지식 대신 유능한 교사들이 가지고 있는 실천적 지식을 배웠고, 대학 교수 대신 우수교사들이 교사들을 가르쳤다.

카크란 스미스와 라이틀(Cochran-Smith & Lytle)은 실천을 위한 지식 관점과 실천 속 지식 관점의 한계를 비판하고, 실천의 지식 관점을 제시하였다. 그들은 형식적 지식과 실천적 지식의 이원화를 거부하였고, 학자들에 의해 창출된 형식적 지식이든, 유능한 교사들의 현명한 실천 속에 녹아있는 실천적 지식이든, 지식 전수(傳授)에 치중한 교사교육을 비판하였다. 카크란 스미스와 라이틀(Cochran-Smith & Lytle)은 탐구공동체를 통한 교사의 학습을 강조하였다. 누구는 전문가이고 누구는 초심자이고, 누구는 가르치고 누구는 배우는 것이 아니라, 초임교사건, 경력교사건, 우수교사건, 교사교육자건, 대학 교수건, 공동체 구성원 모두가 학습자가 되어 동등하게 탐구에 참여, 그들의 전문지식과 교육실천의 향상은 물론, 학교교육의 개혁, 나아가 사회 정의를 추구하는 탐구공동체를 대안으로 제시하였다.

카크란 스미스와 라이틀(Cochran-Smith & Lytle)의 탐구공동체는 앞서 1장에서 내가 주장한 집단전문성의 개념을 담고 있다. 다양한 전문성을 가진 교사들이 서로 동등한 관계에서 자유로운 상호 교류와 수평적 협업을 통해 공동창출하는 전문성, 대학 교수나 연구원들에 의해 생산되고 현장 교사들에 의해 소비되는 것이 아니라, 현장 교사들이 서로의 전문성을 교류·공유하며 생성, 교육현장에서 끊임없이 진화하는 전문성, 그리고 일방적인 전수(傳授)가 아니라 서로 가르치고 배우며 함께 성장하는 상호교학(相互教學)의 개념을 탐구공동체에서 찾아볼 수 있다. 그러므로 카크란 스미스와 라이틀 (Cochran-Smith & Lytle)의 탐구공동체는 집단전문성 개발을 위한 한 접근으로서 교사학습공동체의 대표적인 케이스라 할 수 있다. 이에 대해서는 4장 교사학습공동체의 유형에서 보다 구체적으로 논의하겠다.

2.4. 자이크너(Zeichner)의 교육 이데올로기적 접근

교사교육은 교사의 학습에 대한 모종의 관점에 기초한다. 따라서 교사교육에 대한 고찰을 통해 그 기저에 깔린 교사 학습에 대한 관점을 살펴볼 수 있다. 스포덱(Spodek)에 따르면, "모든 교사교육은 이데올로기의 한 형태이다. 교사교육 프로그램은 교사교육자 또는 교사교육기관의 교육 이데올로기와 밀접히 연관되어 있다. 탈가치적인 교육이 있을 수 없듯이, 탈가치적인 교사교육은 없다." (Spodek, 1974, Zeichner, 1983, 3 재인용)고 하였다. 그렇다면 교사교육을 지배해온 이데올로기는 무엇인가? 자이크너(Zeichner, 1983)는 네 가지 패러다임을 제시하였다. 행동주의 교사교육(Behavioristic Teacher Education), 개인발달중심 교사교육(Personalistic Teacher Education), 전통적 기예중심 교사교육(Traditional-Craft Teacher Education), 그리고 탐구중심 교사교육(Inquiry-oriented Teacher Education)이다. 먼저이 네 가지 패러다임을 살펴보고, 그 기저에 깔린 교사 학습에 대한 관점을 논의하겠다.

2.4.1. 행동주의 교사교육

행동주의는 오랫동안 교육을 지배해왔다(Kliebard, 1973). 학교교육은 물론 교사교육에도 지대한 영향을 미쳤다. 행동주의 교사교육은 실증주의 인식론과 행동주의 심리학에 토대를 두고 있으며, 학생들의 학습을 촉진하는 효과적인 교수기술의 개발을 강조한다.

행동주의 교사교육의 대표적인 예로 역량중심 교사교육(Competency-Based Teacher Education, CBTE)을 들 수 있다. 1960년대 대두된 역량중심 교사교육은 교직을 성공적으로 수행하기 위해 예비교사가 갖추어야 할 역량을 규명하고, 이 역량이 발휘되었을 때의 모습, 즉 수행기준을 설정하고, 수행기준의 성취 여부 및 정도를 측정할 수 있는 측정방법과 도구를 마련하는 등, 교직역량의 개발 및 측정에 많은 노력을 기울였다.

그 외 학생들의 학업성취에 영향을 미치는 교수행위를 규명, 높은 학업성취를 이끌어내는 효과적인 교수행위의 훈련에 중점을 둔 과정·산출(Product-Process)접근, 교육을 응용과학으로 규정짓고, 과학적 지식을 교육실제에 적용하는 것이 교사 실천의 핵심이며, 교사는 뛰어난 적용기술을 가진 교육기술자라고 주장하는 기술적(Technical) 접근 등 또한 행동주의 패러다임을 반영한다.

2.4.2. 개인발달중심 교사교육

개인발달중심 교사교육은 현상학적 인식론과 발달심리학에 기초를 두고 있으며, 교사의 성장을 강조한다. 행동주의 패러다임과 마찬가지로, 개인발달중심 패러다임도 다양한 양상으로 나타났다. 예를 들어, 개인맞춤형 교사교육(Personalized Teacher Education)은 예비교사의 자가지각 요구와 관심(Self-perceived Needs and Concerns)에 기초한 교사교육을 강조하였고, 교사 관심발달모델을 개발, 이를 토대로 교사교육 프로그램을 개발하였다(Fuller, 1972). 또 다른 예로 인본주의 교사교육(Humanistic Teacher Education)을 들 수 있는데, 지각심리학을 토대로 예비교사의 자아계발에 중점을 두었다(Combs, Blume, Newman, & Wass, 1974). 그 양상은 다양하나, 개인발달중심 교사교육은 예비교사의 심리적 성숙에 초점을 두며, 이를 위하여 지각과 신념의 재구성을 강조한다. 개인발달중심 교사교육은 특정 행위나 기술, 지식 습득을 강조하지 않는다. 따라서 예비교사들이 갖추어야 할 지식이나 기술을 미리 규정하지 않는다. 교사들이 수행해야 할 행위들을 규정, 상술(詳述)하는 것은 오히려 교사의 성장에 해가 된다고 여겨진다. 교사교육 프로그램이 특정 행위들을 미리 명확하게 규정하도록 요구하는 것은 교사들의 효과성을 파괴하는 가장 확실한 방법이라고 콤스(Combs, 1972)는 주장하였다.

개인발달중심 교사교육에 따르면, 교사교육은 단지 어떻게 가르칠 것인가를 가르치는 과정 그 이상이다. 교사교육은 성인발달의 한 형태로, 즉 성장의 과정으로 이해해야 한다. 따라서 개인발달중심 교사교육은 교사가 갖추어야 할 지식, 기술, 역량 등을 미리 규정하고 예비교사들이 이를 습득하도록 하는 데 관심을 두기보다 예비교사들의 자아계발을 지원하는 데 역점을 둔다. 교수역량은 곧 심리적 성숙을 의미하며, 예비교사들이 심리적으로 성숙한 교사로 성장할 수 있도록 지원한다.

2.4.3. 전통적 기예중심 교사교육

전통적 기예중심 교사교육은 가르치는 일을 기예(Craft)로, 교사를 장인(Craftsperson)으로 이해한다. 기예는 정교한 기술을 필요로 한다(Tom, 1980). 따라서 기술을 익히는 것은 장인이 되기 위해 필요한 일이다. 그러나 그것만으로 충분하지 않다. 쉐플러(Scheffler, 1960)에 따르면, 가르치는 일과 같이 복합적인 실천행위들은 불완전한 규칙구조를 가지고 있기에 일상화된 기술을 실천의 문제에 적용할 때 의도한 결과를 얻지 못할 수도 있다. 따라서 당면상황에 대한 철저한 분석을 통해 무엇을 해야 할지 결정하는 것이 가장 중요하며, 이 같은 상황분석에 기초한 행위계획이 성공 가능성이 높다고 쉐플러(Scheffler)는 주장하였다. 다시 말해서, 교수기술(Teaching Skills)을 갖춘다고 해서 교수상황에서 무엇을 해야 할지 적절한 판단을 내릴 수 있게 되는 것은 아니다. 게다가 하나하나 익힌 각각의 기술들이 교수상황에서 자연히 통합적으로 발휘되는 것 또한 아니다. 전체는 부분의 합 이상이다.

전통적 기예중심 교사교육은 우수한 교육실천을 낳는 지식에 주목한다. 전통적 기예중심 패러다임에 따르면, 가르치는 일, 즉 교직에 대한 지식은 경력교사들의 지혜에서 찾아볼 수 있으며, 암묵적 특성을 띤다. 따라서 행동주의 교사교육에서 시도한 것처럼 상세하게 명문화하기 어렵다. 교직의 지식은 도제식 교육을 통해 가르치는 것이 적절하다. 장인(匠人)과 도제의 관계로 유능한 교사가 초임교사에게 교직의 지식을 전수하는 것이다.

대학의 교사교육자들은 대체로 전통적 기예중심 교사교육을 달갑잖게 생각하지만, 여전히 그 명맥을 유지하고 있고, 특히 교육실습은 전통적 기예중심 교사교육의 전형이라 할 수 있다.

2.4.4. 탐구중심 교사교육

탐구중심 교사교육은 교사의 교육실천과 그 상황에 대한 탐구를 강조한다. 이를 위하여 '탐구'에 대한 개념화와 탐구습관 함양을 위한 노력이 오랫동안 이루어져왔다. 예를 들어, 교사를 탐구자, 실행연구자, 혁신자로 재개념화하고, 교사교육을 통해 '탐구자로서의 교사'(Bagenstos, 1975), '실행연구자로서의 교사'(Corey, 1953), '교사혁신자(Teacher Innovators)'(Joyce, 1972)를 육성해야 한다는 주장을 들 수 있다. 이 같은 주장은 자신의 실천을 탐구하고자 하는 자세, 특히 학생과 학교 및 사회에 미치는 영향 측면에서 자신의 실천을 탐구할 수 있는 능력을 갖춘 교사 육성을 강조한다(Cohn, 1979; Feiman, 1979; Tom, 1980; Wright, 1978; Zeichner, 1981; Zeichner & Teitelbaum, 1982).

　탐구중심 교사교육은 예비교사를 자신의 교육을 주도적으로 이끄는 주체로 본다. 또한 교사가 자신의 행위의 이유와 결과에 대하여, 그리고 자신의 행위를 제한하는 현실에 대하여 보다 의식적일수록 자신의 교육실천과 이를 제한하는 현실을 변화시킬 수 있는 가능성이 커진다고 가정한다(Feiman, 1980). 이 같은 관점 기저에는 해방의 이상이 깔려있다. 제도는, 그 존재 자체로서, 다른 많은 가능성이 이론적으로 가능함에도, 한 가지 방식으로 인간 행위를 통제한다(Berger & Luchmann, 1967). 더욱이 기존 구조는 다른 대안적 구조에 대한 인식과 실험을 방해한다(Sarason, 1982). 그러므로 예비교사들은 현존 상황이 여러 다양한 가능성 중의 하나라는 사실을 잊게 된다.

　탐구중심 교사교육은 예비교사들로 하여금 교사의 역할, 학교교육의 책무 등에 대하여 당연하게 여겨졌던 것들을 문제시하도록 한다. 또한 대학의 양성과정과 학교 현장의 교육실습을 통해 제공되는 모든 교육활동의 근거와 그 결과에 대하여 비판적으로 고찰하도록 한다. 예비교사들이 자신의 행위의 근원과 결과에 대하여, 그리고 그들이 가르치는 교육상황에 대하여 보다 주의깊게 고찰함에 따라 다음과 같은 질문들이 중요하게 부각된다. 어떠한 지식을 가르쳐야 하고 누구에게 가르쳐야 하는가? 교사가 서로 다른 학생들에게 시간과 자원을 어떻게 배분해야 하는가? 학생들이 학교에 가지고 오는 개인적 지식을 어느 정도까지 학교 교육과정의 정당한 일부분으로 받아들여야 하는가? 무엇을 가르쳐야 하고, 그것을 어떻게 가르쳐야 하며, 어떻게 평가할 것인가를 결정하는 데 교사가 지배권을 어느 정도 행사하고 있으며 어느 정도 행사해야 하는가?

　탐구중심 교사교육은 예비교사들이 '반성적 행위'(Dewey, 1933)

능력을 개발하고, 매일매일의 생각과 실천에 내재되어 있는 도덕적, 윤리적, 정치적 이슈들을 고찰할 수 있도록 지원하는 데 역점을 둔다. 개인발달중심 교사교육과 마찬가지로, 교사가 갖추어야 할 지식과 기술을 미리 규정, 상술하는 데 반대하고, 예비교사들의 요구와 관심을 존중한다. 그러나 탐구중심 교사교육의 핵심은 비판적 탐구정신과 탐구능력을 함양하는 데 있다. 탐구중심 교사교육은 예비교사들이 교사양성교육의 방향과 내용을 결정하는 데 적극 참여하도록 하고, 교사교육자들과 예비교사들이 어떤 교육목적, 교육경험, 교육제도 등이 정의, 평등, 행복한 삶으로 이끄는지 함께 고민하도록 한다. 그리고 이를 토대로 자신의 교육실천은 물론 현 학교교육에 대하여 비판적으로 탐구하도록 지원한다. 요컨대 탐구중심 교사교육을 간명하게 설명하면 다음과 같다.

> 교사교육의 목적은 예비·현직교사들이 자신의 교실 행동을 문화와 시간의 관점에서, 역사적 그리고 동시대적 관점에서 볼 수 있는 능력, 그리하여 자신과 다른 사람들에게 대안적 행동을 명확하게 할 수 있는 능력을 개발하도록 지원하는 것이다. 교사교육제도, 예컨대 교직원 임용정책, 교사교육내용 선정, 학습환경 조성, 교수전략 마련 등은 바로 이 같은 목적을 위한 방법이다. 교사교육기관의 모든 프로그램(교과과정, 현장실습 등)은 예비·현직교사들이 비판적 탐구의 과정을 시작하고 지속할 수 있도록 지원하는 조력자를 만나는 장이어야 한다(Berlak & Berlak, 1981: 252).

2.4.5. 자이크너(Zeichner)의 교육 이데올로기적 접근의 의의와 한계

자이크너(Zeichner)는 미국 교사교육 담론과 실제를 지배해온 이 데올로기를 네 가지 패러다임으로 제시하였다. 첫째는 행동주의 교사교육으로, 효과적인 교수행위를 규명, 이를 습득하도록 하는 데 중점을 둔다. 둘째는 개인발달중심 교사교육으로, 교사 개개인의 요구와 관심을 우선시하며 교사들의 자아계발과 성장을 강조한다. 셋째는 전통적 기예중심 교사교육으로, 가르치는 일을 기예로, 교사를 장인으로 개념화하고, 유능한 교사 옆에서 그의 지혜와 실천을 보고 배우는 도제식 교육을 강조한다. 마지막으로 탐구중심 교사교육은 예비 · 현직교사들이 자신의 교육실천은 물론 현 학교교육에 대한 비판적 탐구자세 및 탐구능력을 개발할 수 있도록, 그리하여 학교교육 혁신을 이끌어 나아갈 수 있도록 지원하는 데 중점을 둔다.

자이크너(Zeichner)는 이 네 패러다임을 몇 가지 측면에서 다음과 같이 비교하였다. 먼저 교사교육 교육과정이 어느 정도 사전(事前) 상세화되었는가에 따라 '전수(Received)' 입장과 '반성적(Reflective)' 입장으로 구분하였다. 전수 입장의 경우 교사들이 갖추어야 할 지식, 기술, 역량 등이 미리 규정되고 이것은 교섭 불가능한 것으로 교사들에게 전수(傳授)된다. 행동주의와 전통적 기예중심 교사교육이 이 입장에 해당된다. 행동주의 교사교육의 경우 교수 효과성 연구를 토대로 교사교육 교육과정을 개발했다고 하나, 또 전통적 기예중심 교사교육의 경우 유능한 교사들의 실천적 지혜를 토대로 교사교육 교육과정을 개발했다고 정당화하지만, 이 두 패러다임 모두 교사들을 수동적 지식 전수자(傳受者)로 여긴다. 이와 달리, 개인발달중심 교사교육과 탐구중심 교사교육은 반성적 특징을 띤다. 교사들의 요구와 관심을 존중하고 교사교육 교육과정을 결정하는 데 예비·현직교사들을 참여시킨다.

다른 한편으로 학교교육 제도와 그 사회적 맥락을 어느 정도 문제시하느냐에 따라 '문제제기(Problematic)' 입장과 '확신(Certain)' 입장으로 구분하였다. 교사교육의 역할이 현존 학교교육과 이를 둘러싼 사회, 경제, 정치적 제도를 유지하는 것인가 또는 혁신하는 것인가 그 입장을 취하지 않고는 교사를 어떻게 교육할 것인가에 대한 질문에 답할 수 없다(Crittendon, 1973). 행동주의, 전통적 기예중심, 개인발달중심 교사교육은 교직을 둘러싼 교육적, 사회적 상황을 주어진 것으로 받아들인다. 이와 달리, 탐구중심 교사교육은 교사들이 기존 제도에 대하여 비판적 입장을 취하도록 격려한다. 예비·현직교사들을 기존 체제에 순응하도록 길들이는 교사교육을 거부하고, 현 학교교육과 그 사회적 상황에 문제제기하고 변혁해 나아갈 수 있도록 지원한다.

이와 같이 자이크너(Zeichner)는 교사교육 교육과정의 사전제작 정도에 따라 전수 또는 반성적 입장으로, 학교교육 제도와 그 사회적 맥락에 대한 문제시 정도에 따라 문제제기 또는 확신 입장으로 교사교육 패러다임을 분류하였다([그림 2.1] 참조).

그렇다면 교사 학습에 대한 개념은 어떠한가? 먼저 행동주의 교사교육을 살펴보면, 학습은 행위의 변화를 의미한다. 다시 말해, 교사의 학습은 교수행위의 변화를 의미한다. 따라서 행동주의 교사교육은 기대하는 교수행위의 변화를 미리 관찰 가능한 형태로 상세화하

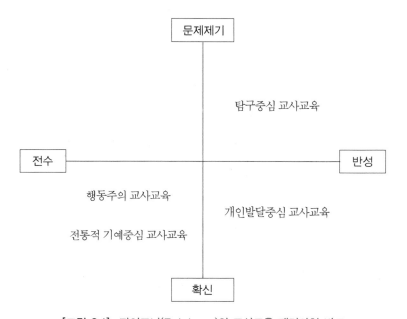

[그림 2.1] 자이크너(Zeichner)의 교사교육 패러다임 비교

출처: Zeichner, K. M. (1983). Alternative paradigms of teacher education. *Journal of Teacher Education, 34*(3).

는 데 많은 노력을 기울인다. 그리하여 예비・현직교사들이 기대수
준에 이르는 데 필요한 기술들을 차례차례 연마, 기대하는 교수행위
의 변화를 이룰 수 있도록 지원한다. 행동주의 교사교육과 마찬가지
로 전수 및 인정 입장에 있는 전통적 기예중심 교사교육은([그림 2.1]
참조) 도제식 학습관에 기초한다. 장인의 지도 아래 현장 체험을 통
한 학습을 강조한다. 다시 말해, 우수교사의 지도 아래 학교 현장에
서 실제 가르치며 배우는 체험학습을 강조한다. 예비교사는 우수교
사의 교육실천을 관찰하고 모방하며 교직에 필요한 지식, 기술, 태
도 등을 습득한다. 이와 달리, 개인발달중심 교사교육은 학습을 자

〈표 2.5〉 자이크너(Zeichner)의 교육 이데올로기적 접근

	행동주의 교사교육	개인발달중심 교사교육	전통적 기예중심 교사교육	탐구중심 교사교육
이론적·개념적 토대	-실증주의 인식론 -행동주의 심리학	-현상학적 인식론 -발달심리학	-기예로서의 가르침, 장인으로서의 교사 개념에 기초	-탐구자, 실행연구자, 혁신자로서의 교사 개념에 기초
특징	-효과적인 교수행위 습득을 강조함 -교사교육 교육과정이 상세하게 사전체계화되어 예비·현직교사들에게 제공됨	-예비·현직교사 개개인의 요구, 관심 등을 기초로 교사 개개인의 자아개발을 지원하는 데 중점을 둠 -교사교육 교육과정 결정에 예비·현직교사들을 참여시킴	-잘 가르치기 위하여 필요한 지식은 경력교사들의 지혜에서 찾아볼 수 있으며 암묵적 특성을 띰 -유능한 교사의 교육실천을 관찰, 모방하며 교직에 필요한 지식, 기술, 태도 등을 습득하는 도제식 교육을 강조함	-예비·현직교사들이 자신의 교육 실천은 물론 현 학교교육에 대한 비판적 탐구자세와 능력을 개발할 수 있도록 지원하는 데 중점을 둠 -예비·현직교사들을 기존 체제에 순응하도록 길들이는 교사교육을 거부하고 현 학교교육과 그 사회적 상황에 문제제기하고 변혁해 나아갈 수 있도록 지원함
교사·학습에 대한 개념	-학습은 교수행위의 변화를 의미함 -교사의 학습은 효과적인 교수행위 습득에 중점을 둠	-학습은 자아실현의 과정임 -교사의 학습은 교사로서의 정체성을 세우고 성숙한 인간으로 성장해 나아가는 과정임	-현장 체험을 통한 학습을 강조함 -학교 현장에서 우수교사의 지도 아래, 우수교사의 교육실천을 관찰, 모방하며, 실제 교육을 하는 데 필요한 지식, 기술, 태도 등을 습득함	-탐구를 통한 학습을 강조함 -교사의 학습은 자신의 교육실천과 이를 둘러싼 교육, 사회, 정치, 경제, 문화적 상황을 비판적으로 고찰, 변혁해 나아가는 과정임
교사교육의 실제	-역량중심 교사교육 -과정·산출접근 -기술적(Technical) 접근	-개인맞춤형 교사교육 -교사 관심발달모델에 기초한 교사교육 프로그램 -인본주의적 교사교육	-교육실습	-반성적 교사교육 -교사연구를 강조하는 교사교육 프로그램 -비판적 교육학(Critical Pedagogy)에 기반한 교사교육

아실현의 과정으로 이해한다. 교사의 학습은 교사로서의 정체성을 세우고 성숙한 인간으로 성장해 나아가는 과정이다. 그러므로 교사교육은 예비 · 현직교사 개개인의 요구, 관심 등을 기초로 교사 개개인의 자아계발을 지원하는 데 중점을 둔다. 마지막으로 탐구중심 교사교육은 탐구를 통한 학습을 강조한다. 교사의 학습은 자신의 교육실천은 물론 이를 둘러싼 교육, 사회, 정치, 경제, 문화적 상황을 비판적으로 고찰, 혁신해 나아가는 과정이다. 따라서 교사교육은 혁신을 향한 비판적 탐구자세 및 능력을 키우는 데 역점을 둔다. 이상의 논의를 요약하면, 〈표 2.5〉에 제시된 바와 같다.

자이크너(Zeichner)의 교사교육 패러다임, 즉 행동주의 교사교육, 개인발달중심 교사교육, 전통적 기예중심 교사교육, 탐구중심 교사교육은 그 뚜렷한 차이에도 불구하고 공통된 특징을 나타낸다. 그것은 교사 학습에 대한 개인주의적 관점이다. 다시 말해, 교사교육을 지배해온 이데올로기는 교사 학습에 대한 개인주의적 입장을 취한다. 배움은 기본적으로 개인적인 과정으로 여겨졌고 교사교육은 개인의 타깃으로 예비 · 현직교사 개개인이 교직에 요구되는 전문성을 갖추도록 하는 데 중점이 주어졌다.

그러나 학생을 가르치는 일이 나 하나 잘해서 되는 일이 아니다. 내가 국어교사라 해서 국어만 잘 가르친다고 되는 일이 아니다. 학생들이 국어는 물론이고 그 외 교과들도 잘 배우고 학교생활도 잘하도록 지도해야 한다. 그러므로 동료 교사들과의 협업이 반드시 필요하다. 학생들을 잘 가르치기 위하여 학교의 모든 교사들이 서로 협력하며 집단전문성을 키워야 한다.

이를 위해서는 교사교육이 달라져야 한다. 종래 개인주의적 접근에서 탈피, 집단전문성을 키울 수 있는 새로운 교사교육을 모색할 때다. 나는 그 한 접근으로 교사 학습에 대한 공동체적 접근, 즉 교사학습공동체를 제안한다. 이제 교사학습공동체에 대해 본격적으로 논의해보자.

3. 교사학습공동체의 개념

교사학습공동체의 개념을 이해하기 위하
여 먼저 이에 영향을 미친 몇 가지 주요
개념들을 살펴보고자 한다. 하나는 학교공동체(School Community),
또 하나는 학습공동체(Learning Community), 마지막으로 학습조직
(Learning Organization)의 개념을 간략하게 살펴보겠다. 이 개념들은
종래 공장 같은 학교에 대한 대안 또는 개혁안들이다. 교사학습공동
체 또한 전통적인 학교에 대한 비판에서 출발한다. 그럼 먼저 전통
적인 학교, 이른바 공장 같은 학교(Schools as Factories 또는 Factory
Model of Schools)에 대한 비판론을 고찰하고, 학교공동체, 학습공동
체, 학습조직의 개념을 간략하게 살펴본 후, 교사학습공동체의 개념
을 논의하겠다.

3.1. 공장 같은 학교

한때 "19세기 교실에서 20세기 교사들이 21세기 학생들을 가르친
다."는 말이 유행하였다. 지금도 교육개혁 주창자들이 즐겨 쓰는 말
이다. 학교 건물이나 시설의 개선을 촉구하기 위하여, 특히 요즘에
는 스마트 교육이나 교실 디지털화 등을 주장하기 위하여, 또는 교
사들의 변화를 촉구하기 위하여, 또는 교수법의 혁신을 촉구하기 위
하여 등등 여러 다양한 사람들에 의해 다양한 의도로, 다양한 의미
로, 또 다양한 용도로 쓰여왔다. 그래서 이제는 진부하게 들리기조
차 하지만, 마치 진부함 속에 진리가 숨어있듯, 학교에 관한 불편한

진실을 담고 있다.

19세기 근대적 학교가 생긴 이래 학교는 크게 달라지지 않았다. 마치 컨테이너 박스처럼 칸칸이 나누어진 교실, 연령에 따라 학년으로 그리고 다시 학급으로 수십 명씩 집단화된 학생들, 40~50분 단위로 쪼개지고 과목별로 토막 낸 시간표, 교과나 학년 등으로 분화, 표준화된 교육과정, 교사 혼자 수십 명의 학생들에게 같은 내용을 동시에 가르치는 일제식 수업, 표준화 검사를 통해 학생들을 서열화하는 평가 등, 학교의 시스템은 예나 지금이나 변함이 없다.

이 같은 시스템은 19세기 미국에서 근대적 학교가 수립될 당시, 최소의 투입으로 기대하는 결과를 얻을 수 있는, 다시 말해, 최소 비용으로 많은 사람들에게 대중교육을 제공할 수 있는 가장 효율적인 방식이었을 것이다. 19세기는 미국에서 산업화가 급속히 진행되었던 시기로, 효율성이 최고의 가치로 여겨졌다(Callahan, 1964). 산업화는 사회, 정치, 경제, 문화 등은 물론 교육에도 큰 영향을 미쳤고, 교육에서도 효율성을 극대화하기 위한 다양한 노력이 기울여졌다.

그 대표적인 예로 '최고의 시스템(The One Best System)'을 향한 노력을 들 수 있다(Tyack, 1974). 이를 위하여 기업의 경영논리, 예컨대 '과학적 관리법(Principles of Scientific Management)'(Taylor, 1911) 등이 학교에 적용되었고, 학교를 마치 공장을 관리, 운영하듯 표준화, 규격화, 합리화, 체계화 등을 통해 효율성을 극대화하고자 하였다. 사실 이 당시 많은 교육자들이 학교를 공장에 비유하였고, 과학적인 학교경영 및 관리를 강조하였다. 일례로 19세기 말 미국에서 가장 영향력 있는 교육감이었던 윌리엄 해리스(William T. Harris)는 다음과 같이 주장하였다.

우리의 학교는 어떤 의미에서 공장과 같다. 원자재(학생들)를 가공하여 삶의 다양한 요구를 충족시킬 수 있게끔 만들어내는 공장인 것이다. 제조명령서는 바로 20세기 사회의 요구이다. 학교의 업무는 이 제조명령서에 따라 학생들을 가공하는 것이다. (DuFour & Eaker, 1998: 21에서 재인용)

또한 당시 스탠퍼드대학(Stanford University)의 저명한 교육학자 커벌리(Cubberly) 교수는 다음과 같이 주장하였다.

미국의 공립학교는 미래의 시민들이 유용하고 효율적인 삶을 살 수 있도록 준비시키기 위하여 매년 20억 달러를 쓰는 공장과 같다. 그런고로 우리는 최근 학교의 제조명령서를 수정, 보완하는 작업을 하고 있고, 생산관리법을 학교에 적용, 효율성 제고를 위해 노력하고 있다(Cubberly, 1934: 528).

학교는 마치 공장과 같이 관리, 운영되었다. 최고경영자가 결정을 내리고 중간경영자가 단위학교에 이를 지시하고 단위학교의 하위 경영자가 이를 교사들에게 지시하였다. 즉, 교육부에서 시도 교육청으로 그리고 단위학교로, 관료제의 사다리를 타고 내려오는 중앙집권체계가 수립되었다. 공장 노동자와 같이 사다리의 맨 아래에 있는 교사들은 위에서 내려온 지시를 수행하였다. 학생들은, 마치 원자재와 같이, 생산라인에 따라 이동하였다. 벨이 울리면 수학교사가 와서 수학을 쏟아붓고, 또 벨이 울리면, 과학교사가 와서 과학을 쏟아붓고, 이렇게 생산라인을 따라 학생들은 일련의 공정을 거쳐 규격품으로 가공되었다. 그리하여 12년의 생산라인을 거친 학생들은 졸업장과 같은 품질인정마크를 달고 상품으로 출시되었다. 핑크 플로이드(Pink Floyd)의 〈더 월(The Wall)〉(1979, 1982)은 공장 같은 학교의 이미지를 생생하게 보여주고 있다.

공장모델은 현시대 우리 학교에 뿌리 깊이 박혀있다. 아마 19세기에는 획기적인 혁신으로 받아들여졌을 것이다. 실제로 공장모델은 학교를 효율적으로 시스템화하는 데 기여하였다. 그러나 중앙집권화, 관료화, 표준화, 획일화 등의 병폐를 낳았다. 결국 학교는 가장 싼 값에 국가가 원하는 인력을 생산해내는 대량교육기관으로, 학생들을 검사, 선별, 선발하는 장치로, 계층상승의 도구로 전락하게 되었다.

학생들이 자유롭게 배우고 성장하는 곳, 학생들을 더 잘 가르치기 위하여 교사들도 배움을 멈추지 않는 곳, 이것이 학교 아닌가. 이제 공장 같은 학교를 타파하고 학교를 배움의 장으로 다시 세워야 한다.

최근 배움을 학교의 중심에 다시 놓고자 하는 노력이 폭넓게 확산되고 있다. 교사학습공동체는 바로 이 같은 맥락에서 이해할 수 있다. 그 밖에도 학교를 공장이 아닌 공동체로 재개념화, 학교를 공동체로 다시 세우기 위한 노력, 학교를 학습공동체로 또는 학습조직으로 다시 세우기 위한 노력 등이 활발히 이루어지고 있다. 이 같은 학교개혁 노력들은 서로 영향을 주고받으며 발전, 확산되고 있다. 교사학습공동체에 대한 논의에 앞서 먼저 학교공동체, 학습공동체, 학습조직의 개념에 대하여 간략하게 살펴보겠다.

3.2. 학교공동체

학교를 공동체로 재개념화, 학교공동체 구축을 주장한 대표적인 교육학자로 서지오바니(Sergiovanni)를 들 수 있다. 그는 다음과 같이 주장하였다.

> 학교를 보다 좋은 학교로 만들고 싶다면, 공동체를 다시 세워야 한다. 공동체 구축은 모든 학교개선 노력의 중심이 되어야 한다. 교수 개선, 적절한 교육과정 개발, 새로운 학교경영방식의 수립, 보다 실질적인 평가(Authentic Assessment) 제공, 교사와 학부모에게 권한부여, 전문성 향상 등, 그 어떠한 학교개선 노력도 공동체 구축을 토대로 이루어져야 한다(Sergiovanni, 1994a: xi).[1]

그렇다면 공동체 구축이 왜 중요한가? 다시 서지오바니(Sergiovanni)의 주장을 들어보자.

> 공동체는 학생들과 교사들을 특별한 방식으로, 즉 자신들보다 더 중요한 공동의 가치와 이상으로 결속시킨다. 공동체는 교사들과 학생들을 그들이 일상생활에서 경험하는 한계와 어려움을 넘어 보다 높은 수준의 자기이해, 헌신, 수행에 이르게 한다. 공동체는 교사들과 학생들을 '나'의 집합체에서 '우리'로 발전시키

---

[1] 한글번역본(주철안, 2004)에는 12쪽에 있다. 번역을 다르게 해보고 싶은 마음에서 원본을 참고하였다.

고, 그리하여 그들 특유의 정체성, 소속감, 장소성을 갖게 한다
(Sergiovanni, 1994a: xiii).

'나'의 집합체가 아니라 '우리', 서지오바니(Sergiovanni)는 '우리의
식(We-ness)'을 공동체의 핵심으로 보았다. 그의 공동체의 개념은 퇴
니스(Tönnies)의 게마인샤프트(Gemeinschaft)의 개념에 토대를 두고
있다. 퇴니스(Tönnies, 1887)에 따르면, 인류는 수렵과 채취사회에서
농경사회로 그리고 산업사회로 변화함에 따라 게마인샤프트, 즉 공
동체에서 게젤샤프트(Gesellschaft), 즉 사회로 변화해왔다.

게젤샤프트는 계약관계에 기초한다. 사람들은 각자 자신의 이익
을 추구한다. 이익을 얻기 위해 또는 목적한 바를 얻기 위해 타인과
관계를 맺는다. 이득이 없으면 관계도 끝이 난다. 그러므로 인간관
계는 경쟁적이고 계산적이고 이기적인 속성을 띤다.

이와 달리 게마인샤프트는 우리의식에 기초한다. 퇴니스(Tönnies,
1887)에 따르면 게마인샤프트에는 세 가지 유형이 있다. 친족에 의
한 게마인샤프트는 가족과 대가족에서 갖게 되는 '우리'라는 정체
성에 기초한다. 장소에 의한 게마인샤프트는 삶의 터전을 공유함으
로써 갖게 되는 우리의식에 기초한다. 정신에 의한 게마인샤프트는
공동의 목표, 가치관, 신념 등으로 결속됨으로써 갖게 되는 우리의
식에 기초한다. 정신 게마인샤프트는 '우리'라는 정체성을 한층 강
화시킨다. 퇴니스(Tönnies)는 정신 게마인샤프트를 진정으로 인간적
인 최고 형태의 공동체로 강조하였다.

서지오바니(Sergiovanni, 1994a)는 학교공동체 구축을 위해서는 정
신 게마인샤프트가 반드시 필요하다고 주장하였다. 다시 말해, 학교

공동체 구축을 위해서는 공동의 목표, 가치관, 신념으로 결속된 우리의식이 반드시 필요하다.

나아가서 서지오바니(Sergiovanni, 1994a)는 학교공동체 구축을 위해 교장과 교사들이 다음과 같은 질문을 할 것을 제안하였다. 교직원들 간에 가족의식, 이웃의식, 동료의식을 증진시키기 위하여 무엇을 해야 하는가? 어떻게 하면 우리가 서로 배려하고 서로 도와주는 전문가공동체가 될 수 있을까? 학부모들이 학교공동체에 참여할 수 있도록 하기 위해서 학부모들과 어떤 관계를 맺어야 하는가? 우리가 어떻게 서로 도울 수 있을까? 학교공동체를 세우기 위하여 교직원들 간의 관계 그리고 교사와 학생 간의 관계를 어떻게 재정립할 수 있을까? 어떻게 하면 교수학습환경을 좀 더 가족 같은 환경으로 만들 수 있을까? 어떻게 하면 학교를, 즉 가족의 집합체라 할 수 있는 학교를, 좀 더 이웃사촌처럼 만들 수 있을까? 학교를 정신공동체로 만들 수 있는 공동의 가치와 신념은 무엇인가? 그리고 이 가치와 신념이 어떻게 실제적인 규범이 되어 우리의 삶과 배움을 이끌어갈 수 있을까? 학교가 공동체가 되면 우리에게 어떤 의무와 직무가 필요하게 될 것인가?

이 같은 질문에 답할 때, 학교는 '나'의 집합체에서 '우리'라는 정신공동체로 발전하게 된다. 서지오바니(Sergiovanni, 1994a)에 따르면, 정신공동체는 학교에서 여러 형태로 나타날 수 있다. 몇 가지 예를 들면, 이타적 사랑과 헌신적 관계에 기초한 '돌봄공동체', 배움이 삶의 태도이자 삶의 방식인 '학습공동체', 전문성 개발을 위해 끊임없이 노력하는 '전문가공동체', 상호의존감과 상호의무감을 토대로 공동의 목적을 추구하는 '협력공동체', 경제, 종교, 문화, 민족 등의 차이를 넘어 하나로 뭉친 '포용공동체', 교육문제를 함께 탐구하고 해결해 나아가는 '탐구공동체' 등이 있다.

　어떠한 유형의 공동체를 세우든, 먼저 구성원들이 목표, 가치관, 신념 등, 즉 이념(Ideology)을 공유해야 한다(Sergiovanni, 1994a, 1994b). 예를 들어, 돌봄의 가치가 인정받지 못하고, 돌봄 행위에 대한 장려나 돌봄에 어긋나는 행위에 대한 제재를 가하는 규범이 없다면 학교는 돌봄공동체가 될 수 없다. 가치관, 신념, 목적 등, 즉 이념은 우리가 삶을 이해하고 우리 삶이 나아가야 할 방향을 찾고 그 길을 걸어갈 수 있도록 이끌어주는 역할을 한다. 공동체에서 이념은 교장과 교사들의 신념과 실천을 형성한다. 또한 학생들의 신념과 실천에도 영향을 미친다. 따라서 구성원들이 다 같이 공유하는 공동의 이념을 구축하는 것이 학교공동체를 세우는 데 가장 근본이자 핵심이라 할 수 있다.

3.3. 학습공동체

　공장 같은 학교에 대한 대안으로, 학교공동체 운동과 함께 다른 한편에서는, 학교를 학습공동체로 다시 세우고자 많은 노력이 기울여졌다. 학습공동체 운동은 학교 밖 사회교육, 성인교육, 기업교육 등으로 폭넓게 확산되었는데, 여기서는 학교에 중점을 두어 살펴보겠다.

　학습공동체는 학습자들이 다 같이 지식 탐구에 참여, 공동의 지식을 생성한다는 데 특징이 있다(Bielaczyc & Collins, 1999). 그 뿌리를 찾아보면, 구성주의, 특히 사회문화적 구성주의에서 찾을 수 있다.

구성주의는 지식은 전수되거나 또는 발견되는 것이 아니라 구성된다고 주장한다. 즉, 지식이라는 것이 외부세계에 객관적으로 존재하여 인식자가 그것을 직접 발견하거나 또는 타인으로부터 전달받아 획득하는 것이 아니라, 인식자가 그를 둘러싼 환경과의 상호작용을 통해 구성하는 것이다.

그렇다면 지식은 어떻게 구성되는가? 이에 대해서는 구성주의자들이 의견을 달리 한다. 피아제(Piaget) 이론에 기초한 인지적 구성주의(Cognitive Constructivism)는 인지적 갈등을 통한 지식 재구성을 강조한다. 인지자가 자신의 기존 지식으로 이해하지 못하는 상황에 부딪쳤을 때 인지적 갈등을 느끼게 되고 이를 해결하기 위하여 자신의 기존 지식을 재구성한다. 이같이 인지적 갈등을 해결하기 위하여 자신의 기존 지식을 재구성하며 인지자는 그의 지식을 발전시켜 나아간다.

인지적 구성주의가 지식구성 활동을 근본적으로 개인적인 과정으로 본 데 비해, 사회문화적 구성주의(Sociocultural Constructivism)는 그 명칭에서 드러나듯 사회문화적 과정으로 이해한다. 비고츠키(Vygotsky) 이론에 기초한 사회문화적 구성주의는 사회문화적 활동에의 참여를 통한 지식 구성을 강조한다. 비고츠키(Vygotsky)는 인간에게서, 동물과는 다른 높은 수준의 인지기능이 어떻게 출현, 발달하는지, 인간의 인지발달에 있어서의 질적 변화를 설명하고자 하였다. 그는 문화에서 그 답을 찾았다. 비고츠키(Vygotsky, 1978)에 따르면, 문화는 인간이 만들어낸 기호와 상징체계로, 도구의 사용이 인류 문명의 비약적 발전을 가져왔듯, 기호와 상징의 사용, 즉 정신적 도구의 사용이 인간의 인지기능에 있어 비약적 변화를 가져왔고 고등인지기능의 발달을 가능하게 하였다. 기호와 상징체계, 즉 문화는 사회적 과정을 통해 학습될 수 있는 것이기에, 또한 사회적 과정을 통해 형성, 발전되는 것이기에, 고등인지기능의 발달은 본질적으로 사회문화적 과정이다. 다시 말해, 고등인지기능은 일차적으로 개인 간, 즉 사회적 과정을 통해 그리고 이차적으로 개인의 내적 과정을 통해 형성, 발전된다. 이 같은 비고츠키(Vygotsky) 이론은 사회문화적 구성주의의 토대가 되었다.

인지적, 사회문화적 구성주의는 인지발달심리학은 물론 교육이론과 실제에 큰 영향을 미쳤다. 종래 교사의 일방적인 지식 전달 위주의 교육에서 탈피, 구성주의에 기초한 교육을 구현하고자 많은 노력이 기울여졌다. 학교를 학습공동체로 다시 세우고자 하는 노력은 바로 이 같은 맥락에서 이해할 수 있다.

학습공동체는, 전술한 바와 같이, 학습자들이 다 같이 지식 탐구에 참여, 공동의 지식을 생성한다는 데 특징이 있다. 보다 구체적으로 그 특징을 살펴보면 다음과 같다.

첫째, 학습공동체는 지식은 구성된다는 관점에 토대를 두고 있으며 학습자를 능동적인 지식 구성자로 본다. 학습자는 백지상태로 교수학습의 장에 들어오지 않는다. 가르치지 않았어도 일상생활 경험을 통해 지식을 구성한다. 예를 들어, 분수를 가르치지 않았어도 유아들은 일상경험을 통해 똑같이 나누어서 일부를 갖는다는 것에 대해 알고 있다. 비고츠키(Vygotsky, 1978)는 이를 일상개념(Everyday Concepts)이라 칭하였고 학문적 개념(Scientific Concepts)에 대한 학습은 일상개념을 토대로 이루어져야 한다고 주장하였다. 학습공동체는 학습자 개개인이 교수학습의 장에 가지고 오는 지식을 존중한다.

둘째, 학습공동체는 서로가 가지고 있는 다양한 지식을 교류, 공유하며 함께 지식을 탐구한다. 이를 위하여 협동학습(Cooperative Learning), 협력학습(Collaborative Learning), 상호교수(Reciprocal Teaching) 등 다양한 학습공유시스템을 이용한다. 그리하여 종래 개인주의적, 경쟁적 속성의 학습에서 탈피, 나만 알고 나만 앞서가는 배움이 아니라, 내가 아는 것을 나누고 다 같이 함께 가는 배움을 구현하고자 한다.

마지막으로, 학습공동체는 모두가 다 같이 지식 구성에 참여, 모두가 다 같이 공유하는 집단지식을 구성한다. 교사가 학생들에게 일방적으로 지식을 전달하고 학생들이 이를 흡수하는 방식에서 탈피, 교사도 학생들도 모두 학습자가 되어 함께 지식을 탐구한다. 학습자들의 다양성은 그들의 탐구를 더욱 풍부하게 한다. 경험, 능력, 관심, 배경 등이 각기 다른 학습자들이 서로의 지식을 교류, 공유하며 함께 지식을 탐구, 개인의 지식을 재구성함은 물론, 공동의 집단지식을 구성한다.

3.4. 학습조직

1990년대 미국에서 학습조직은 기업경영혁신을 위한 새로운 모델로 각광을 받았다. 학습조직의 개념은 교육계에도 큰 영향을 미쳤고 학교를 학습조직으로 혁신하고자 하는 노력이 폭넓게 확산되었다. 2000년대 들어 한국 교육계에서도 학습조직에 대한 관심이 급증하였고 관료적 학교조직의 병폐를 해결할 수 있는 대안으로 주목을 받았다. 이 절에서는 센게이(Senge)의 학습조직론을 중심으로 학습조직의 개념에 대하여 간략하게 살펴보겠다.

센게이(Senge)는 그의 저서 『제5원칙(The Fifth Discipline)』(1990)[2] 에서 학습조직을 다음과 같이 정의하였다.

> 학습조직은 구성원들이 진정으로 원하는 결과를 창출하기 위하여 끊임없이 자신들의 역량을 확장시키고, 새롭고 폭넓은 사고방식이 길러지고, 공동의 열망이 자유롭게 추구되고, 구성원들이 (편협한 단편적 시각에서 탈피) 총체적 안목을 갖기 위하여 끊임없이 배우는 조직이다(Senge, 1990: 3).

안타깝게도 많은 조직이 그렇지 못하다. 역량을 키워주기보다는 소진시키고, 새로운 사고는 불응으로 또는 조직을 위협하는 것으로 여겨지고, 동의하지 않은 때로는 동의할 수 없는 목표를 달성해야 하고, 눈앞에 떨어진 일에 파묻혀 전체 그림을 보지 못한다. 센게이(Senge, 1990)는 다음과 같이 말한다.

> 사람들에게 훌륭한 팀의 일원이라는 것이 어떤 느낌인지 물어보았을 때, 사람들은 그 경험이 자신의 삶에서 얼마나 의미있는 것이었는지 이야기한다. 자신보다 더 큰 무엇에 속한 느낌, 서로 연결되어 있다는 느낌, 생산적인 삶을 살고 있다는 느낌 등을 사람들은 이야기한다. 많은 사람들에게 훌륭한 팀의 일원이었던 경

---

2) 피터 센게이(Peter Senge)의 *The Fifth Discipline: The Art and Practice of the Learning Organization*(1990)은 우리나라에서 『제5경영』(안중호 역, 1996)으로, 그리고 *The Fifth Discipline Fieldbook: The Strategies and Tools for Building a Learning Organization*(1994)은 『학습조직의 5가지 수련』(박광량·손태원 역, 1996)으로 번역되었다. 나는 '경영'이나 '수련'이라는 용어를 쓰기 대신 '원칙'으로 번역하였다.

험은 삶의 최고의 순간으로 기억된다. 어떤 사람들은 그때를 다
시 경험하기 위하여 평생을 바치기도 한다(Senge, 1990: 13).

이것이 바로, 센게이(Senge)에 따르면, 학습조직에서 사람들이 경
험하는 느낌이다. 그렇다면 학습조직이 다른 조직들과 다른 점은 무
엇인가? 센게이(Senge, 1990)는 학습조직의 다섯 가지 원칙을 제시하
였다. 이때 원칙(Discipline)은 "규율이나 훈육을 의미하는 것이 아니
라, 실천으로 행하기 위하여 배우고 익혀야 할 이론과 기술(Senge,
1990: 10)"을 의미한다. 원칙은 조직을 이끄는 아이디어와 통찰, 즉
신조(Principles)와 조직이 추구하는 최고의 경지, 즉 진수(Essences),
그리고 조직이 하는 일, 즉 실천(Practices)으로 구성된다(Senge,
1990). 학습조직의 다섯 가지 원칙은 다음과 같다.

■ 자기완성

첫째는 자기완성(Personal Mastery)으로, 끊임없이 자신의 비전을
명확히 하고 발전시켜 나아가며, 자신의 에너지를 집중하고, 인내력
을 키우며, 현실을 객관적으로 보고자 하는 원칙이다. 자기완성은
단지 역량이나 기술을 갖추는 수준을 넘어선다. 또한 정신적 깨달음
을 얻는 수준을 넘어서는 것이다. 역량이나 기술을 갖추는 것, 정신
적 깨달음을 얻는 것, 이 모두 중요하나, 보다 중요한 것은, 자기완
성이라는 것이 소유의 의미가 아니라 과정이라는 것이다. 센게이
(Senge)는 다음과 같이 주장하였다.

자기완성의 수준이 높은 사람들은 끊임없이 배우고 익히며 산

다. 그들에게 완성은 없다. 사실 자기완성이란 용어가 완성의 의
미를 마치 흑백논리로[3] 오해하게 할 소지가 있다. 그러나 자기완
성은 소유의 의미가 아니다. 이것은 과정이다. 평생 추구하는 것
이다. 자기완성의 수준이 높은 사람들은 자신의 무지함, 무능함,
부족함에 대해 잘 알고 있다. 동시에 아주 자신감에 차있다. 역설
적으로 들리는가? 여정 그 자체가 가치 있음을 이해하지 못하는
사람들에게는 그렇게 들릴 것이다(Senge, 1990: 142).

학습조직은 자기완성을 추구하는, 평생 배움을 멈추지 않는 사람
들로 구성된다. 그리하여 조직도 배움을 멈추지 않는다.

■ 사고모형

둘째는 사고모형(Mental Model)으로, 우리의 이해와 실천에 영향
을 미치는 뿌리 깊은 가정, 이론, 또는 이미지 등을 의미한다. 사고
모형에 따라 사람들은 같은 사건을 달리 보고 달리 이해한다. 그로
인해 행동 또한 달리 하게 된다. 따라서 우리의 실천을 이해하고 나
아가서 변화하기 위해서는 사고모형을 이해해야 한다. 그러나 사고
모형이라는 것이 일반적으로 암묵적인 것이기에 지각하기도 어렵
고 비판적으로 고찰하기란 더욱 어렵다.

학습조직은 사고모형을 표면화, 비판적으로 고찰, 재구성함으로
써, 즉 새로운 사고모형을 세움으로써 개인과 조직의 실천의 변화를
도모한다. 이를 위하여 특히 반성(Reflection)과 탐구(Inquiry)를 강조

---

3) 보충설명하면, 완성의 의미를 이루었는가 못 이루었는가 또는 갖추었는가 못 갖추었
는가 등과 같은 흑백논리

한다. 센게이(Senge, 1990)는 개인과 조직의 실천 기저의 사고모형에 대한 비판적 반성과 이를 구성원들이 공유하고 함께 새로운 사고모형을 세워 나아가는 집단탐구를 강조하였다.

■ 공유비전

셋째는 공유비전(Shared Vision)으로, '우리'가 이루고 싶은 것이 무엇인지 그리고 왜 그것이 중요한지에 대해 구성원 모두가 공감하는 것이다. 센게이(Senge, 1990)에 따르면, 진정한 의미의 비전을 가지고 있을 때 사람들은 탁월함을 발휘하고 배움을 멈추지 않는다. 그렇게 하라고 시켜서가 아니라 그들이 원하기 때문이다. 그러나 현실은 형식적인 문구 수준의 상투적인 비전 선언문이 난무하고 조직리더의 개인적 비전이 조직원들에게 강요되기 일쑤이다.

학습조직에서는 리더와 구성원들이 서로의 비전에 대해 이야기를 나누고 공감대를 넓혀간다. 시간과 배려와 노력이 많이 드는 과정이다. 그럼에도 불구하고 구성원 모두가 공유하는 비전을 세워야 하는 이유는 공유비전이 구성원들이 즐겁게 일할 수 있도록 하고 그들의 탁월함을 발휘할 수 있도록 하고 더 배우고 싶은 욕구를 불러일으켜 끊임없이 배우도록 하기 때문이다. 그리하여 개인은 물론 조직이 끊임없이 성장, 발전할 수 있도록 하기 때문이다.

■ 팀학습

넷째는 팀학습(Team Learning)으로, 구성원들이 진정으로 원하는 것을 이루기 위하여 팀의 역량을 개발함을 의미한다. 팀학습은 대화(Dialogue)와 토론(Discussion)을 핵심으로 한다. 대화는 '서로' 또는

'통해서'라는 의미의 'dia'와 '말'이라는 의미의 'logos'가 결합된 그리스어에서 유래된 것으로, '의미가 서로 상통하는'의 뜻으로 사용되어왔다(Senge, 1990). 학습조직에서 대화는 복잡하고 어려운 문제들을 자유롭고 창의적으로 탐구하는 것, 타인의 의견을 경청하는 것, 자신이 가지고 있던 가정들을 일단 유보하는 것 등을 의미한다. 한마디로, '함께 생각하기(Think Together)'를 의미한다.

이와 달리 토론은 의사결정을 위해 서로 다른 의견들을 제기, 옹호하고 그중 최선의 것을 선택하는 과정이다. 토론은 '조각조각으로 부수다.'라는 의미의 라틴어 'discutere'에서 유래된 용어로 분석적, 비판적 특성을 띤다(Senge, Kleiner, Roberts, Ross, & Smith, 1994). 학습조직에서 토론은 의사결정을 요하는 문제나 이슈 등에 대해 여러 다양한 관점에서 해부, 분석하고 서로 다른 의견들을 비판적으로 검토, 그 강점과 약점을 철저히 파악하고 이를 토대로 다 같이 최선의 것을 찾아냄을 의미한다.

대화와 토론을 통한 팀학습은 개인학습의 한계를 넘어 혼자서는 이르기 어려운 수준의 통찰에 이르게 한다. 또한 개개인의 합을 넘어 시너지(Synergy) 효과를 발휘한다. 그리하여 개인과 조직의 학습을 극대화한다.

■ 시스템 사고

다섯째는 시스템 사고(System Thinking)로, 학습조직의 가장 핵심적인 원칙이다. 그의 저서명에서 알 수 있듯이, 센게이(Senge, 1990)는 시스템 사고를 앞의 네 가지 원칙을 통합하는 학습조직의 '제5원칙(The Fifth Discipline)'으로 강조하였다. 시스템 사고는 전체를 조망하고 이를 구성하는 부분들 사이의 역동적 관계를 이해할 수 있는 능력을 의미한다.

센게이(Senge, 1990)는 다음과 같은 비유를 들어 시스템 사고를 설명하였다. 구름이 몰려오고 하늘이 어두워지고 나뭇잎들이 마구 흔들리는 것을 보면 우리는 폭우가 올 것임을 안다. 또한 그 비가 대지를 적시고 하늘은 다시 맑아질 것임을 안다. 이러한 일들은 시공간적으로 서로 개별적으로 일어나는 사건이다. 그러나 우리는 이 개별적인 사건들을 관련지어 하나의 패턴으로 이해한다. 이 개별적인 사건들이 눈에 보이지는 않지만 서로 영향을 미침을 안다. 그리하여 이것들을 폭우라는 하나의 패턴으로, 즉 하나의 시스템으로 이해하는 것이다. 자연현상과 마찬가지로 인간사도 시스템으로 이해할 수 있다. 즉, 눈에 보이지는 않지만 오랜 시간에 걸쳐 서로 영향을 미치며 서로 복잡하게 얽혀 있는 시스템인 것이다. 그러나 이 전체를 조망하기란 쉽지 않다. 그리고 그 구성요인들 간의 역동적 관계를 이해하기란 더더욱 어렵다. 일반적으로 우리는 시스템의 한 부분을 개별사건으로 보고 단편적으로 이해한다. 그리고는 왜 우리가 안고 있는 심각한 문제들이 해결되지 않는가 의아해한다. 이것이 바로 시스템 사고가 필요한 이유이다.

학습조직은 시스템 사고를 특징으로 한다. 종래 단편적인 편협한 사고방식이나 선형적인 인과관계 사고방식에서 탈피, 복잡한 문제나 이슈 기저에 깔린 여러 다양한 요인들을 분석, 이 요인들 간의 순환적인 인과관계를 이해하는 데 중점을 둔다. 순환적 인과관계란, 선형적 인과관계와 달리, 모든 요인들이 원인이자 결과로 작용하면서 서로 영향을 주고받음을 의미한다. 전체를 조망하고 이를 구성하는 요인들 간의 순환적 인과관계를 이해할 때, 즉 시스템 사고를 할 때, 진정한 혁신이 가능하다.

이와 같은 학습조직의 다섯 가지 원칙, 즉 자기완성, 사고모형, 공유 비전, 팀학습, 시스템 사고를 학교에 적용, 공장 같은 학교를 학습조직 으로 변혁하고자 세계 여러 나라에서 많은 노력이 기울여졌다. 2000년 센게이와 그의 동료들(Senge, Cambron-McCabe, Lucas, Smith, Dutton, & Kleiner, 2000)은 『학습하는 학교(Schools That Learn)』를 출간, 교육계 에서 일고 있는 학습조직 개혁노력을 지원하였다.

3.5. 교사학습공동체

교사학습공동체는 공장 같은 학교에 대한 또 하나의 대안이다. 학 습을 학교의 중심에 다시 세우고자 하는 노력이다. 이때 학습은 종래 의 학습과는 다르다. 공장 같은 학교에서 최소 비용으로 많은 학생 들을 가르치는 데 가장 효율적인 방식, 즉 주입식 경쟁교육에서 의 미하는 학습과는 다르다.

공장 같은 학교에서 교사는 규정된 교육과정을 학생들에게 전달 하는 역할을 수행하였고 학습은 전달된 지식을 흡수, 축적함을 의미 하였다. 그리고 학습에 대한 평가는 지식을 얼마나 많이 축적하고 있는가를 측정, 서열화하는 데 초점이 맞추어졌다. 이것은 학교교육 에 국한되지 않았다. 교사교육도 마찬가지였다. 교사양성교육은 대 개 강의 위주로 교수들의 일방적인 지식 전달을 통해 이루어졌다. 교원임용시험은 교직에 요구되는 지식을 얼마나 많이 축적하고 있는가를 측정, 서열화하는 데 중점이 주어졌다. 현직교육도 마찬가지였다. 대학 교수들이 최신 지식을 또는 성공적인 교사들이 잘 가르치는 비법을 주입한 후 현장에 다시 투입하는 방식이었다. 그러나 그것은 현장에서 곧 죽은 지식이 되었고, 교사들은 그들의 경험에 의존할 수밖에 없었다. 많은 교사들이 과거 그들이 학생시절 경험했던 방식으로, 그들의 선생님들이 가르쳤던 방식으로 학생들을 가르쳤다. 결국 학교교육은 예나 지금이나 별로 달라지지 않았다. 학생들의 학습경험이나 그들을 가르치는 교사들의 학습경험이나 크게 다르지 않았다.

교사학습공동체는 학교에 뿌리 깊이 박혀있는 전통적인 학습문화를 혁신하고자 한다. 이를 위해서는 무엇보다도 교사의 학습이 달라져야 한다고 주장한다. 교사의 학습이 달라져야 학생의 학습도 달라질 수 있다는 것이다.

앞서 2장에서 교사 학습에 대한 여러 접근과 관점을 살펴보았는데, 교사학습공동체는 하그리브스(Hargreaves)의 '협업적 전문성 시대'의 교사 학습에 대한 관점, 숀(Schön)의 '반성적 접근', 카크란 스미스와 라이틀(Cochran-Smith & Lytle)의 '실천의 지식 관점', 그리고 자이크너(Zeichner)의 '탐구중심 교사교육' 기저의 교사 학습에 대한 관점과 맥을 같이한다 할 수 있다.

교사학습공동체는 교사 학습에 대한 공동체적 접근을 특징으로 한다. 첫째, 교사의 학습은 일방적인 전수가 아니라 자유로운 교류와 공유를 통해 이루어진다. 대학 교수가 학교 교사들에게 일방적으로 지식을 전달하는 것이 아니라, 유명 교사가 일반 교사들에게 비법을 전수(傳授)하는 것이 아니라, 또는 고참은 가르치고 신참은 배우는 일방적인 관계가 아니라, 다양한 경력과 능력을 가진 교사들이 서로 동등한 관계에서 그들의 전문성을 자유롭게 교류, 공유하며 서로 가르치고 배우며 개인의 전문성은 물론 공동의 전문성을 형성, 발전시킨다.

둘째, 교사의 학습은 이른바 교직의 전문지식을 흡수, 축적하는 방식이 아니라 비판적 탐구를 통해 이루어진다. 교사의 학습은 자신의 교육실천에 대한 비판적 탐구, 그리고 그 기저에 깔린 지식, 가정, 신념 등에 대한 비판적 탐구에서 시작된다. 나아가서 서로의 교육실천에 대해 비판적으로 탐구하고, 지금까지 당연시 받아들여졌던 교육실천에 도전한다. 이 같은 비판적 집단탐구를 통해 끊임없이 교육실천을 혁신하고 새로운 전문지식을 창출한다.

셋째, 교사의 학습은 교사 개인의 전문성 신장은 물론 교사학습공동체 공동의 집단전문성 신장을 목적으로 하며 궁극적으로는 학생들의 학습 증진을 목적으로 한다. 교사의 학습은 그저 나 하나 잘하는 것에 그치지 않는다. 나도 잘해야 하고 다른 교사들도 잘해야 학생들도 잘할 수 있다. 교사의 학습은 자신의 학습, 동료 교사들의 학습, 그리고 학생들의 학습을 포괄한다. '나'의 전문성 신장뿐 아니라 '우리'의 전문성 신장을, 그리하여 궁극적으로는 학생들의 학습 증진을 추구한다.

요컨대, 교사학습공동체는 교사 전문성 신장과 학생 학습 증진을 위하여 비판적으로 탐구하고 협력적으로 실천하며 끊임없이 배우고 실천하는 교사들의 결속체라 할 수 있다. 교사학습공동체는 여러 다양한 모습으로 구현되었는데, 이에 대해서는 다음 장에서 구체적으로 논의하겠다.

4. 교사학습공동체의 유형

교 사학습공동체의 개념은 다양한 양상으로 나타났다. 이 장에서는 전문가학습공동체(Professional Learning Community), 탐구공동체(Inquiry Community), 배움의 공동체, 실천공동체(Community of Practice)를 중심으로 교사학습공동체의 개념이 교육 실제에 구현된 모습을 고찰하고자 한다.

4.1. 전문가학습공동체

전문가학습공동체의 주요 연구자 드포와 이커(DuFour & Eaker, 1998)는 그 대두배경을 일련의 교육개혁 실패 속에서 설명하였다. 그 대표적인 예로 수월성 운동(Excellence Movement)을 들 수 있다. 1983년 4월 '교육 수월성을 위한 국가위원회(National Commission on Excellence in Education)'는 『위기에 처한 국가(A Nation at Risk)』를 발표하였다. 이 보고서의 핵심 주장은 미국 공립학교의 수준 이하의 교육으로 인해 국가가 위기에 처했다는 것이다. 보고서는 다음과 같이 시작한다.

우리나라는 위기에 처해있다. 우리는 통상 산업, 과학, 기술혁신에서 세계 최고였으나, 이제 경쟁국들에 의해 추월당하고 있다. …… 우리 사회의 교육적 토대는 평범주의 밀물에 침식당해 우리의 미래를 위협하고 있다. …… 만약 적국이 이 같은 평범주의 교육을 우리에게 강요했더라면 아마 우리는 이것을 전쟁으로 받아들였을 것이다. …… 실제로 우리는 무모한 교육적 무장해제를 하고 있다(National Commission on Excellence in Education, 1983: 5).

『위기에 처한 국가』 보고서는 미국 공립학교의 개혁을 일으키는 계기가 되었다. 이른바 수월성 운동이 미국 전역에 확산되었고 평범주의에 빠진 이류 수준의 공립학교를 혁신하고자 많은 노력이 기울여졌다. 그러나 그 실상을 들여다보면 혁신적인 것이 없었다. 학교 혁신은 그저 무엇이든 더 많이 하는 것을 의미하였다(DuFour & Eaker, 1998). 학생들은 졸업을 위해 더 많은 학점을 따야 했고, 학교는 수업일수를 늘려야 했다. 학교 교육과정은 더 어려워졌고, 교사들은 더 많은 내용을 가르쳐야 했고, 학생들은 더 자주 시험을 치러야 했다. 하던 것을 더 많이 하는 것, 그것이 수월성 운동이었다. 거기에는 새로운 아이디어가 없었다. 결국 수월성 운동에 실패로 돌아갔다.

수월성 운동 실패 후 학교개혁을 위한 노력은 두 갈래로 발전하였다. 하나는 스탠다드 운동(Standards Movement)이었다. 1989년 부시(Bush) 대통령은 2000년 목표(Goal 2000)를 발표, 새천년을 앞두고 미국 교육이 지향하는 바를 제시하였다. 이것은 국가 수준의 스탠다드 수립의 필요성을 제기하였고, 1994년 미국 의회는 '국가 교육 스탠다드 및 개혁위원회(National Education Standards and Improvement Council)'를 구성, 국가 및 주 스탠다드 수립을 승인하였다. 그러나 국가 수준에서 스탠다드를 수립하는 일은 점차 정치적 활동으로 변질되었고, 스탠다드 운동은 국가가 학교를 장악하기 위한 수단이라는 비판이 거세게 일었다. 결국 스탠다드 수립은 연방정부에서 주정부로, 백악관에서 주의회로 이양되었고, 교육전문가와 관련 학회에 맡겨졌다.

　　다른 한편에서는 구조개혁운동(Restructuring Movement)이 일었다. 수월성 운동 실패의 주원인이 상의하달식 개혁에 있음을 주장하며, 학교에 보다 많은 자율권을 부여하는 구조개혁이 추진되었다. 그 대표적인 예로 단위학교 책임경영제, 공동의사결정, 교육과정과 수업 공동계획, 공동책무성 등을 들 수 있다. 이 같은 구조개혁운동은 교사들의 지지를 받으며 스탠다드 운동과 함께 미국 전역에 확산되었다. 국가에서 스탠다드를 통해 도달해야 할 목표점을 제시하면, 그곳에 어떻게 도달할 것인가는 학교에 맡겨졌다. 교장과 교사들은 학교 운영 및 교육과정과 수업에 대한 자율권을 적극 반겼다. 구조개혁운동은 교장과 교사들에게 학부모와 학생들과 함께 그들의 학교를 개혁할 수 있다는 자신감을 심어주었다는 평가를 받았다(Barth, 1991).

　　그러나 구조개혁운동의 성과는 실망스러웠다. 학교에 상당한 자율권을 주었음에도, 교장과 교사들의 지지를 받았음에도, 학교에 실질적인 변화를 가져오는 데 실패하였다. 여기에는 여러 가지 요인들이 복합적으로 작용하였겠으나, 학습을 간과했다는 점이 실패의 주된 원인으로 논의되었다.

　　연구에 따르면, 교장과 교사들의 자율권 행사는 교수와 학습보다 관리와 운영에 집중되는 경향을 보였다(Newmann & Wehlage, 1995). 다시 말해, 학생 관리와 훈육, 학교 운영, 교직원 사기와 복지, 학부모 참여 등과 같은 관리와 운영 차원의 결정을 내리는 데 중점을 두었다. 물론 이러한 사항들은 학교 개혁에 매우 중요하다. 그러나 문제는 학교의 본질이라 할 수 있는 교수와 학습에 관한 중요한 이슈들, 예컨대 수업의 질을 어떻게 향상시킬 것인지, 학생들의 학습을 어떻게 증진시킬 것인지 등과 같은 교수 · 학습의 이슈들은 상대적으로 간과되었다는 것이다.

이 같은 문제의식하에 학교는 학습을 최우선으로 삼아야 한다는 주장이 폭넓은 공감을 얻었다. 교장, 교사, 직원 등 학교의 교직원 모두가 힘을 모아 학생들의 학습 증진을 위하여 전력을 기울여야 하며, 이를 위해서는 교직원들도 끊임없이 배우고 연구하며 전문성을 향상시켜야 한다. 따라서 학교는 학생들은 물론 교직원들도 배우고 성장하는 곳이어야 한다. 즉, 학교는 전문가학습공동체가 되어야 한다.

4.1.1. 전문가학습공동체의 개념

전문가학습공동체의 주요 연구자 드포와 에이커(DuFour & Eaker, 1998)는 그 개념을 다음과 같이 설명하였다. '전문가'는 특정 분야의 전문성을 가진 사람, 즉 특정 분야의 전문적인 교육을 받았고 그 분야의 최첨단을 걷는 사람을 의미한다. '학습'은 끊임없는 탐구와 향상을 의미한다. 전문가에게 학습은 끊임없이 그의 실천을 탐구하고 향상시켜 나아감을 의미한다. '공동체'는 공동의 가치와 비전으로 결집된 집단을 의미한다. 조직은 효율적 체계, 기능적 구조, 위계적 질서 등의 특징을 띠는 데 비해, 공동체는 상호 협력, 정서적 지원, 개개인의 성장 등을 특징으로 한다. 한마디로, 전문가학습공동체는 공동의 가치와 비전을 가지고 끊임없이 그들의 실천을 탐구하고 향상시켜 나아가는 전문가 집단을 의미한다.

이와 유사한 맥락에서 호드(Hord, 1997)는 전문가학습공동체를 다음과 같이 정의하였다. 전문가학습공동체는 학교의 교장과 교사들이 끊임없이 배우고자 노력하며 그들이 배운 것을 서로 공유하고 실천함을,

그리하여 지속적으로 그들의 전문성을 향상시켜 나아감을 의미한다. 그런 의미에서 전문가학습공동체는 '지속적인 탐구와 향상의 공동체(Communities of Continuous Inquiry and Improvement)'라 할 수 있다.

이와 같이 전문가학습공동체는 학교 단위의 교장과 교사들로 구성된, 학습에 중점을 둔 공동체를 의미한다. 그러나 최근 전문가학습공동체에 대한 관심이 급증하면서 그 개념 또한 확장되고 있는 추세이다. 전문가학습공동체의 구성원은 이제 교장과 교사를 넘어 교육지원청과 교육부의 행정가, 대학 교수, 연구원, 나아가 학부모, 지역사회 구성원, 학교교육 이해당사자 등으로 확대되고 있다. 또한 단위학교 단위를 넘어 교육청, 시, 도 단위 학교들 간의 연계를 포함하는 개념으로 확장되고 있다. 예컨대, 애넌버그 학교개혁연구소(Annenberg Institute for School Reform, 2003)는 전문가학습공동체의 개념을 다음과 같이 정의하였다.

전문가학습공동체는 교육자, 행정가, 지역사회 구성원, 그 외 이해당사자들로 구성되며 교육실천을 공동으로 고찰, 향상시키는 것을 목적으로 한다. 전문가학습공동체는 학교 단위로, 나아가 교육구, 국가 단위로 형성될 수 있다. 또한 동학년 교사들끼리 그 학년의 교육과정을 향상시키기 위하여 형성할 수도 있고, 동학교의 모든 교사들이 학생들의 학습의 통합성을 강화하기 위하여 형성할 수도 있고, 동교과 교사들이 새로운 교과교육과정을 잘 실행하기 위하여 형성할 수도 있고, 교사들과 행정가들이 혁신적인 교수전략을 배우고 지원하기 위하여 형성할 수도 있다(Annenberg Institute for School Reform, 2003: 2).

한편, 전문가학습공동체의 개념 확장에 대하여 우려의 목소리도 적지 않다. 예컨대, 드포(DuFour, 2004)는 다음과 같이 지적하였다.

> 최근 전문가학습공동체를 형성하여 학교를 개선하자는 아이디어가 유행이다. 사람들은 교육에 관심을 가진 개인들의 상상 가능한 모든 결합, 예컨대 동학년 교사모임, 학교위원회, 교과교사모임, 교육위원회, 주교육부, 전국교사조직 등을 기술하는 데 전문가학습공동체라는 용어를 사용하고 있다. 사실 전문가학습공동체라는 용어는 어디에나 사용되어 이것이 지닌 의미를 모두 잃을 위기에 처해있다(DuFour, 2004: 6).

개념의 확장이 그 개념에 대한 이해를 더욱 풍부하게 하기보다 오히려 더욱 모호하게 한다면 문제가 아닐 수 없다. 교육에 관심을 가진 사람들이 모이면 다 전문가학습공동체라 부르는 것도 문제지만, '누가' 전문가학습공동체의 구성원이 될 수 있는가, '어디에' 전문가학습공동체를 수립하는가 하는 물음에 대하여 그 구성원을 교장과 교사로, 그 위치를 단위학교로 제한하는 것 또한 문제다.

전문가학습공동체의 핵심은 학습이다. 공동체 구성원 개개인의 학습은 물론 구성원들의 집단학습을 핵심으로 한다. 전문가학습공동체에서의 학습은 전문성 신장을 목적으로 하며 궁극적으로는 학생들의 학습 증진을 목적으로 한다. 공동체의 교육 전문성 신장을 위한 것이라면 그리하여 학생들의 학습 증진을 가져올 수 있다면, 교사 이외에 누가 전문가학습공동체의 구성원이 될 수 있는가, 학교 이외에 어디에 전문가학습공동체를 수립할 수 있는가는 지엽적인 문제이다. 학부모를 포함하는 것이, 장학사나 대학 교수를 포함하는 것이, 또는 구나 시 내의 학교들을 서로 연계하는 것이 교육 전문성 신장에 그리고 학생들의 학습 증진에 도움이 된다면, 전문가학습공동체의 개념 확장을 굳이 반대할 필요가 없다. 다시 말해, 전문가학습공동체의 개념은 전문적인 학습을 핵심으로 다양한 구성원들을 포함하는 포괄적인 개념으로 이해할 필요가 있다.

4.1.2. 전문가학습공동체의 특성

전문가학습공동체는 어떠한 특성을 가지고 있는가? 전문가학습공동체를 다른 공동체와 구별하는 특징은 무엇인가? 이에 대한 많은 연구가 이루어졌는데, 드포와 에이커(DuFour & Eaker, 1998), 호드(Hord, 1997), 루이스 · 막스 · 크루즈(Louis, Marks, & Kruse, 1996) 등 주요 연구자들의 연구결과를 중심으로 전문가학습공동체의 특성에 대하여 논의하고자 한다. 먼저 드포(DuFour, 2004)의 전문가학습공동체의 원칙을 살펴보면 다음과 같다.

4.1.2.1. 드포(DuFour)의 전문가학습공동체의 원칙

드포(DuFour, 2004)는 전문가학습공동체는 학생의 학습 보장, 협력문화, 결과중심의 세 원칙에 토대를 두고 있다고 주장하였다.

■ 학생의 학습 보장

전문가학습공동체는 학교의 책무는 학생들을 가르치는 것으로 끝나는 것이 아니라 학생들이 배우는 것까지 책임져야 한다는 가정에 기초한다. 따라서 가르침에서 배움으로의 전환이 일어난다. 전문가학습공동체는 학생들의 학습 증진을 최우선으로 한다. 학생 개개인이 무엇을 배우기를 원하는가? 학생들이 그것을 배웠다는 것을 어떻게 알 수 있는가? 학생들이 학습에 어려움을 겪을 때 어떻게 대응할 것인가? 이같이 학생들의 학습에 관한 문제들을 함께 고민하고 함께 해결한다.

특히 세 번째 질문은 전문가학습공동체를 전통적인 학교와 구별하는 중요한 질문이다. 전문가학습공동체는 한 명의 낙오자 없이 모든 학생들이 교육과정을 배울 수 있도록 학생 개개인에게 알맞은 적절한 교육적 지원을 제공한다.

■ 협력문화

전문가학습공동체는 학생들의 학습을 보장하기 위해서는 교사들 간의 협력이 반드시 필요함을 인지한다. 그러므로 협력문화를 형성할 수 있도록 학교 구조를 개혁한다. 교사들의 협력이 교사의 교육 실천과 학생의 학습 향상이 도움이 된다는 연구결과에도 불구하고 대부분의 학교에서 교사들은 여전히 혼자 가르친다. 어떤 학교에서는 교사들끼리 친하게 지내는 것을 협력으로 여긴다. 또 어떤 학교에서는 학교 운영이나 학생 관리에 관한 사항들을 결정하는 수준에서 협력이 이루어진다. 협력을 강조하는 학교에서조차도 교사들의 협력은 대체로 교실 밖에서 이루어진다.

전문가학습공동체에서의 협력은 교수와 학습에 중점을 둔다. 전문가학습공동체는 그들의 교육실천을 공개하고 함께 분석, 평가하며 개선해 나아간다. 그리하여 학생들의 학습을 보다 효과적으로 지

■ 미션, 비전, 가치의 공유

전문가학습공동체의 필수조건은 미션, 비전, 가치의 공유이다. 전문가학습공동체는 학교가 나아가야 할 방향, 학교가 이루고자 하는 목적과 목표, 학교가 지향하는 가치 등에 대해 공유한다. 비단 인식 수준의 공유뿐만 아니라 전문가학습공동체의 실천 또한 공동의 미션, 비전, 가치에 기초한다.

■ 집단탐구

전문가학습공동체의 발전을 이끄는 원동력은 집단탐구이다. 전문가학습공동체 구성원들은 끊임없이 현재의 상황에 대해 문제제기하고, 새로운 방법을 탐색하며, 그 방법들을 검증해보고, 그 결과를 반성하는 등 공동으로 교육실천을 탐구한다. 이러한 집단탐구를 통해 전문가학습공동체 구성원들은 새로운 능력을 개발하고 이는 새로운 인식으로 이끈다. 인식의 확장은 신념의 변화를 낳고 신념의 변화는 구성원들이 전통적인 학교문화를 변화시킬 수 있도록 한다. 전문가학습공동체가 계속해서 발전할 수 있는 것은 바로 집단탐구를 통해서이다.

■ 협력적 팀

전문가학습공동체를 구성하는 가장 기본적인 단위는 개인이 아니라 공동의 목적으로 뭉친 팀이다. 전문가학습공동체는 목적을 공유하는 협력적 팀으로 구성 운영된다. 공동체의 발전을 위해서는 구성원 개개인의 발전이 기본이 되어야 하겠지만, 전문가학습공동체는 팀의 발전과 이를 통한 공동체의 발전을 중요시한다.

■ 실천 및 실험 지향성

전문가학습공동체는 실천지향적이고 새로운 이론이나 방법 등에 대한 실험을 두려워하지 않는다. 새로운 이론, 방법, 전략 등을 실천에 옮겨 검증하고 이를 통해 그들의 실천을 개선하고 지식을 발전시킨다.

■ 지속적인 개선

전문가학습공동체는 현실에 안주하지 않고 끊임없이 더 나은 교육을 추구한다. 이를 위하여 그들의 교육실천을 지속적으로 분석, 평가하고 개선해 나아간다. 지속적인 개선 의지와 노력은 전문가학습공동체가 고인 물처럼 썩지 않고 계속해서 성장할 수 있도록 한다.

■ 결과 지향성

전문가학습공동체는 의도보다는 결과를 토대로 그들의 노력을 평가한다. 노력하고자 하는 의지 그리고 실제로 노력을 쏟는 것도 중요하지만, 그 같은 노력이 어떤 결과를 가져왔는지 정확히 아는 것은 더욱 중요하다. 전문가학습공동체는 그들 노력의 결과를 지속적으로 평가하고 그 결과를 토대로 새로운 실천계획을 수립, 그들의 실천을 지속적으로 개선해 나아간다.

4.1.2.3. 호드(Hord)의 전문가학습공동체의 특성

호드(Hord, 1997)는 전문가학습공동체를 가치와 비전의 공유, 집단창의성, 실천의 공유, 지원적인 공유 리더십, 지원적인 환경으로 특징지었다.

■ 가치와 비전의 공유

전문가학습공동체는 교육에 대한 가치와 비전을 공유한다. 가치와 비전을 공유한다는 것은 단지 좋은 아이디어에 동의하는 것이 아니다. 개인과 공동체에 무엇이 중요한지에 대한 심적 이미지를 공유하는 것이다. 전문가학습공동체는 다 같이 공동의 비전을 세우고, 이 비전은 교수와 학습에 대한 결정을 내리는 데 토대가 된다. 전문가학습공동체가 공유하는 비전의 핵심적 특징은 학생들의 학습을 최우선하는 데 있다.

■ 집단창의성

전문가학습공동체는 교육실천 중 부딪히는 문제에 대해 서로 의견을 나누고 다양한 관점에서 다각적으로 접근, 새로운 해결책을 찾아 협력적으로 문제를 해결하며 집단창의성을 발휘한다. 그저 지침에 따라 또는 선례나 이론에 따라 문제를 해결하는 기술적 접근에서 탈피하여 전문가학습공동체 구성원들이 다 함께 그들이 가르치는 학생들과 학교의 상황에 맞는 적절한 해결책을 고안, 창의적으로 문제를 해결한다.

■ 실천의 공유

전문가학습공동체는 서로의 교육실천을 관찰하고 서로의 교육실천에 대해 논의하고 건설적인 비판을 주고받으며 서로 협력적으로 개인 및 공동의 교육실천을 개선한다. 이 같은 공유는 상호 존중과 신뢰에 토대를 두고 있다. 이것이 기초가 되어야 서로의 차이, 의견 불일치, 논쟁 등을 받아들일 수 있고 조율할 수 있다. 또한 서로의 성공은 물론 실패 또한 터놓고 이야기하고 공유할 수 있다. 믿고 의지해야 진정한 개방, 공유, 협력이 가능하다. 다름, 차이, 논쟁 등은 다양한 것들을 시도하게 하고 그리하여 그들의 실천을 개선하게 하고 나아가 학생들의 학습을 보다 효과적으로 지도할 수 있게 한다.

■ 지원적인 공유 리더십

일반적으로 학교는 교사는 가르치고 학생은 배우고 교장은 관리하는 구조이다. 그러나 이 같은 위계는 전문가학습공동체에 더 이상 존재하지 않는다. 교장과 교사는 학생들의 학습을 보다 효과적으로 지도하기 위하여 리더십을 공유하고 서로의 성장을 돕는 지원적인 리더십을 발휘한다.

■ 지원적인 환경

전문가학습공동체는 이를 지원하는 환경에 기반한다. 지원적인 환경에는 두 가지 유형이 있다. 하나는 물리적 환경이고 다른 하나는 인적 자원이다. 물리적 환경에는 자원의 이용 가능성, 고립을 감소시키는 학교 스케줄과 구조, 자율성, 협력, 효과적인 의사소통, 전문성 개발을 장려하는 정책 등이 있다. 인적 자원에는 학교교육, 학생, 혁신에 대한 교사들의 긍정적인 태도, 학생들의 학습에 대한 높은 관심과 참여, 비판적 탐구와 지속적인 개선을 장려하는 문화, 교사들 간의 협력적 동료관계, 교사, 학생, 학교행정가 간에 서로 돌보고 배려하는 관계, 학부모와의 협력적 관계, 지역사회 구성원들과의 파트너십 등이 있다.

4.1.2.4. 루이스 · 막스 · 크루즈(Louis, Marks, & Kruse)의
전문가공동체의 특성

루이스 · 막스 · 크루즈(Louis, Marks, & Kruse, 1996)는 '전문가공동체(Professional Community)'라는 용어를 사용하였는데, 전문가학습공동체와 호환적으로 통용되고 있다. 이들은 전문가공동체의 특성을 다음과 같이 설명하였다.

■ 규범과 가치의 공유

어느 공동체이든 공동의 가치관과 서로에 대한 기대, 즉 규범의 공유는 공동체의 가장 기본이라 할 수 있다. 전문가공동체는 교육에 관한 가치와 규범, 예컨대 학생, 학습, 가르침, 교사 역할 등에 대한 가정, 인간의 요구, 인간 활동, 인간관계의 본질, 학교의 사회적 역할과 학교를 둘러싼 환경과의 관계 등에 대한 가정 등 신념과 가치를 공유하고, 이러한 공동의 가치와 규범은 전문가공동체의 교육실천의 기반이 된다.

■ 학생 학습에 대한 집단적 관심 집중

전문가공동체는 학생들의 학습을 최우선으로 삼고 학생들의 학습 증진을 위하여 공동의 노력을 기울인다. 공동체 구성원 모두가 집단적 차원에서 학생들의 학습에 집중하는 것은 전문가공동체를 다른 공동체와 구별하는 핵심적 특징이다.

■ 협력

전문가공동체 구성원들은 서로의 전문성을 공유하고 함께 전문성을 키워 나아간다. 서로의 생각, 정보, 자료 등을 공유함은 물론 서로의 교육실천을 공유하고 함께 교육실천을 향상시킨다. 학생들의 학습에 대하여 공동의 책임감을 가지고 공동의 노력을 기울인다.

■ 실천의 탈사유화

전문가공동체는 각자의 교실에서 혼자 가르치고 서로 간섭하지 않았던 종래 고립적 방식에서 탈피하여 서로의 교육실천을 개방, 공유한다. 서로의 수업을 관찰하고 서로가 서로에게 코치가 되어 수업을 개선할 수 있도록 도와주고 또는 함께 팀티칭을 하는 등 협력적으로 학생들을 가르친다.

■ 반성적 대화

전문가공동체는 서로의 실천에 대해 이야기를 나누고 함께 그들 실천 기저의 가정, 신념, 지식 등을 비판적으로 고찰한다. 그리고 이를 토대로 그들의 교육실천을 개선한다. 교육실천에 대한 반성적 대화는 그들의 교육실천에 대하여 보다 깊이 이해하도록 하고 근본적인 변화를 가능하게 한다.

4.1.2.5. 전문가학습공동체의 특성에 대한 종합논의

전문가학습공동체의 특성에 대한 주요 연구결과들을 종합해보면, 가치와 비전의 공유, 학습중심, 협력의 세 가지 특성으로 범주화될 수 있다.

■ **가치와 비전의 공유**

드포와 에이커(DuFour & Eaker, 1998), 호드(Hord, 1997), 루이스・막스・크루즈(Louis, Marks, & Kruse, 1996) 모두 가치와 비전의 공유를 공동체의 가장 기본적 특징으로 들었다. 특히 전문가학습공동체는 교육에 대한 가치와 비전을 공유하며 이 같은 공유 가치와 비전은 전문가학습공동체의 교육실천의 토대가 된다.

■ **학습중심**

드포와 에이커(DuFour & Eaker, 1998), 호드(Hord, 1997), 루이스・막스・크루즈(Louis, Marks, & Kruse, 1996) 모두 전문가학습공동체를 다른 공동체와 구별하는 핵심적 특징으로 학습중심을 꼽았다. 전문가학습공동체는 공동체 구성원 개개인의 학습은 물론 공동체의 집단학습에 중점을 둔다. 나아가 학생들의 학습을 최우선으로 삼고 공동체 구성원 개개인은 물론 집단적 차원에서 학생들의 학습 증진을 위하여 공동의 노력을 기울인다.

■ **협력**

협력은 전문가학습공동체의 특성에 대한 주요 연구결과에서 공통으로 발견되는 핵심적 특성이다. 전문가학습공동체에서 협력은 구성원들이 그들의 실천에 대하여 서로 이야기를 나누고 함께 반성하는 것에서 실천을 공개, 공유하고, 함께 연구하고 문제를 해결하고, 공동으로 실천하는 것에 이르기까지 다양한 양상으로 나타난다. 예를 들어, 드포와 에이커(DuFour & Eaker, 1998)는 협력의 특성을 '협력적 팀', '집단탐구'로 설명하였고, 호드(Hord, 1997)는 '개인 실천의 공유', '집단창의성', '지원적인 공유 리더십'으로, 루이스 · 막스 · 크루즈(Louis, Marks, & Kruse, 1996)는 '협력', '실천의 탈사유화', '반성적 대화'로 설명하였다. 연구자들마다 전문가학습공동체의 특성에 대한 설명이 다소간 다른 것은 바로 여기서 비롯된 것이다. 어떠한 유형의 협력을 강조하느냐에 따라 전문가학습공동체의 특성 또한 조금씩 달라졌고 결국 다양한 특성들이 산재하는 결과를 가져왔다.

4.1.3. 전문가학습공동체의 형성과 발전

전문가학습공동체를 세우는 것은 결코 쉬운 일이 아니다. 그리고 이를 유지, 발전시키는 일은 더더욱 어렵다. 많은 연구자들이 전문가학습공동체의 형성 및 발전에 관심을 가졌고 연구결과를 토대로 어떻게 전문가학습공동체를 수립, 발전시킬 것인가에 대한 지침을 제시하였다(예를 들어, Bolam et al., 2005; DuFour & Eaker, 1998; Hord & Sommers, 2007; Roberts & Pruitt, 2003). 이 절에서는 이 지침들을 일일이 검토하지 않을 것이다. 대신 전문가학습공동체를 세우는 일이 오랜 시간에 걸쳐 이루어지는 점진적인 과정임을 강조하고자 한다. 예컨대 드포 외(DuFour, DuFour, Eaker, & Karhanek, 2004)는 전문가학습공동체의 형성과정을 '착수', '발전', '유지'의 세 단계로 설명하였다.

- 착수단계: 전문가학습공동체가 시작되는 시기로 전문가학습공동체의 원칙들을 하나 둘씩 실천에 옮긴다.
- 발전단계: 전문가학습공동체의 원칙들이 실행됨에 따라 구성원들의 생각과 실천이 변화하고 학교의 구조 또한 변화

한다.

 - 유지단계: 전문가학습공동체의 원칙들이 구성원들의 실천에 녹
        아들어 학교의 일상이 되고 학교문화 또한 근본적으
        로 변화한다.

이와 유사하게 허프만과 힙(Huffman & Hipp, 2003)은 전문가학습
공동체의 형성 및 발전과정을 '착수', '실행', '제도화'의 세 단계로
특징짓고, 호드(Hord, 1997)의 전문가학습공동체의 특성을 토대로
각 단계의 특징을 다음과 같이 설명하였다(〈표 4.1〉 참조).

 - 착수단계: 교직원 간 지원적인 리더십을 발휘함, 공동의 가치와
        규범을 수립함, 서로 대화하고 정보를 공유함, 교육실
        천을 서로 관찰하고 격려함, 배려의 관계를 형성함.
 - 실행단계: 권력·권위·책임을 공유함, 학생에 초점을 둠, 학생
        에 대한 높은 기대를 가짐, 서로 협력하고 공동으로
        문제를 해결함, 새로운 아이디어나 방법을 실천하고
        그 결과를 공유함, 서로의 실천에 대한 피드백을 제
        공함, 서로 신뢰하고 존중함, 서로 인정하고 칭찬함.
 - 제도화단계: 의사결정을 공유함, 공동의 비전 아래 가르치고 배
        움, 지식·기술·전략을 공유하고 함께 적용함, 학
        생의 학업 및 교육실천을 공동으로 분석함, 위험을
        무릅씀, 변화 유지를 위하여 공동의 노력을 기울임.

한편, 전문가학습공동체의 형성 또는 발전 정도를 진단할 수 있는

〈표 4.1〉 전문가학습공동체의 형성 및 발전과정

	착수단계	실행단계	제도화단계
지원적인 공유 리더십	- 교직원들 간의 지원적인 리더십	- 권력과 권위 및 책임의 공유	- 의사결정의 공유
가치와 비전의 공유	- 공동의 가치와 규범 수립	- 학생에 초점 - 학생에 대한 높은 기대	- 공동의 비전 아래 가르치고 배움
집단학습과 적용	- 대화 - 정보의 공유	- 협력 - 협력적 문제해결	- 지식, 기술, 전략의 공유 및 적용
실천의 공유	- 서로의 교육실천에 대한 관찰과 격려	- 새로운 실천의 결과 공유 - 피드백 제공	- 학생의 학업 및 교육실천을 공동으로 분석
지원적인 환경	- 배려의 관계	- 신뢰와 존중 - 인정과 칭찬	- 위험을 무릅씀 - 변화 유지를 위해 공동으로 노력함

출처: Huffman, J. B., & Hipp, K. K. (2003). Professional learning community organizer. In J. B. Huffman, & K. K. Hipp (Eds.), *Professional learning communities: Initiation to Implementation*. Lanham, MD: Scarecrow Press.

평가도구 개발에도 많은 관심이 기울여졌다. 일례로 올리비에 · 힙 · 허프만(Olivier, Hipp, & Huffman, 2009)의 '전문가학습공동체 진단지 개정판(Professional Learning Communities Assessment-Revised)'을 들 수 있다. 〈표 4.2〉에 제시된 바와 같이, 전문가학습공동체 진단지는 호드(Hord, 1997)의 전문가학습공동체의 특성을 토대로 개발되었으며 총 6개 영역, 52개 문항으로 구성되었다.

전문가학습공동체 평가도구들은 학교의 현 상태를 진단하고 그에 맞는 적절한 대책을 마련하거나 적절한 지원을 제공하는 데 도움이 되었다. 한편, 진단지를 이용, 전문가학습공동체의 발전 정도 또는 수준을 측정, 수량화할 수 있게 됨에 따라 과정 · 산출모델에 기

〈표 4.2〉 전문가학습공동체 진단지 개정판

특징	척도			
지원적인 공유 리더십	전혀 동의 하지 않음	동의 하지 않음	동의함	매우 동의함
1 교직원들이 학교 문제에 관한 대부분의 논의와 의사결정에 늘 참여한다.				
2 교장은 의사결정 시 교직원들의 의견을 반영한다.				
3 교직원들이 중요한 학교 정보에 접근하기 용이하다.				
4 교장은 지원이 필요한 부분이 무엇인지 사전에 진단하고 적극적으로 대응한다.				
5 교직원들에게 개혁을 주도할 기회가 제공된다.				
6 교장은 개혁의 실행에 대한 책임과 보상을 공유한다.				
7 교장은 권력과 권위를 교직원들과 민주적으로 공유한다.				
8 교직원들의 리더십이 장려되고 육성된다.				
9 학교위원회 및 학년, 교과 교사들 간의 의사소통을 통해 의사결정이 이루어진다.				
10 학부모 또한 학생들의 학습에 대한 책임을 공유한다.				
11 교직원들은 교수와 학습에 대한 결정을 내리기 위하여 다양한 교육정보와 데이터를 이용한다.				

의견:

	가치관과 비전의 공유	전혀 동의 하지 않음	동의 하지 않음	동의함	매우 동의함
12	교직원들이 가치관을 공유하기 위하여 서로 협력한다.				
13	공유 가치관을 토대로 교수와 학습에 대한 결정을 내린다.				
14	교직원들은 학생들의 학습을 강조하는 학교 발전의 비전을 공유한다.				
15	의사결정은 학교의 비전 및 가치관과 일관되게 내려진다.				
16	교직원들이 비전을 공유하기 위하여 서로 협력한다.				
17	학교의 목표는 시험점수나 성적을 넘어서 학생들의 학습에 중점을 둔다.				
18	학교의 정책과 프로그램은 학교의 비전과 일치한다.				
19	학교의 이해관계자들은 학생들의 성취에 대하여 높은 수준의 기대를 하고 있다.				
20	공유 비전을 성취하기 위해서 우선적으로 해야 할 일이 무엇인지 결정하기 위하여 데이터를 이용한다.				

의견:

	공동학습과 적용	전혀 동의 하지 않음	동의 하지 않음	동의함	매우 동의함
21	교직원들이 지식, 기술, 전략의 발전을 위하여 그리고 새롭게 배운 것을 적용하기 위하여 서로 협력한다.				
22	학교 발전을 위해 서로 헌신하는 동료애가 교직원들 간에 형성되어 있다.				

		전혀 동의 하지 않음	동의 하지 않음	동의함	매우 동의함
23	학생들의 다양한 요구에 부응하기 위하여 교직원들이 협력적으로 계획하고 실천한다.				
24	열린 대화를 통한 공동학습을 할 수 있는 구조이고 이를 위한 다양한 기회가 제공된다.				
25	교직원들은 지속적인 탐구와 다양한 아이디어를 존중하는 대화를 한다.				
26	교직원 연수는 교수와 학습에 초점을 둔다.				
27	학교 교직원과 이해관계자들은 협력적으로 배우고 이를 통해 얻은 새로운 지식을 적용하여 문제를 해결한다.				
28	교직원들은 학습 증진에 사명감을 가지고 있다.				
29	교직원들은 수업의 효과를 평가하기 위하여 서로 협력적으로 다양한 데이터를 분석한다.				
30	교직원들은 교수와 학습을 향상시키기 위하여 서로 협력적으로 학생들의 학습결과물을 분석한다.				

의견:

	실천의 공유	전혀 동의 하지 않음	동의 하지 않음	동의함	매우 동의함
31	교직원들이 서로의 교수활동을 관찰하고 격려할 수 있는 기회가 제공된다.				
32	교직원들은 교수활동과 관련된 피드백을 서로 주고받는다.				
33	교직원들은 학생들의 학습을 향상시키기 위하여 아이디어와 제언을 서로 자유롭게 공유한다.				
34	교직원들은 교수활동을 공유하고 향상시키기 위하여 학생들의 학습결과물을 서로 협력적으로 검토한다.				

		전혀 동의 하지 않음	동의 하지 않음	동의함	매우 동의함
35	코칭과 멘토링을 위한 기회가 제공된다.				
36	개별적 수준에서 그리고 팀 수준에서 배운 것을 적용하고 그 결과를 공유할 수 있는 기회가 있다.				
37	교직원들은 학교 발전을 위하여 학생들의 학업활동과 결과를 정기적으로 공유한다.				

의견:

	지원적인 환경-관계	전혀 동의 하지 않음	동의 하지 않음	동의함	매우 동의함
38	교직원들과 학생들 간에 신뢰와 존중을 토대로 한 배려 관계가 형성되어 있다.				
39	실패를 두려워하지 않고 새로운 것을 시도할 수 있는 신뢰와 존중의 문화가 형성되어 있다.				
40	우수한 성과를 인정해주고 정기적으로 축하한다.				
41	교직원들과 이해관계자들은 개혁을 학교문화로 정착시키기 위하여 지속적이고 단결된 노력을 기울인다.				
42	교수와 학습을 향상시키기 위하여 서로 솔직하고 정중하게 교육정보와 데이터를 검토할 수 있는 관계가 형성되어 있다.				

의견:

	지원적인 환경-구조	전혀 동의 하지 않음	동의 하지 않음	동의함	매우 동의함
43	교직원들이 서로 협력할 수 있는 시간이 제공된다.				
44	학교의 일정은 공동학습과 실천의 공유를 촉진한다.				

45	교직원 연수를 위한 재정적 지원이 제공된다.				
46	적절한 교수자료와 기자재를 이용할 수 있다.				
47	지속적인 학습을 위한 전문적인 지원이 제공된다.				
48	학교 시설은 깨끗하고 사람의 마음을 끈다.				
49	학년별로 그리고 교과별로 교직원들이 서로 협력하기 쉬운 학교 구조이다.				
50	의사소통체계는 교직원들 간의 정보 교류를 촉진한다.				
51	의사소통체계는 학교공동체 구성원 전체(교육청, 학부모, 지역사회 구성원들을 포함)에 걸친 정보 교류를 촉진한다.				
52	교직원들이 이용하기 쉽게 데이터가 체계적으로 조직되어 제공된다.				
의견:					

출처: Olivier, D. F., Hipp, K. K., & Huffman, J. B. (2009). Assessing and analyzing schools as PLCs. In K. K. Hipp & J. B. Huffman (Eds.). *Professional learning communities: Purposeful actions, positive results.* Lanhan, MD: Rowman & Littlefield.

초한 양적 연구들이 급증하였다. 특히, 전문가학습공동체의 수준을 과정변인으로, 학생들의 학업성취도를 산출변인으로, 그 상관관계나 영향력을 조사한 연구들이 큰 관심을 끌었다. 그 외 교사들의 협력도, 자기효능감, 집단효능감 등이 산출변인으로 조사되었다. 이같은 전문가학습공동체의 효과에 관한 연구들은 대체로 긍정적인 효과를 보고하였다(Bryk, Camburn, & Louis, 1999; Louis & Marks, 1998; Vescio, Ross, & Adams, 2008).

연구를 통해 그 효과가 검증되면서 학교를 전문가학습공동체로 혁신하고자 하는 노력은 더욱 활기를 띠었다. 이에 전문가학습공동체의 형성 및 발전에 영향을 미치는 요인들에 대한 관심이 급증하였고, 전문가학습공동체 수준을 산출변인으로, 이와 상관관계가 높은 또는 영향을 미치는 과정변인에 대한 연구가 활발히 수행되었다. 이 연구결과를 토대로 전문가학습공동체의 형성 및 발전에 영향을 미치는 요인들을 살펴보면 다음과 같다.

4.1.4. 전문가학습공동체에 영향을 미치는 요인

전문가학습공동체의 형성 및 발전에는 다양한 요인들이 영향을 미친다. 특히 교장의 리더십을 강조하지 않을 수 없다. 호드(Hord, 1997), 루이스와 크루즈(Louis & Kruse, 1995), 드포와 에이커(DuFour & Eaker, 1998) 등 전문가학습공동체의 주요 연구자들은 전통적인 관료주의적 학교조직이 전문가학습공동체로 혁신하는 데 필요한 가장 중요한 요건의 하나로 교장의 리더십을 꼽았다.

전통적인 학교의 경우 일반적으로 교사는 가르치고 학생은 배우고 교장은 관리한다(Carmichael, 1982). 이제 이 같은 위계는 전문가학습공동체에서 더 이상 존재하지 않는다. 학교가 학생들의 학습을 효과적으로 지도하기 위해서는 교장과 교사가 새로운 관계를 맺어야 한다. 리더십을 공유해야 하고 그것은 서로의 성장을 돕는 지원적 리더십이어야 한다. 교직원 모두가 의사결정에 참여하고 함께 배우고 성장하는 학교를 만들기 위해서는 무엇보다도 자신의 권력을 내려놓고 전권을 갖고자 하는 욕망 또한 내려놓고 권력을 공유하는 교장이 필요하다.

서지오바니(Sergiovanni, 1994)는 교장을 다음과 같이 설명하였다.

교장은 학교 공동체의 씨를 뿌리고 그 새싹을 키우며 그리하여 공동
체로 성장하면 이를 돌보고 지킨다. 교장은 교사들을 따름으로써 교
사들을 이끈다. 교장은 리더십을 나눔으로써 리더십을 발휘한다.

교장의 리더십은 물론이고 학교의 인적 관계 및 물리적 환경, 그
리고 학교를 둘러싼 사회, 문화, 정치, 경제적 상황 등 다양한 요인
들이 전문가학습공동체의 형성 및 발전에 영향을 미친다(Annenberg
Institute for School Reform, 2003; Bryk, Camburn, & Louis, 1999; DuFour
& Eaker, 1998; Hord, 1997; Hord & Sommers, 2007; Louis & Kruse, 1995;
Louis, Marks, & Kruse, 1996; McLaughlin & Talbert, 2001; Stoll, Bolam,
McMahon, Wallace, & Thomas, 2006). 먼저 주요 인적 요인들을 살펴보
면 다음과 같다.

■ 교장의 리더십

학교를 전문가학습공동체로 혁신하기 위해서는 무엇보다도 교장
의 리더십이 변화해야 한다. 교장은 리더십을 공유하고 교사들의 학
습과 성장을 돕는 지원적 리더십을 발휘해야 한다. 주요 연구결과에
따르면, 성공적인 전문가학습공동체의 교장의 리더십은 공유 리더십
(Shared Leadership), 분산적 리더십(Distributed Leadership), 지원적 리더
십(Supportive Leadership), 교수 리더십(Instructional Leadership), 변혁
적 리더십(Transformative Leadership) 등의 특징을 띤다.

■ 신뢰

전문가학습공동체를 형성, 발전시키기 위해서는 교장과 교사 등
공동체 구성원들 간의 신뢰가 반드시 필요하다. 신뢰가 바탕이 되어

야 협력, 탈사유화, 반성적 대화, 집단탐구 등이 가능하다. 서로에 대한 신뢰 없이 교사들이 그들의 교육실천을 공개하고 서로의 교육실천에 대하여 비판적으로 논의하고 함께 개선해 나아가기를 기대하기 어렵다.

■ 존중

서로에 대한 존중은 공동체 형성에 기본이 된다. 전문가학습공동체의 경우 특히 서로의 전문성에 대한 존중을 강조한다. 교장과 교사 등 구성원들이 서로의 전문성을 인정하고 존중할 때 전문가학습공동체를 세울 수 있다.

■ 혁신에의 개방성

변화를 두려워한다면 전문가학습공동체를 세우기란 어려울 수밖에 없다. 위험을 무릅쓰고 새로운 아이디어나 방법을 시도하고자 하는 의지와 용기가 필요하다.

■ 지식과 기술 기반

전문가학습공동체를 형성, 발전시키기 위해서는 이에 필요한 지식과 기술이 밑받침되어야 한다. 교장과 교사 등 구성원들이 서로의 지식과 기술을 공유, 공동체의 지식 및 기술 기반을 튼튼히 함으로써 전문가학습공동체의 토대를 마련할 수 있다.

다음으로, 주요 물적 요인들을 살펴보면 아래와 같다.

■ 시간

협력은 전문가학습공동체의 핵심적 특징이다. 협력을 위해서는 우선 시간이 필요하다. 그러나 교사들이 바쁜 일과 중에 함께 교육과정과 수업을 계획하고 교육문제를 논의하고 또는 다른 교사의 수업을 참관하고 서로의 교육실천에 대하여 함께 분석, 평가하는 등 협력할 시간을 찾기란 현실적으로 매우 어려운 상황이다. 그래서 주로 방과 후 또는 방학을 이용하여 협력이 이루어졌다. 전문가학습공동체를 형성, 발전시키기 위해서는 교사들이 일과 중에 서로 협력할 수 있는 시간이 확보되어야 한다. 그리하여 협력이 교사들의 일상이 되어야 한다.

■ 물리적 근접성

교사들이 물리적으로 서로 얼마나 가까이 있는가, 학교의 구조가 교사들이 쉽게 교류할 수 있도록 짜여져 있는가 등 학교의 물리적 근접성은 전문가학습공동체의 형성 및 발전에 중요한 영향을 미친다. 교사들이 각자 자신의 교실에 들어가 하루 종일 서로 얼굴도 못 보는 전통적인 학교구조에서 협력은 어려울 수밖에 없다. 교사들이 언제든 모여서 협력할 수 있는 공간이 마련되어야 함은 물론 자연스럽게 만나게 되고 잠시 이야기도 나눌 수 있는 구조로 학교의 물리적 환경을 개조할 필요가 있다.

■ 의사소통 구조

전문가학습공동체를 세우고자 한다면 전통적인 상의하달식의 의사소통 구조에서 벗어나야 한다. 교장과 교사들이 자유롭게 의견을 교류하고 소통할 수 있는 개방적, 수평적 성격의 의사소통 구조를 구축해야 한다.

■ 파트너십

교육은 학교 혼자서 할 수 없다. 학교는 학부모, 지역사회와 함께 학생들을 가르치고 길러야 한다. 전문가학습공동체가 학생들의 학습을 효과적으로 지도하기 위해서는 학부모, 지역사회와의 파트너십이 반드시 필요하다. 학교 교직원들 간의 협력은 물론이고 학부모, 나아가 학교 밖 지역사회와의 협력 없이 전문가학습공동체의 성공을 기대하기 어렵다.

그 외 교육지원청, 교육부 등 외부의 행·재정적 지원, 학교의 자율권, 국가의 교육정책 등이 전문가학습공동체 형성 및 발전에 영향을 미치는 것으로 나타났다.

2000년대 들어 전문가학습공동체는 학교 혁신의 새로운 모델로 큰 관심을 받았고 학교를 전문가학습공동체로 혁신하고자 하는 노력이 폭넓게 확산되었다. 한국에서도 2000년대 후반 혁신학교 출범을 계기로 전문가학습공동체(전문적 학습공동체로 불리기도 함)에 대한 관심이 급증하였다. 전문가학습공동체는 공장 같은 학교, 관료적인 학교조직의 병폐를 극복하는 데 큰 역할을 하였다. 그러나 한편, 학업성취도 향상 효과에 교육행정가, 정치가 등의 관심이 집중되면서, 전문가학습공동체는 학생들의 학업성취도 평가 점수를 향상시키기 위한 수단으로 이용되기도 하였다.

4.2. 탐구공동체

1990년대 미국, 신자유주의에 입각한 교원정책이 교사들의 전문성을 심각하게 위협하는 상황에서 카크란 스미스와 라이틀(Cochran-Smith & Lytle)은 그 대항책으로 탐구공동체를 주장하였다. 그들은 당시 미국의 교육상황을 크게 세 가지로 특징지었다.

첫째는 경제논리의 지배이다. 미국 경제가 악화되면서 그 한 원인으로 교육이 지탄을 받았고 글로벌 시대 경쟁력 있는 인적 자원을 생산하는 도구로 교육에 대한 대대적인 투자가 일었다. 교육에 대한 투자는 그 결과에 대한 책임을 요구하였다. 책무성 운동의 부흥이었다. 이 당시 책무성 운동은 성취도검사를 기반으로 하였다는 데 특징이 있다. 학생들의 학업성취에 대한 학교의 책무성이 강화되었고 학업성취도 평가 점수를 근거로 교장과 교사 및 학교에 대한 평가가 이루어졌다.

또 다른 특징으로 교육의 과학화를 들 수 있다. 교육의 과학화 또한, 책무성 운동과 마찬가지로, 새로운 것은 아니다. 20세기 초반 대두된 이래 교육의 과학화는 교육개혁의 주요 이슈였고, 1990년대 들어서는 스탠다드 운동과 양적 연구의 팽창에 힘입어 교수법의 과학화에 많은 노력이 기울여졌다. 교육상황의 특수성과 학생들의 다양성을 초월하는 최고의 교수법에 대한 연구가 활발히 수행되었고, 그 연구결과의 보급 또한 활발히 이루어졌다. 최고의 교수법을 적용, 학생들의 학업성취도를 향상시키고자 하는 노력이 폭넓게 확산되었고, 이는 교수법의 표준화를 가져왔다.

결론적으로, 1990년대 경제논리의 교육 지배, 성취도검사 중심의 책무성 운동, 교육의 과학화 등은 교사들의 자율권을 심각하게 제한하였고 탈전문화를 초래하였다(Apple, 2006). 카크란 스미스와 라이틀(Cochran-Smith & Lytle, 2009)은 신자유주의 교원정책의 폐해를 비판하며 탐구 스탠스(Stance) 개념에 기초한 교육실천가들의 탐구공동체를 주장하였다.

4.2.1. 탐구공동체의 개념

탐구공동체는 교육에 대한 비판적 탐구를 통하여 교육실천의 혁신 및 학생들의 학습 증진, 나아가서 교육 불평등 타파 및 사회정의 구현을 위하여 노력하는 교육실천가들의 결속체이다. 구체적으로 설명하면, 첫째, 탐구공동체는 학교 교사, 대학 교수, 교사교육자, 교육행정가 등 다양한 경력, 경험, 능력을 가진 교육실천가들로 구성된다. 둘째, 탐구공동체는 교육실천가들의 비판적 탐구를 특징으로 한다. 탐구공동체의 교육실천가들은 그들의 교육실천을 비판적으로 고찰함은 물론, 교육현안 및 쟁점, 나아가서 학교교육을 둘러싼 사회·정치적 이슈들을 비판적으로 고찰한다. 셋째, 탐구공동체는 학생들의 학습 증진을 목적으로 한다. 이를 위하여 자신의 교육실천을 혁신하고 학교교육을 쇄신하고자 노력한다. 나아가서 자신의 교실과 학교를 넘어 교육 불평등을 타파하고 정의로운 민주사회로의 혁신을 추구한다.

앞 절에서 전문가학습공동체에 대하여 논의하였는데, 탐구공동체는 전문가학습공동체와 여러 가지 면에서 구별된다. 카크란 스미스와 라이틀(Cochran-Smith & Lytle, 2009)은 탐구공동체와 전문가학습공동체를 다음과 같이 비교하였다.

먼저 공통점을 살펴보면, 첫째, 교사공동체 형성의 필요성과 중요성에 대한 인식을 같이한다. 둘째, 학생들의 학습 증진을 최우선으로 삼는다. 학습에 대한 정의, 학습 증진의 의미 등에 대해서는 견해를 달리하지만, 탐구공동체와 전문가학습공동체는 학생들의 학습 증진에 집단적 관심과 노력을 기울인다. 셋째, 교사들의 탐구를 강조한다. 탐구의 지향점은 서로 다르나, 탐구공동체와 전문가학습공동체는 교육실천의 향상, 학생들의 학습 증진, 교육혁신의 원동력은 바로 교사들의 탐구에 있음을 강조한다. 마지막으로, 교육실천의 개방 및 탈사유화를 주장한다. 탐구공동체와 전문가학습공동체는 종래 고립적, 불간섭적 교사문화에서 탈피, 그들의 교육실천을 서로 공개하고 비판적으로 논의하며 협력적으로 교육실천을 계획, 실행한다.

이 같은 공통점에도 불구하고 탐구공동체와 전문가학습공동체는 뚜렷한 차이를 보인다. 카크란 스미스와 라이틀(Cochran-Smith & Lytle, 2009)은 다음과 같은 네 가지 면에서 전문가학습공동체와 구별되는 탐구공동체의 특징을 설명하였다.

■ 교사연구에 뿌리를 둔 탐구공동체

탐구공동체는 교사연구의 개념에 뿌리를 두고 있다. 교사연구는 1970년대 교수학습에 대한 패러다임의 전환, 과정·산출모델의 교수연구에 대한 비판, 교사의 실천적 지식에 대한 재조명 등을 토대로, 영국과 미국에서는 교사연구운동(Teacher Research Movement),

중남미에서는 참여적 실행연구(Participatory Action Research), 호주에서는 비판적 실행연구(Critical Action Research) 등 다양한 양상으로 일어났다(Cochran-Smith & Lytle, 1993).

이와 달리 전문가학습공동체는 기업사회학, 조직이론, 학교 효과성 연구 등에 토대를 두고 있다. 협력적 동료관계, 조직학습을 중시하는 학습조직, 지식관리 및 운영시스템 등이 생산성 향상에 효과가 있다는 연구를 기초로 학생들의 학습 증진, 특히 학업성취 향상을 위하여 학교를 전문가학습공동체로 혁신할 것을 주장한다(Bryk, Camburn, & Louis, 1999; Lee & Smith, 1996; McLaughlin & Talbert, 2002, 2006).

■ 수단이자 목적으로서 탐구공동체

탐구공동체의 관점에서 공동체는 목적을 이루기 위한 수단이자 동시에 목적 그 자체이다. 다시 말해, 탐구공동체는 교사들이 실천가로, 연구자로, 전문가로, 지성인으로 성장하는 장이자, 교육실천의 혁신 및 학교교육 개혁을 지원하는 수단이다. 따라서 탐구공동체는 그 자체로 의미를 갖는다.

전문가학습공동체의 경우 공동체에 대한 수단적 관점이 우세하다. 전문가학습공동체는 학교혁신을 위한 한 방법으로, 특히 학생들의 학업성취도를 향상시키기 위한 효과적인 방법으로 여겨진다(Westheimer, 1999). 전문가학습공동체에 대한 연구물이나 저서들 중 교장을 타깃으로 한 것들이 많은 이유도 바로 여기에 있다. 스탠다드 운동, 책무성 운동 등으로 학생들의 학업성취도 향상에 대한 압력을 많이 받게 되자, 전문가학습공동체를 이용하고자 하는 교장들이 적지 않았다.

■ 학교를 넘어선 탐구공동체

탐구공동체는 학교에 기초하나, 학교에 제한되지 않는다. 탐구공동체는 학교 교사, 교장, 대학 교수, 교사교육자, 장학사, 교육연구사 등 교내외 다양한 교육실천가들로 구성된다. 개별학교 단위로 세워지기도 하고 또는 여러 학교들이 연합하여 형성하기도 한다. 탐구공동체는 교사들이 당면한 교육실천의 문제뿐만 아니라, 교육현안 및 쟁점들, 나아가 교육과 연계된 사회·정치적 이슈들을 탐구한다. 탐구공동체는 교사들이 가르치는 학교 학생들의 학습 증진은 물론이고, 모든 학생들을 위한 학습기회의 평등, 나아가 정의로운 민주사회 건설을 추구한다.

이와 달리 전문가학습공동체는 개별학교를 기본단위로 한다(McLaughlin & Talbert, 2006). 학교를 전문가학습공동체로 혁신, 학생들의 학업성취를 향상시키는 데 중점을 둔다. 자신이 가르치는 학교와 학생들에 치중하고 학업성취도 향상을 주목적으로 삼는다.

■ 공평성을 추구하는 탐구공동체

탐구공동체와 전문가학습공동체 모두 공평성을 추구한다. 그러나 그 의미는 사뭇 다르다. 전문가학습공동체에게 공평성이란 학업성취도평가 점수의 차이를 줄이는 것이다. 따라서 소외계층 학생들의 학업성취도평가 점수를 올리기 위하여 많은 노력을 기울인다.

이와 달리 탐구공동체는 학업성취도평가 점수를 잣대로 삼는 것에 반대한다. 교과학습뿐 아니라 사회성, 정서, 도덕성, 예술성 등 전인적 성장을 위한 학습을 강조하며, 학생 개개인의 학습에 대하여 이해하고 적절한 지원을 제공하는 데 중점을 둔다. 나아가서 학습기회 및 결과의 불평등을 가져오는 교육체제, 그리고 사회·경제·정치적 구조를 개혁하는 데 노력을 기울인다.

4.2.2. 탐구 스탠스

탐구공동체는 교사의 지식, 실천, 연구, 전문성 등에 대한 종래의 지배적 관점을 거부한다. 카크란 스미스와 라이틀(Cochran-Smith & Lytle, 1999b)은 이를 실천을 위한 지식(Knowledge-for-Practice) 관점과 실천 속 지식(Knowledge-in-Practice) 관점으로 개념화하였다. 이들 지배적 관점의 한계를 비판하며, 카크란 스미스와 라이틀(Cochran-Smith & Lytle, 1999b)은 그 대안으로 실천의 지식(Knowledge-of-Practice) 관점을 주장하였다. 탐구공동체는 실천의 지식 관점에 토대를 두고 있다. 2장 3절 '카크란 스미스와 라이틀(Cochran-Smith & Lytle)의 지행(知行)관계적 접근'에서 이 세 관점에 대하여 논의를 하였는데, 간략하게 요약하면 다음과 같다.

실천을 위한 지식 관점은, 교직은 그 특유의 지식기반에 토대를 두고 있으며 그 원천은 학자들에 의해 창출된 형식적 지식에 있다고 주장한다. 한편, 실천 속 지식 관점은 교직에 필요한 지식은 유능한 교사의 현명한 교육실천 기저에 녹아있다고 주장한다. 이 두 관점은 형식적 지식과 실천적 지식의 이원화를 공고히 하였고, 형식적 지식 또는 실천적 지식을 습득하는 데 치중한 교사교육을 낳았으며, 교사의 역할을 지식 적용자로 제한, 교사의 전문성 발달을 제한하는 결과를 가져왔다.

실천의 지식 관점은 교육실천에 필요한 지식은 교사공동체의 집단탐구를 통해 생성된다고 주장한다. 교사들이 탐구공동체를 형성, 교실과 학교를 탐구의 장으로 삼고, 그들의 교육실천을 비판적으로 고찰함은 물론, 교육현안과 쟁점 및 이와 관련된 사회·정치적 이슈들을 비판적으로 고찰함으로써 실천의 지식을 창출한다. 탐구공동체에서의 비판적 탐구를 통해 교사는 그의 지식과 실천을 향상시키고 학교교육 혁신, 나아가서 사회개혁에 주도적 역할을 한다. 이와 같이 실천의 지식 관점은 연구자로서, 지식 창출자로서, 교육개혁가로서, 사회운동가로서 교사의 역할을 강조한다.

탐구공동체에서 교사들의 탐구는 전통적인 연구와 뚜렷한 차이를 보인다. 종래 교사들에게 연구는 승진을 위해 또는 학위를 받기 위해 필요한 형식적인 것으로 여겨졌다. 대학의 교수나 연구자들로부터 연구방법을 배워야 했고 그들이 정해준 형식에 따라 논문을 써야 했다. 논문은 교사 연구자 본인에게나 다른 교사들에게 별 소용이 없었다. 책꽂이에 꽂혀 먼지만 수북이 쌓여갔다. 대학의 교수나 연구자들에게도 마찬가지였다. 일반적으로 학계에서 교사들의 연구나 논문은 수준이 떨어지는 저급 취급을 받았다. 요컨대 교사들의 연구는 교사 전문성 신장에도, 교육이론 및 실제의 발전에도 별 도움이 되지 못하였다.

탐구공동체는 교사연구에 대한 이 같은 인습적인 접근을 거부한다. 탐구공동체는 스탠스로서의 탐구(Inquiry as Stance) 개념을 기반으로 한다. 카크란 스미스와 라이틀(Cochran-Smith & Lytle, 1999b)은 다음과 같이 설명하였다.

스탠스로서의 탐구 개념은 탐구공동체에서 생성되는 지식에

대하여, 탐구가 어떻게 실천과 연결되는지에 대하여, 그리고 탐
구를 통하여 교사들이 무엇을 배우는지에 대하여 보다 철저히 이
해하기 위한 것이다. 일반적으로 '스탠스'는 스포츠나 댄스에서 몸
의 자세를 의미한다. 또한 정치적 입장, 특히 오랫동안 일관된 정치
적 입장을 의미한다. 질적 연구에 대한 담화에서 '스탠스'라는 용
어는 연구문제를 설정하고 자료를 수집, 해석하는 데 사용된 틀, 즉
연구의 프레임 기저에 깔린 관점을 가시화하고 문제시하기 위하
여 쓰인다. 우리는 탐구공동체의 교사들과 그 외 구성원들이 지
식과 실천의 관계에 대하여 취하는 입장을 기술하고자 스탠스로
서의 탐구라는 용어를 사용한다. 지향하는 바와 동시에 기본입장
을 암시하기 위하여, 지적 활동과 관점뿐 아니라 발을 딛고 서 있
는 곳을 암시하기 위하여 우리는 스탠스라는 은유를 사용한다.
이런 의미에서 스탠스라는 은유는 입장, 관점, 렌즈를 담아내기
위한 것이다. 가르친다는 것은 사회적, 역사적, 문화적, 정치적
의미망 속에서 일어나는 복합적인 활동이다. 삶의 과정에서 탐구
스탠스는 시도 때도 없이 바뀌는 학교개혁과 경쟁적인 정치적 어
젠다들 속에서 발 딛고 설 수 있는 토대를 제공한다(Cochran-
Smith & Lytle, 1999b: 288-289).

스탠스로서의 탐구 개념을 제창한 지 10여 년 후 카크란 스미스와
라이틀(Cochran-Smith & Lytle, 2009)은 다음과 같이 설명하였다.

스탠스로서의 탐구에 대한 우리의 최근 생각은 변함없지만, 보
다 확장적이고 포괄적으로 발전하였다. 우리는 탐구를 교사 개인의

스탠스로 접근하기보다, 집단적 스탠스로서의 탐구를 강조하고 싶다. 또한 스탠스로서의 탐구 개념은 유치원과 초·중등학교 교사는 물론이고 학교와 교육구의 행정가, 대학 교수와 교사교육자, 교육 멘토와 코치, 성인과 가족을 위한 지역사회 프로그램 기획·운영자 등 다양한 교육실천가들을 포함한다. 따라서 여러 다양한 유형의 교육실천, 예컨대, 학교교육, 영유아교육, 교사교육, 박물관교육, 튜터링, 교도소나 노숙인 교육 프로그램 등을 포괄한다(Cochran-Smith & Lytle, 2009: 120).

스탠스로서의 탐구 개념은 인습적인 교사연구를 거부한다. 교사연구를 승진이나 학위취득을 위하여 필요한 형식적인 절차로, 교장이나 교감 주도하에 수행되는 일회성의 프로젝트로, 당면한 교육문제를 해결하기 위한 방법 내지 수단으로 이용하는 것을 거부한다.

스탠스로서의 탐구 개념은 탐구를 교사로서의 삶의 방식으로 삼음을, 즉 탐구 스탠스를 취함을 의미한다. 탐구 스탠스를 취함은 교육에 대해 끊임없이 문제제기하고 탐구함을 의미한다. 다시 말해, 탐구 스탠스를 취함은 교사의 교육실천, 그리고 교육현안 및 쟁점, 나아가서 교육을 둘러싼 사회·정치적 이슈들에 대해 끊임없이 비판적으로 탐구함을 의미한다. 여기서 '끊임없이'를 강조하는 이유는 탐구를 교사로서 삶의 방식으로 삼는 것이기에, 즉 교직 전 생애에 걸쳐 행해지기 때문이다.

탐구 스탠스를 취함은 문제제기와 탐구에 그치지 않는다. 스탠스로서의 탐구 개념은 연구와 실천의 분리를 거부한다. 종래 연구는 논문이나 보고서를 발표하는 것으로 종결되었고, 연구결과를 실천에 옮기는 것은 실천가의 몫으로 맡겨졌다. 탐구 스탠스를 취함은 연구와 실천의 분리, 앎과 행위의 분리, 연구자와 실천가의 분리를 거부함을 의미한다. 탐구 스탠스를 취한 교사의 탐구는 실천을 수반하고 그의 실천은 탐구를 수반한다. 탐구 스탠스를 취한 교사는 문제제기와 탐구에 그치지 않고 이를 통해 창출된 지식을 실천에 옮긴다. 탐구 스탠스를 취한 교사는 연구자이자 지식 창출자이며, 실천가이자 혁신가이다.

최근 카크란 스미스와 라이틀(Cochran-Smith & Lytle, 2009)은 집단적 스탠스로서 탐구의 개념을 강조하였다. 탐구 스탠스를 교사 개인의 스탠스를 넘어, 교사 집단의 스탠스로 이해해야 한다는 것이다. 집단적 스탠스로서 탐구의 개념은 탐구공동체로 나타난다. 교사들의 공동체를 형성, 그들의 교육실천, 그리고 교육현안 및 쟁점, 나아가서 교육을 둘러싼 사회·정치적 이슈들에 대해 문제제기하고 협력적으로 탐구한다. 이런 점에서 탐구 스탠스를 취함은 교육에 대한 비판적 집단탐구를 의미한다.

카크란 스미스와 라이틀(Cochran-Smith & Lytle, 2009)은 탐구 스탠스에 대하여 다음과 같은 네 가지 특징으로 설명하였다.

■ 형식적 지식과 실천적 지식의 이원론을 거부하고 총체적 맥락에서의 로컬(local) 지식을 강조한다

탐구 스탠스 개념 기저의 지식관에 대한 것으로, 이와 관련하여 다음과 같은 두 가지 문제가 제기된다. 교사연구를 연구라 할 수 있는가? 교사연구를 통해 창출된 지식을 지식이라 할 수 있는가? 교사연구는 진짜 연구로 여겨지지 않았다. 타당성과 신뢰성이 미흡하고

주관적이며 일반화가 어렵다는 것이 그 이유였다. 교사연구를 통해 창출된 지식 또한 지식으로 여겨지지 않았다. 대신 실천적 지식이라 불리었다. 학자나 연구자들에 의해 창출된 지식, 즉 형식적 지식의 반열에 들지 못하는, 추상성과 보편성이 떨어지는 저급 지식으로 여겨졌다.

카크란 스미스와 라이틀(Cochran-Smith & Lytle, 2009)은 이것은 일반화의 문제가 아니라 권력의 문제라고 주장하였다. 형식적 지식과 실천적 지식의 이원화는 대학 교수와 교사 간의 권력관계를 나타내는 것으로, 지배적 패러다임에 대항하는 연구와 지식을 저급으로 취급, 지배적 패러다임의 권력을 공고히 하는 것이다.

카크란 스미스와 라이틀(Cochran-Smith & Lytle)은 형식적 지식과 실천적 지식의 이원론에 반대하였다. 카크란 스미스와 라이틀(Cochran-Smith & Lytle, 2009)은 기어츠(Geertz, 1983)의 로컬 지식(Local Knowledge)의 개념을 토대로, 탐구공동체가 창출한 지식을 '실천에 대한 로컬 지식'으로 개념화하였다. 탐구공동체는 그들의 실천을 비판적으로 탐구, 이론화하고, 그들의 실천을 둘러싼 교육적 문제들, 나아가서 사회·정치적 이슈들을 비판적으로 탐구함으로써 로컬 지식을 생성한다. 교사들의 실천의 장에 토대를 둔 지식이나, 그곳에 갇힌 지식이 아니라, 보다 넓은 다양한 장을 연계하는 지식, 즉 로컬성과 전체성을 동시에 지닌 지식이다.

■ 교수, 학습, 그리고 지도(Leading)의 상호작용으로서 교육실천을 강조한다

탐구 스탠스 개념 기저의 실천관에 대한 것으로, 교육실천에 대한 인습적 통념을 거부하고 교수, 학습, 지도의 상호작용으로서 실천관

을 주장한다. 실천은 단지 교사가 하는 것에 제한되지 않는다. 교사의 실천은 교수와 학습의 상호작용이자, 이론과 행위의 통합이며, 동료교사, 학부모, 지역사회와의 협업이다.

탐구 스탠스를 취함은 교육실천을 교사의 교수는 물론 학생의 학습까지 포괄하는 개념으로 이해함을 의미한다. 따라서 학습이란 무엇인지, 어떤 학습이 중요하며 누구에게 중요한지 등은 교육실천의 중요 쟁점이 된다.

또한 탐구 스탠스를 취함은 실천을 이론의 적용으로, 실천가를 적용자로 보는 기술적 관점에 반대함을 의미한다. 실천가는 그의 실천을 비판적으로 탐구, 이론화하고 이를 토대로 그의 실천을 변혁한다. 따라서 실천은 이론과 행위의 통합을 본질로 한다. 이 같은 실천관은 프락시스(Praxis) (Freire, 1970)의 개념과 일맥상통한다.

나아가서, 탐구 스탠스를 취함은 교육실천을 동료 교사, 학부모, 지역사회와의 협업을 포괄하는 개념으로 이해함을 의미한다. 교육실천은 교사 혼자 교실에서 학생들을 가르치는 개인적 행위가 아니라, 동료 교사들과, 교내외 교육전문가들과, 학부모들과, 지역사회 구성원들과 함께 학생들을 가르치는 협력적 행위이다.

■ 교사 학습의 촉매로서 공동체를 강조한다

탐구 스탠스 개념 기저의 공동체관에 대한 것으로, 공동체를 교사학습의 촉매로 본다. 따라서 교사들의 탐구공동체를 강조한다. 탐구공동체는 교사들에게 교직 전 생애에 걸쳐 풍요롭고 도전적인 학습상황을 제공하며 자신의 교육실천의 변혁은 물론, 학교교육의 혁신, 나아가서 사회개혁을 위하여 공동의 노력을 펼칠 수 있는 기회를 제공한다. 탐구공동체에서 교사들은 실천의 장을 탐구의 장으로 삼고 그들의 실천을 비판적으로 탐구한다. 교사들은 그들의 지식, 가정, 신념 등을 비판적으로 반성한다. 또한 교사들은 기존에 당연시되었던 것들에 문제제기하고, 학교교육 기저에 깔린 가정, 가치, 관점 등에 대하여 비판적으로 검토하고, 학교교육이 누구에게 이익을 주는지 또 누구의 이익과 가치가 무시되고 배제되는지 고찰한다. 이 같은 교사연구는 논문을 써서 연구점수를 따기 위한 것이 아니다. 또는 학생들의 학업성취도평가 점수를 올리기 위한 교수방법과 전략을 마련하기 위한 것도 아니다. 탐구공동체에서 교사들의 연구는 학생들에게 공평한 학습기회와 호기심을 자극하는 학습경험을 제공하는 데, 학교교육의 혁신을 이끄는 데, 학부모, 교내외 교육전문가, 지역사회 구성원 등 다양한 사람들의 교육 참여를 존중하는 데 중점을 둔다.

■ 교사연구의 목적은 보다 정의롭고 민주적인 사회를 위한 교육에 있다

탐구 스탠스 개념은 국가 경쟁력을 강화하기 위하여 그리하여 세계시장에서 우위를 점하기 위하여 양질의 노동력 내지 인적 자원을 생산하기 위한 도구로 탐구공동체를 이용하는 것에 반대한다. 또한 교사들의 권력과 위상을 향상시키기 위한 도구로 탐구공동체를 이용하는 것에 반대한다.

탐구 스탠스를 취함은 교수, 학습, 학교교육을 근본적으로 혁신함을 의미한다. 지금까지 해오던 것을 더 잘 하자는 것이 아니라, 지금까지 해오던 것에 문제제기하고 보다 정의롭고 민주적인 사회 건설을 위하여 학교교육을 근본적으로 혁신하자는 것이다. 따라서 탐구

공동체에서 교사들의 연구는 교육 불평등을 유지, 강화하는 교수, 학습, 학교교육을 근본적으로 혁신하는 데, 그리하여 정의롭고 민주적인 사회를 위한 교육을 구현하는 데 목적을 둔다.

탐구 스탠스에 기초한 탐구공동체는 교사의 학습, 연구, 실천에 대한 혁신을 통해 학교교육을 근본적으로 혁신하고 나아가서 보다 정의롭고 민주적인 사회를 건설하고자 한다. 이제 교사의 학습, 연구, 실천은 개인적 그리고 교육적 의미를 넘어 사회적, 역사적 의미를 갖는다. 탐구공동체에서 교사들은 그들의 학습, 연구, 실천의 사회성과 역사성에 눈뜬다. 자신의 학습, 연구, 실천이 사회적, 역사적으로 의미하는 바가 무엇인지 고찰하고 정의롭고 평등한 민주사회를 향해 나아간다.

4.3. 배움의 공동체

배움의 공동체는 1990년대 말 사토 마나부를 중심으로 일본에서 일기 시작한 학교개혁운동이다. 그 대두배경을 살펴보면 다음과 같다. 1990년대 일본에서는 집단 따돌림, 교실붕괴, 청소년 범죄 등 교육의 위기현상이 심각한 사회문제로 대두되었다. 매스컴에서는 위기에 빠진 일본 교육에 대하여 연일 대대적으로 보도하였고, 학교개혁을 요구하는 목소리가 높아갔다. 그러나 이것은 매스컴에 의해 만들어진 조작된 위기라 해도 과언이 아니다. 그렇다고 위기가 아니라고 주장하는 것은 아니다. 위기의 실체를 감춘 조작된 위기라는 것이다.

사토 마나부(2003)는 교실붕괴, 학교폭력 등과 같은 교육의 위기 현상 기저의 근본 문제는 배움으로부터의 도주라고 주장하였다. 사토 마나부(2003)에 따르면, 배움으로부터의 도주는 동아시아형 교육 근대화의 종식과 파탄으로 인해 발생한 문제이다. 2차 세계대전 이후 급속한 산업화에 따라 압축된 근대화가 추진되었고, 학교교육은 산업화에 필요한 양질의 노동력을 공급해주는 역할을 담당하였다. 자녀세대는 학교교육을 통해 부모세대보다 높은 교육을 받을 수 있게 되었고 그리하여 부모보다 높은 사회경제적 지위를 획득할 수 있었다. 교육을 통한 계층상승이 실현 가능한 상황에서 학교와 교사에 대한 신뢰도는 높았고 학교 학습에 많은 관심과 노력이 기울여졌다.

그러나 1980년대 산업화가 정체되고 압축된 근대화가 종식되자 학교교육은 위기에 봉착하게 되었다. 이제 학교교육을 통해 높은 사회경제적 지위를 획득하기란 낙타가 바늘구멍을 통과하는 것만큼 어렵게 되었다. 오직 극소수에게만 허락된 기회였다. 대다수의 학생들은 학교에서 실패와 좌절을 경험해야 했고 결국 학교에서의 학습에 흥미와 의욕을 잃게 되었다. 더욱이 학교교육의 위기를 극복하고자 추진된 일련의 교육개혁은 학생들의 배움으로부터의 도주를 가속화하였다(사토 마나부, 2003). 자유경쟁의 시장경제원리에 기초한 신자유주의 교육정책은 학교와 교사, 학생들을 무한경쟁에 몰아넣었고 그 결과에 대한 책임을 개인에게 전가하였다. 학교교육은 학생들을 줄 세우고 성공과 실패의 낙인을 찍는 제도적 장치로 전락하였다.

이 같은 학교교육의 위기 속에서 배움을 학교의 중심으로 다시 세우고자 하는, 즉 학교를 배움의 공동체로 개혁하고자 하는 노력이 일기 시작하였다. 1998년 일본의 하마노고 소학교를 중심으로 시작

하여 현재 일본에서 3천여 개가 넘는 학교들이 배움의 공동체로의
개혁에 참여하고 있다(손우정, 2012). 한국에서도 2000년대 초 배움
의 공동체 운동이 일기 시작하여 현재 수백여 개의 학교들이 참여하
고 있다(손우정, 2012).

4.3.1. 배움의 공동체의 개념

배움의 공동체란 무엇인가에 대하여 사토 마나부는 다음과 같이
설명하였다.

> 학교 교육이 학생, 교사, 학부모, 교육 행정 담당자의 연대를
> 기초로, 학교를 사람들이 서로 배우고 성장하며 연대하는 공공의
> 공간으로 만드는 개혁이다. 학교를 배움의 공동체로 재생하기 위
> 해서는 가장 먼저 일상의 수업을 통해 교실이 배움의 공동체로
> 재생되어야 한다(손우정, 2012: 57 재인용).

배움의 공동체는 서로 함께 배우고 성장해 나아가는 교직원, 학
생, 학부모, 교육행정가, 지역사회 구성원 등의 결속체이다. 배움의
공동체는 신자유주의 교육정책으로 가속화된 배움으로부터의 도주
를 더 이상 방치하지 않겠다는 의지, 배움을 학교의 중심으로 세우
고자 하는 노력, 그리고 남보다 앞서기 위한 배움이 아니라 다 같이
성장하는 배움을 향한 갈망을 체현한 것이라 할 수 있다.
배움의 공동체는 다음과 같은 세 가지 원리에 기초한다. 첫째는
공공성이다. 사토 마나부(2001)에 따르면, 동아시아 국가의 교육은

국가의 번영, 그리고 경쟁을 통한 개인의 사회 이동에 중점을 두어 왔다. 국익중심의 국가주의와 경쟁중심의 이기주의는 동아시아형 교육의 압축된 근대화를 특징짓는 양 축이었다. 이 구조하에서 교육의 공공성은 간과 또는 도외시되었다. 공공성은 국가와 개인의 중간 지대라 할 수 있는 사회, 특히 자율적이고 자립적인 개인들이 서로 협력하는 협동사회를 기반으로 성립된다. 교육의 목적이 국가와 개인으로 양극화된 동아시아에서 협동사회는 성숙하지 못하였고 교육의 공공성 또한 제대로 성숙할 수 없었다. '공(公)'이라는 것은 '공공'과 '정부'의 두 가지 의미를 가지고 있는데, '공공'의 의미는 발전하지 못한 채 '정부'에 흡수되어 온 것이다. 배움의 공동체는 교육의 공공성이 국가에 흡수되는 것, 그리고 공교육이 이기주의적으로 변질되는 것에 반대하고 학교교육의 공공성을 회복하고자 한다.

둘째는 민주주의 원리이다. 사토 마나부(2001)는 학교교육은 궁극적으로 민주주의 사회 건설을 목적으로 해야 하며 이를 위해서는 학교가 민주적인 사회조직이 되어야 한다고 주장한다. 이때 민주주의란 단지 다수결의 원리라든가 선거제도 등과 같은 정치적인 절차를 넘어선다. 민주주의란, 듀이(Dewey, 1916)가 주장한 바와 같이, 삶의 방식으로서 다양한 사람들이 더불어 살아감을 의미한다. 배움의 공동체는 학생, 교사, 교장, 학부모, 지역사회 구성원 등이 서로의 다양성을 존중하며 더불어 살아가는 삶을 배우고 실천하는 학교를 세우고자 한다.

셋째는 탁월성의 원리이다. 브루너(Bruner, 1960)에 따르면, 탁월성 또는 수월성 교육이란 뛰어난 학생을 길러내는 것만이 아니라 각 개인으로 하여금 최고의 지적 발달수준에 도달할 수 있도록 도와주는 교육을 의미한다. 다시 말해, 탁월성은 남들과 비교하여 우수하다기보다 스스로 최선을 다하여 최고를 추구함을 의미한다(사토 마나부, 2001). 배움의 공동체는 어느 누구도 배움으로부터 소외되지 않고 학생은 물론 교장, 교사, 학부모 등 구성원 개개인이 각자의 최고수준에 이를 수 있도록 도와주는 학교교육을 지향한다.

이와 같이 배움의 공동체는 신자유주의 교육개혁에 반대하고 공공성, 민주주의, 탁월성에 기초한 교육개혁을 추구한다(사토 마나부, 2001). 신자유주의 교육개혁이 경쟁과 선택의 원리를 토대로 공교육을 시장에 의한 통제로 이양하는 개혁을 추진한 데 반해, 배움의 공동체는 지금까지 국가가 통제, 관리해온 교육의 공공성을 사회 구성원들의 연대와 네트워크에 의해 유지, 발전시키는 개혁을 지향한다. 그 핵심에 교장, 교사, 학생, 학부모, 지역사회 구성원 등이 다 함께 배우고 성장하는 교육의 중심지로 학교를 다시 세우는, 즉 배움의 공동체로의 학교개혁이 자리하고 있다.

4.3.2. 공부와 배움

배움의 공동체는 배움을 학교의 중심으로 다시 세우고자 한다. 그렇다면 배움이란 무엇인가? 먼저 배움이란 용어와 관련하여, 손우정(2012)은 '학습'이라는 용어 대신 '배움'을 의도적으로 사용하였으며, 이는 지금까지 교실을 지배해 온 학습관의 전환을 의미한다고 설명하였다. 사토 마나부에 따르면, 동아시아 교육을 지배해온 것은 공부였다.

공부의 세계는 아무도 만나지 않고 아무것에도 부딪치지 않고 스스로를 깨닫지 못하는 세계이며 쾌락보다 고통을 존중하고 비판보다는 순종을, 창조보다는 반복을 중시하는 세계였다. 공부의 세계는 장래를 위해 현재를 희생하는 세계이며, 그 희생의 대가를 재산이나 지위, 권력에서 찾는 세계였다. 또한 공부의 세계는 사람과 사람의 끈을 끊어 버리고 경쟁을 부추겨 사람과 사람을 지배와 종속관계로 몰아가는 세계였다(사토 마나부, 2003: 132-133).

공부는 학생의 본분이었다. 공부를 위해 세상과 담을 쌓아야 했고, 친구들과도 멀리 지내야 했고, 좋아하는 것들도 포기해야 했다. 공부는 모든 것을 희생하고 혼자 걸어야 하는 고행의 길이었다. 이 길은 높은 시험점수, 상위권 대학, 안정된 직업, 고소득, 높은 사회적 지위에 이르는 길이라 알려졌으나, 오직 소수에게만 허락되었다. 다수는 편협한 식견과 경직된 사고에 갇혔고 패배감과 무력감에 빠졌다.

사토 마나부(2003)는 공부에서 배움으로의 전환을 촉구하였다. 그에 따르면, 공부와 배움의 차이는 만남과 대화의 유무에 있다.

'공부'가 무엇과도 만나지 않고 아무런 대화도 없이 수행되는 것에 비해, '배움'은 사물이나 사람이나 사항과 만나고 대화하는 행위이며, 타자의 사고나 감정과 만나고 대화하는 행위이고, 자기자신과 만나고 대화하는 행위라고 생각한다(사토 마나부, 2003: 65).

배움은 만남과 대화를 특징으로 한다. 배움은 사물과의 만남과 대화이고, 타자와의 만남과 대화이며, 자기 자신과의 만남과 대화이다. 따라서 배움은 활동적이고 협동적이며 반성적인 특성을 띤다.

공부에서 배움으로 전환하기 위해서는 종래 교과서를 읽고 교사의 설명을 듣고 외우는 식의 학습에서 탈피해야 한다. 교재를 통해 그리고 교사를 통해 주제와 만나고 대화하는, 즉 교재와 교사로 매개된 활동적인 배움이 이루어져야 한다. 또한 세상과 단절된 채 혼자 교과서와 씨름하는 고립적 학습에서 탈피해야 한다. 서로의 지식과 견해를 교류, 공유하고 서로의 차이를 존중, 조율하며 함께 성장하는 협력적인 배움이 이루어져야 한다. 아울러 지식을 암기하고 축적하는 식의 학습, 프레이리(Freire, 1970)의 용어를 빌자면 예금식 학습에서 탈피해야 한다. 비판적 사고력, 특히 자신의 지식과 견해를 비판적으로 고찰하고 재구성하는 반성적인 배움이 이루어져야 한다.

이 같은 배움에 대하여 사토 마나부는 다음과 같이 기술하였다.

　이[공부]에 반해 배움의 세계는 대상이나 타자, 그리고 자기와 끊임없이 대화하는 세계이다. 자기를 내면에서 허물어뜨려 세계와 확실한 끈을 엮어가는 세계이다. 고독한 자기성찰을 통해 사람들의 연대를 쌓아올리는 세계이다. 또는 보이지 않는 땅으로 자신을 도약시켜 거기에서 일어난 일을 자신의 것으로 연결하는 세계이다. 그리고 스스로의 행복을 위해서뿐만 아니라 행복으로 이어지는 많은 타자와 함께 행복을 탐구해 가는 세계이다. 이 같은 배움의 세계 입구에 아이들과 같이 서 있다고 해도 과언이 아닐 것이다. 앞으로 아이들과 더불어 아이들과 함께 배워가는 것,

그 실천 이외에는 방법이 없다(사토 마나부, 2003: 133).

학생들을 공부의 세계에서 배움의 세계로 이끌어가기 위하여, 또 교사 스스로도 공부의 세계에서 배움의 세계로 나아가기 위하여, 배움의 공동체 교사들은 수업연구를 그 출발점으로 삼는다. 배움의 공동체에서 이루어지는 수업연구를 구체적으로 살펴보면 다음과 같다.

4.3.3. 수업연구

수업연구라 하면 일반적으로 연구수업을 떠올린다. 우리나라에서 연구수업은 보여주기 위한 수업, 짜고 하는 수업, 일회성 쇼 등 부정적인 이미지로 얼룩져있다. 배움의 공동체에서 이루어지는 수업연구는 이와 전혀 다르다. 배움의 공동체의 수업연구는 교사들이 팀을 이루어 공동으로 수업을 계획, 실행, 반성, 수정·보완하며 서로 협력적으로 수업을 개선하고 전문성을 향상시키는 데 그 특징이 있다. 수업연구의 과정은 다음과 같다(서경혜, 2009, 2012; Fernandez & Yoshida, 2004; Lewis, 2002).

첫째는 협력적 계획 단계로, 동학년 또는 동교과 교사들이 수업연구팀을 구성, 공동으로 수업계획을 세운다. 교사들은 함께 교육과정과 교과서를 분석하고 관련 연구물들을 고찰하고 기존의 수업자료들을 검토한다. 그리고 자신이 가르치는 학생들에 대한 정보를 교환하고 학생들의 학습요구, 흥미, 능력 등을 진단한다. 아울러 교사들은 자신이 지향하는 수업의 모습, 교수학습에 대한 관점, 교육에 대한 비전 등을 서로 공유한다. 이러한 과정을 통해 교사들은 공동으로 수업계획을 세우고 수업에서 활용할 교수학습자료를 마련한다.

둘째는 교수와 관찰 단계로, 수업연구팀의 교사 한 명이 공동으로 계획한 수업지도안에 따라 수업을 하고 팀의 나머지 교사들이 이 연구수업을 관찰한다. 이때 관찰은 교사의 교수활동보다 학생들의 학습활동에 초점을 둔다. 학생들이 수업내용을 잘 이해하는지, 학습활동을 어떻게 수행하는지, 무엇을 어려워하는지 등을 주의 깊게 관찰하고 연구수업 후 관찰내용을 서로 공유한다.

셋째는 분석적 반성 단계로, 연구수업 후 수업연구팀이 모여 연구수업에 대해 함께 반성한다. 먼저 연구수업을 한 교사가 수업에 대해 자평하고 이후 참관 교사들이 수업에 대해 분석, 평가한다. 수업이 의도한 목표를 달성했는지, 학생들의 수업 참여 및 수업내용 이해는 어떠했는지, 수업에서 개선되어야 할 점은 무엇인지, 어떻게 개선되어야 하는지 등에 대해 서로 의견을 나눈다. 수업에 대한 분석적 반성은 학생들의 배움을 보다 효과적으로 지도하기 위하여 수업이 어떻게 개선되어야 하는지에 중점을 둔다.

넷째는 지속적인 수정 단계로, 분석적 반성을 통해 개선안을 마련하고 해당 수업계획안을 수정, 보완한다. 그리고 수정된 수업계획안을 토대로 수업연구팀의 다른 교사가 다시 연구수업을 한다. 이전과 마찬가지로 팀의 나머지 교사들은 이 연구수업을 관찰한다. 연구수업 후 수업연구팀이 모여 수업에 대해 반성하고 그 결과를 토대로 해당 수업계획안을 다시 수정, 보완한다. 이와 같이 협력적 계획, 교수와 관찰, 분석적 반성의 순환적 과정을 통해 수업연구팀은 그들의 수업지도안을 계속해서 수정, 보완한다. 그리하여 완성된 수업지도안을 학교 안팎의 교사들과 공유한다.

한 차시 한 차시 이렇게 공들여 수업지도안을 만드는 것은 단지 보다 나은 수업지도안을 만드는 것을 넘어, 이 과정을 통해 교사의 수업전문성을 키우는 데 목적이 있다(Lewis, Perry, & Hurd, 2004). 수업연구에 참여한 교사들은 동료 교사가 수업하는 것을 관찰하고 또 동료 교사들 앞에서 수업을 하고, 이에 대해 서로 의견을 나누고 함께 개선안을 모색하는 것이 수업전문성 향상에 크게 도움이 되었다고 보고한다(Lewis, Perry, & Hurd, 2004). 무엇보다도 학생들의 학습에 대한 이해 증진에 큰 도움이 되었다고 보고한다(Lewis, Perry, Hurd, & O'Connell, 2006). 전술한 바와 같이, 수업연구팀의 교사들은 동료 교사의 수업을 관찰할 때, 수업 교사의 교수활동보다 학생들의 학습활동에 초점을 둔다. 수업자가 아닌 관찰자의 입장에서 학생들을 세심하게 살피고, 자신이 수업할 때 보지 못했던 학생들의 모습도 보게 된다. 또한 동료 교사들과 학생들에 대한 이야기를 나누며 새로운 사실도 알게 되고 다양한 관점에서 학생들을 이해하게 된다. 그리하여 학생들의 학습을 분석하고 해석하는 능력 또한 발전하게 된다.

이 같은 효과가 밝혀지면서 수업연구는 일본을 넘어 아시아, 미국 등으로 확산되었다(예를 들어, Fernandez, 2010; Law & Tsui, 2007; Lee, 2008; Parks, 2008; Sims & Walsh, 2009). 한국에서도 배움의 공동체 운동을 통해 수업연구가 급속히 확산되었다(김삼진 외, 2012; 김영주 외, 2013; 박현숙, 2012; 손우정, 2012; 의정부여자중학교, 2015; 전현곤, 한대동, 2007). 종래 보여주기 위한 이벤트식 연구수업이나 승진용 수업연구에 대한 불만이 팽배한 상황에서, 그리고 좋은 수업, 더 나은 수업을 하고 싶은 열망은 더욱더 간절해진 상황에서, 배움의 공동체의 수업연구는 그 해결책으로 각광을 받았다. 배움의 공동체는 수업연

구의 혁신을 불러일으켰고, 이는 수업혁신, 나아가서 학교혁신의 동
력으로 작용하였다. 아울러 배움의 공동체의 수업연구는 교사 전문
성 개발을 위한 새로운 대안적 접근으로 폭넓게 확산되었다.

4.4. 실천공동체

실천공동체의 개념은 1980년대 제록스(Xerox) 출연 '학습연구원
(Institute for Research on Learning)'에서 비롯되었다(Daniel, Sarkar, &
O'Brien, 2004). 이후 레이브와 웽어(Lave & Wenger, 1991)가 '실천공
동체'라는 용어를 만들어 이 개념을 발전시켰고, 웽어(Wenger)가
1998년 『실천공동체: 학습, 의미, 그리고 정체성(Communities of
Practice: Learning, Meaning, and Identity)』을 출간, 실천공동체론을 정
립하였다.

웽어(Wenger)의 저서 『실천공동체』는 '학습이란 무엇인가' 하는
근본적인 문제에서 출발하였다. 그는 현시대 제도화된 학습에 대하
여 다음과 같이 지적하였다(Wenger, 1998).

우리 시대 학습은 개인적인 것, 시작과 끝이 있는 것, 다른 활동들
과 분리된 것, 그리고 가르침의 결과로 여겨진다. 이 같은 가정 아래
우리는 학생들을 교실에 격리한 채 학교 밖 세상의 방해를 받지 않
고 교사와 교사가 제공하는 학습활동에만 집중할 수 있도록 한다.
학생들의 학습을 평가하기 위하여 시험을 이용하는데, 학생들은 탈
맥락적 상황에서 자신이 가지고 있는 지식을 내보여야 한다. 시험은
학생들로 하여금 일대일 격투를 하게 하고 이때 협력은 부정행위로

간주된다. 이같이 제도화된 학습으로 인하여 학생들은 학습을 자신의 삶과 유리된 것으로 여기고 지루하고 힘들어한다. 현시대 학습은 심각히 왜곡되었다.

만약 우리가 학습에 대하여 다른 관점에서 접근한다면, 학습을 우리 삶의 장에서 일어나는 것으로 여긴다면, 학습을 먹고 자는 것처럼 본능적인 것이고 생존을 위해 필수불가결한 것으로 여긴다면, 학습을 인간의 사회적 본성을 반영한 사회적 현상으로 여긴다면 학습은 어떤 모습을 띠게 될까? 웽어(Wenger)는 학습에 대한 관점의 전환이 필요함을 역설하였다. 그는 제도화된 학습의 병폐를 극복할 수 있는 대안으로 실천공동체론을 주장하였다.

실천공동체론은 다음과 같은 가정에 기초한 학습이론을 제시한다. 학습은 사회적 참여의 과정이다. 다시 말해, 사회적 실천에의 참여를 통해 우리는 배우고 성장한다. 따라서 학습의 기본단위는 개인도 아니고 학교나 교육기관도 아니다. 실천을 공유하는 사람들의 결속체, 즉 실천공동체이다.

4.4.1. 실천공동체의 개념

웽어(Wenger, 2007)는 실천공동체를 다음과 같이 설명하였다. 실천공동체는 같은 분야에서 집단학습의 과정에 참여하는 사람들에 의해 형성된다. 예를 들어, 생존술을 배우는 부족, 새로운 표현양식을 추구하는 예술가 모임, 유사한 문제들을 해결하기 위하여 애쓰는 기술자 집단, 학교에 형성된 학생 서클, 새로운 기술을 개발하는 외과의사 네트워크, 새로운 업무를 잘 수행할 수 있도록 서로 돕는 초임 매니저 모임 등이 있다. 한마디로 실천공동체는 그들이 하는 일에 대한 관심이나 열정을 공유하고 정기적으로 상호작용하면서 그 것을 더 잘 할 수 있도록 배우는 사람들의 집합체이다.

보다 구체적으로 실천공동체는 다음과 같은 특성을 가지고 있다 (Wenger, 1998).

■ **공동사**(共同事, Joint Enterprise)

실천공동체는 친구모임이나 인적 네트워크와 다르다. 실천공동체는 공동의 관심사에 의해 규정된 정체성을 가지고 있다. 따라서 실천공동체의 일원이라는 것은 공동사에 대한 헌신을 의미하며 나아가서, 다른 사람들과 구별되는 실천공동체 구성원들이 공유하는 역량을 가지고 있음을 의미한다.

이 역량은 그러나, 공동체 밖의 사람들에게는 중요한 역량으로 여겨지지 않을 수도 있다. 예를 들어, 정글에서 살아가는 데 필요한 역량은 그곳에 사는 부족들에게는 매우 중요하고 반드시 습득해야 할 역량이지만, 도시인들에게는 그렇지 않다. 공동체 밖의 사람들에게는 인정을 받지 못할지라도, 실천공동체 구성원들은 그들이 공유하는 역량을 가치 있게 여기고 서로 가르치고 배우며 집단역량을 쌓아간다.

■ **상호참여**(Mutual Engagement)

실천공동체 구성원들은 공동의 관심사를 추구하면서 공동사에 참여하고 서로 돕고 정보를 공유하며 서로에게서 배우는 관계를 형성한다. 같은 일을 한다고 해서 또는 같은 직장에 근무한다고 해서 실천공동체가 되는 것은 아니다. 서로 상호작용하고 서로에게서 배우는 결합체를 실천공동체라 할 수 있다.

■ 공유자산(Shared Repertoire)

실천공동체 구성원들은 서로 상호작용하며 공유자산, 예컨대 어휘, 상징, 이야기, 도구, 행동양식, 일과 등을 개발한다. 공유자산은 실천공동체의 역사를 반영한다. 실천공동체는 공유자산을 통해 지식을 축적하고 전수한다.

이러한 세 가지 특성, 즉 공동사, 상호참여, 공유자산의 조합이 실천공동체를 형성한다. 그렇다면 실천공동체가 형성되었는지를 어떻게 알 수 있는가? 웽어(Wenger, 1998)는 실천공동체가 형성되었는지를 판단할 수 있는 지표로 다음과 같은 특징을 제시하였다.

- 구성원들이 지속적으로 상호 참여한다.
- 일하는 방식을 공유한다.
- 정보가 빠르게 흐르고 새로운 정보가 빠르게 전파된다.
- 개방적인 의사소통과 상호작용이 이루어진다.
- 문제에 대해 신속히 파악한다.
- 누가 공동체에 소속되어 있는지 구성원들끼리 서로 잘 안다.
- 구성원들이 서로의 지식, 능력, 기여도 등에 대하여 잘 안다.
- 정체성을 공유한다.
- 구성원들의 행위와 그 결과의 적절성에 대해 평가할 수 있다.
- 표현양식과 도구 등을 공유한다.

- 구성원들끼리 통하는 이야기나 농담을 즐긴다.
- 구성원들끼리 은어나 줄임말을 쓴다.

이와 같이 실천공동체는 다른 공동체들, 예컨대 혈연이나 지연공동체 등과 다른 특성을 가지고 있다. 실천공동체는 공동의 일에 서로 다 같이 참여하는, 즉 실천을 공유하는 공동체이다. 그러므로 실천은 실천공동체 결속력의 근원이라 할 수 있다. 실천공동체는 또한 공동의 일을 더 잘 하기 위하여 서로에게서 배우며 공동학습하는 공동체, 즉 학습공동체이다. 그렇다면 실천공동체에서 학습은 어떻게 이루어지는가?

4.4.2. 사회적 참여로서 학습

웽어(Wenger, 1998)는 학습을 사회적 참여의 과정으로 설명하였다. 학습은 실천공동체에의 참여가 점차 확대되어가는 과정이다. 실천공동체에의 참여는 정당한 주변적 참여(Legitimate Peripheral Participation, LPP)로 시작된다. 참여의 정당성은 소속 방식에 관한 것으로, 공동체 구성원으로 인정을 받아야 함을 의미한다. 참여의 주변성은 참여 방식에 관한 것으로, 실천공동체에서 이루어지는 모든 활동에 다 참여하지 않고 일부 참여함을 의미한다. 주변이라 해서 중심에 있지 않은 그래서 중요하지 않은 하찮은 일에 참여한다는 뜻이 아니라, 공동체 활동에 부분적으로 참여함을 뜻한다. 따라서 주변성은 강도가 높지 않고 위험성이 덜한 활동에 참여함, 특별한 관심과 도움을 받을 수 있음, 실수나 실패가 허용됨 등을 의미한다.

신입은 정당한 주변적 참여자로 실천공동체에 참여한다. 먼저 공동체에 어떻게 참여해야 하는지, 누가 누구이고, 누가 무엇을 알고, 누가 무엇을 잘 하는지, 또 누가 같이 지내기 편하고 어려운지 등을 파악하고 공동체 구성원들과 관계를 형성한다. 그리고 공동체에서 어떤 활동이 이루어지고 있는지 공동체가 공유하는 실천에 대하여 파악하고 공동체에서 이루어지는 활동에 조금씩 참여하기 시작한다. 공동체의 실천에 참여하면서 공동체의 공유자산에 접하게 되고 이를 습득, 실천에 활용한다. 실천역량이 향상됨에 따라 공동체의 실천에 더 많이 참여하게 되고 이를 통해 더 많은 공유자산을 습득하게 된다. 이렇게 공동체 구성원으로서 역량을 발전시키며 정당한 주변적 참여자는 전면참여자(Full Participants)로 성장한다.

이와 같이 학습은 실천공동체에의 참여가 확대되어가는 과정, 공동체 일원으로서의 역량과 정체성을 형성하는 과정이다. 실천공동체는 공동체의 실천에 참여하는 실천의 장이자, 공동체가 축적해온 지식을 습득하고 공동체 구성원으로서 역량을 기르는 학습의 장이다. 동시에 실천공동체는 지식 창출의 장이기도 하다. 실천공동체는 끊임없이 새로운 아이디어를 탐구하고 이를 지식으로 변형, 그리하여 공동체의 공유 지식을 창출, 발전시킨다.

이 같은 지식 창출은 의미의 교섭(Negotiation of Meaning)을 통해 이루어진다. 의미 교섭은 참여(Participation)와 물화(Reification)의 상호작용으로 이루어진다.

참여는 공동체의 일원으로 사회적 실천에 참여함을 의미한다. 참여는 상호 인지를 전제로 한다. 즉, 나의 참여를 다른 사람이 인지해야 하고 다른 사람들의 참여를 내가 인지해야 한다. 참여자들이 서로의 참여를 인지한다는 것은 의미를 교섭할 수 있는 자격과 능력을 가지고 있음을 의미한다. 참여는 모든 유형의 관계를 포함한다. 협력적일 수도 있고 갈등적일 수도 있으며 친밀할 수도 있고 경쟁적일 수도 있다. 참여는 타인과의 직접적인 상호작용에 제한되지 않는다. 책을 읽는 것, 글을 쓰는 것, 모종의 의사결정을 하는 것 등은 타인과의 직접적인 상호작용을 포함하지 않으나, 타인의 실재를 암묵적으로 전제한다. 참여의 개념은 우리 경험의 사회적 성격을 의미한다.

물화는 경험에 형태를 부여하는 과정을 의미한다. 물화를 통해 우리는 우리 경험의 의미를 해석한다. 그러나 동시에 물화는 우리 경험을, 끊임없이 흐르는 유동적인 경험을 고정된 실체로 박제화함으로써 경험의 생생함, 풍부함 등을 놓치기 쉽다.

웽어(Wenger, 1998)는 참여와 물화의 상호작용을 강조하였는데, 어느 한쪽으로 치우칠 경우 의미 교섭은 어렵게 된다. 예컨대, 참여에 치우칠 경우 우리의 경험은 의미도 모른 채 그저 흘러가 버릴 것이고, 물화에 치우칠 경우 경험을 쌓을 수 있는 기회는 줄어들 것이다. 공동체 구성원들은 공동체의 실천에 참여하며 그 경험을 물화하고 이를 통해 의미를 형성하고 교섭하고 공유한다. 그리하여 공동체의 공유 지식을 끊임없이 재구성, 발전시킨다.

일례를 들면 다음과 같다. 공동체 구성원들 중에 공동체에서 중시되는 역량체제에 속하지 않는 경험을 가진 구성원들이 있다. 이들은 자신들의 경험이 공동체에서 인정받기를 원한다. 그러자면 그들 경험의 의미를 공동체 구성원들과 교섭해야 한다. 이를 위해서, 공동체 구성원들로 하여금 그들의 경험을 체험해보도록 하거나 또는 그들 경험을 물화하여 공동체 구성원들과 그 의미에 대해 논의하고 그 중요성에 대해 설득할 수 있다. 또는 공동체의 실천에 대해 새로운 해석을 제시함으로써 그들 경험이 갖는 의미와 중요성을 새로운 관점에서 강조할 수 있다. 그리하여 그들의 경험이 공동체 구성원들의 인정을 받게 되면, 그 경험 기저의 지식, 그리고 그 경험을 통해 쌓은 역량은 공동체의 지식과 역량으로 인정받게 된다. 공동체 구성원들은 새로운 지식과 새로운 역량을 공유하게 된다. 이 같은 의미의 교섭을 통해 실천공동체는 공유 지식을 향상시키고 공동체의 집단 역량을 발전시킨다.

그러나 공동체가 새로운 경험, 지식, 역량 등에 개방적이지 않을 경우, 의미 교섭에 적극적이지 않을 경우, 공동체의 일부 구성원들은 소외를 당하게 된다. 이들의 경험은 공동체의 기존 역량체제에서 인정받지 못하고 거부되거나 억압받고 심지어는 두려움의 대상이 되기도 한다. 이들은 전면참여자로 성장하지 못하고 주변에 머물거나 또는 공동체를 떠나게 된다. 결국 공동체는 침체의 늪에 빠지고 소멸의 길을 가게 된다.

공동체가 존속 발전하기 위해서는 주변인의 지혜를 받아들여야 한다. 전면참여자들이 해보지 못한 경험, 가본 적이 없는 길, 선택하지 않은 것들에 열려있어야 한다. 그리하여 끊임없이 의미의 교섭이 이루어지고 이를 통해 새로운 지식의 창출과 역량체제의 혁신이 지속적으로 이루어져야 한다. 기존의 역량체제를 고수한 채 지식 전수에만 전력한다면 공동체는 침체될 수밖에 없다. 실천공동체는 공동체가 축적해온 지식을 전수하고 공동체 구성원으로서 역량을 습득하는 중심지이자, 끊임없이 의미의 교섭이 이루어지고 새로운 지식이 창출되고 역량체제의 혁신이 이루어지는 중심지가 되어야 한다.

4.4.3. 학습을 위한 교육설계

학습이 사회적 참여의 과정이라면, 어떻게 학습을 지원할 수 있을까? 웽어(Wenger, 1998)는 학습을 계획 또는 설계(Design)할 수 없다고 주장한다. 계획을 했건 안 했건 학습은 일어나기 마련이다. 우리가 할 수 있는 것은 학습을 장려하는 사회적 인프라(Infrastructure)를 설계하는 것이다. 다시 말해, 학습을 설계할 수는 없지만, 학습을 위한 설계는 가능하다. 이때 다음과 같은 이원적 특성들을 고려해야 한다 (Wenger, 1998).

4.4.3.1. 참여와 물화

참여는 공동체의 일원으로 사회적 실천에 참여함을 의미한다. 학습의 핵심이나, 참여에 치우칠 경우 우리의 경험은 의미도 모른 채 그저 흘러가 버릴 것이다. 참여를 통해 경험에 형태를 부여하는 물화가 필요하다. 그러나 물화에 치우칠 경우 경험을 쌓을 수 있는 기회는 줄어들게 된다. 따라서 교육설계 시 참여와 물화의 균형이 요구된다.

그러나 교육설계는 전통적으로 실천의 경험을 통해 형성, 축적된 지식을 교육내용의 형태로 물화하는 데 중점을 두어왔다. 이러한 교육적 물화는 실천과 학습자를 중개하는 역할을 하는데, 이는 학습에 도움이 되는 동시에 장애가 되기도 한다. 물화는 전면참여자로 성장하기 위해 필요한 것을 명확히 보여줌으로써 학습에 일조한다. 그러나 동시에 지식을 실천으로부터 분리함으로써 실천에의 참여 기회를 제한할 수 있다. 학습은 점차 물화된 지식에 의존하게 되고 결과적으로 피상적 이해에 그치게 된다.

그렇다고 물화가 해가 됨을 주장하는 것은 아니다. 교육설계에 있어 물화가 더 이상 주가 되어서는 안 된다는 것을 강조하는 것이다. 물화와 참여의 균형을 잡는 것, 그것이 교육설계의 핵심이 되어야 한다. 실천의 경험을 통해 형성한 지식을 교육내용의 형태로 물화하는 데, 예컨대 교과과정, 교과서, 교수학습자료 등을 개발하는 데 노력을 기울임은 물론, 학습자가 실천에의 참여를 경험할 수 있도록 적절한 참여방식과 형태를 설계하는 데 많은 노력을 기울여야 한다. 그리하여 실천 그 자체가 교육과정이 되어야 한다.

교육설계 시 고려해야 할 참여와 물화에 관한 문제들을 몇 가지 제시하면 다음과 같다(Wenger, 1998).

- 교육목적을 위하여 교육내용은 어느 정도 물화되어야 하는가?
- 교육내용을 학습자에게 의미 있게 하기 위해서는 어떤 형태의 참여가 필요한가?
- 학습 그 자체는 어느 정도 물화되어야 하는가?
- 어느 시점에서 물화가 도움이 되기보다 해가 되는가?
- 교육내용이 필요 이상으로 물화되지 않게 하기 위하여 어떤 형태의 참여가 필요한가?

4.4.3.2. 기획성과 생성성

전통적으로 교육설계는 기획성을 극대화하는 데 중점을 두어왔다. 교수행위를 처음부터 끝까지 철저히 완벽하게 설계하여 의도하지 않은 학습결과가 발생하지 않도록 하기 위하여 많은 노력을 쏟았다. 이 같은 설계방식 기저에는 가르침과 배움이 인과적으로 연결되어 있다는 가정이 깔려있다. 즉, 가르침이 배움을 일으킨다는 가정이다.

그러나 실제로는 그렇지 않다. 의도적인 교수행위 없이 학습이 일어나는 경우가 많고, 반대로 학습이 일어나지 않는 상태에서 교수행위가 지속되는 경우도 허다하다. 교수행위는 학습자에게 학습의 기회를 제공한다. 그러나 그 결과를 통제할 수는 없다. 따라서 교수와 학습은 인과관계가 아니라 상호작용적 관계로 이해해야 한다. 교육설계는 학습의 생성적 특성을 없애려 하기보다 이를 포용하고 기회로 삼아야 한다. 학습자가 배우고 성장하는 데 필요한 최소한의 교육적 설계가 무엇인지에 초점을 두어야 한다. 교육설계는 미니멀리스트(Minimalist) 설계이어야 한다.

교육설계 시 고려해야 할 기획성(The Designed)과 생성성(The Emergent)에 관한 문제들을 몇 가지 제시하면 다음과 같다(Wenger, 1998).

- 학습의 생성적 특성을 어떻게 존중할 것인가?
- 교수를 최소화하고 학습을 극대화할 수 있는 방법은 무엇인가?
- 교수와 학습 간의 상호작용을 원활히 할 수 있는 방법은 무엇인가?

4.4.3.3. 로컬성과 글로벌성

흔히 학교에서 배운 지식이 사회에 나가서 쓸모없다 말한다. 교사들 또한 대학에서 배운 지식이 학교에서 학생들을 가르치는 데 별 도움이 안 된다고 말한다. 학교에서 배운 지식은 학교에서만 유용한 것 같다. 시험을 보고 성적을 받고 졸업장을 따는 데 유용할 뿐 학교 밖을 나가면 무용지물이 되곤 한다. 요컨대, 학교에는 학교에서만 통하는 지식, 학교에서만 인정받는 역량, 학교 나름의 실천이 있고, 이것은 교육설계를 통해 끊임없이 재생산되고 있다. 결국 학교에서의 학습은 학교 특유의 실천에 참여하고 그리하여 학교에서 가치 있게 여겨지는 지식과 역량을 배우는 것이다.

그렇다면 학교에서 학교 밖 실천세계에서 필요로 하는 지식과 역량을 가르쳐야 하는가? 이것은 자칫 교육이 아닌 훈련, 특히 직업훈련이 될 수 있다. 학교에는 학교 나름의 실천이, 기업에는 기업 나름의 실천이 있기 마련이다. 한 집단의 실천은 로컬성을 띤다. 그러나 로컬 실천이라 해서 다른 실천세계와 연관성이 없는 것은 아니다. 다시 말해, 로컬 실천 또한 글로벌성을 가지고 있다. 결국 교육설계의 문제는 로컬성(The Local)과 글로벌성(The Global) 간의 균형을 잡는 데 있다.

전통적인 교육설계는 로컬성과 글로벌성의 문제를 지식의 추상화를 통해 해결하고자 하였다. 어디에나 적용할 수 있는 지식을 가르침으로써 학교에서 배운 지식을 학교 밖 여러 다양한 세계에서 이용할 수 있도록 하고자 하였다. 이를 위해 교육설계는 실천의 경험을 통해 형성, 축적된 지식을 탈맥락적, 추상적 지식의 형태로 물화하는 데 중점을 두었다. 한마디로 추상화를 통해 일반성을 추구한 것이다.

그러나 여기에는 문제가 있다. 추상성과 일반성을 혼동한 것이다. 추상적인 것이 반드시 일반적인 것은 아니다. 나아가서, 보다 근본적인 문제는 일반성에 대한 접근방식에 있다. 전통적인 교육설계는 일반성의 문제를 어디에나 적용할 수 있는 지식의 문제로 풀고자 하였다. 허나 일반성의 문제는 지식의 문제를 넘어 보다 근본적으로 정체성에 관한 문제이다. 정체성이야말로 서로 다른 세계를 연결해 주는, 여러 다양한 세계를 유연하게 넘나들 수 있게 하는 핵이다.

학교가 학교 밖 세계와 연관성을 갖는 것은 학교에서 가르치는 지식 때문만은 아니다. 사실 이러한 지식은 다른 곳에서 더 잘 배울 수 있을지도 모른다. 그보다 학교에서 학습자는 학교의 실천에 참여함으로써 자신의 정체성을 형성해 나아간다. 이것이 학교 학습이 갖는 사회적 의미이다. 학교 학습은 학습자들이 교육과정에서 제시하는 추상적인 지식을 습득했는가가 아니라 교육과정을 통해 자신의 정체성을 형성하고, 나아가 끊임없이 자신을 혁신해 나아가는가에 초점을 두어야 한다.

교육설계 시 고려해야 할 로컬성과 글로벌성에 관한 문제들을 몇 가지 제시하면 다음과 같다(Wenger, 1998).

- 교육이 고립적 성격의 실천이 되지 않도록 하기 위하여 어떻게 다른 실천세계와의 연관을 이끌어낼 수 있을까?
- 학습자들이 어떻게 자아 변혁적 경험을 할 수 있을까? 어떻게 학습자들이 여러 실천세계에 참여하며 자신에 대한 이해를 변화시키고 자신이 배우고 싶은 것을 배울 수 있는 능력을 키워나갈 수 있도록 할 수 있을까?

4.4.3.4. 동일시와 교섭력

배움은 우리를 변화시킨다. 나는 누구인지, 나는 무엇을 할 수 있는

지, 즉 우리의 정체성을 끊임없이 변화시킨다. 그러므로 배움은 정체성 형성의 과정이라 할 수 있다. 정체성 형성은 동일시와 교섭력이 서로 상호작용하며 이루어진다. 동일시(Identification)는 한 개인이 공동체 구성원들과의 같음과 다름을 확인함을 통하여 공동체 일원으로서 정체성을 형성하는 과정을 의미한다. 교섭력(Negotiability)은 공동체의 일원으로 의미를 교섭할 수 있는 능력을 의미한다. 동일시를 통해 공동체의 공유 의미를 받아들인다면, 교섭력은 공동체의 공유 의미 창출에 참여, 공유 의미를 재구성할 수 있는 능력을 강조한다.

전통적인 학교교육은 학교 밖 실천세계와 유리된 채 이루어져왔기에 학생들이 동일시의 경험을 하기란 어려웠다. 학생들은 학교에서 배우는 것이 어떻게 자신의 정체성과 연관되는지 개인적인 의미를 찾지 못하였다. 학생들은 학교 특유의 실천에 참여하며 학교에서 가치 있게 여겨지는 지식과 역량을 습득해야 했다. 예를 들어, 교사의 명령에 복종하고 지시에 따르는 것, 교사의 질문에 누구보다 먼저 손을 들어 답하는 것, 높은 점수를 받는 것 등이었다. 따라서 교섭은 상상조차 할 수 없는 것이었다. 학교에서 가르치는 것은 교섭의 대상이 아니었다. 학생들은 무조건 수용, 습득해야 했다. 모든 학생들에게 동시에 동일한 내용이 가르쳐졌고 시험을 통해 습득 여부를 확인하였다. 이 같은 상황에서 일부 학생들이 반항적 행동을 하거나 학교의 실천에 참여를 거부함으로써 자신의 정체성을 추구하는 것은 놀랄 만한 일이 아니다.

학교가 정체성의 문제를 다루지 않고 제도화된 교육과정을 전달하는 데 급급하다면, 학교는 교육자들의 권력과 이익을 보호하는 기관으로 전락하고 학생들은 철저히 소외된다. 학생들에게 학교는 그들에게 개인적으로나 사회적으로 의미 있는 정체성 형성을 추구할 것인지 아니면 학교가 요구하는 활동을 따를 것인지의 선택을 강요하는 곳이 된다. 학교에서 학습에 무관심한 태도를 보이는 학생들을 보면 그들이 학습을 원치 않는다거나 학습능력이 부족하다고 생각하는데, 그렇지 않다. 학교 학습에 대한 그들의 무관심은 오히려 배움을 통해 어떻게 자신의 정체성을 키워나갈 수 있는지 학습에 대한 진정한 갈망을 나타내는 것으로 해석해야 할 것이다.

이제 교육설계는 정체성의 문제에 대해 진지하게 고민해야 한다. 학생들로 하여금 동일시와 교섭을 통해 정체성을 형성할 수 있도록 지원하는 데 중점이 주어져야 한다.

교육설계 시 고려해야 할 동일시와 교섭력에 관한 문제들을 몇 가지 제시하면 다음과 같다(Wenger, 1998).

- 교육설계 시 무엇을 정체성의 원천으로 할 것인가?
- 학교에서 가치 있게 여겨지는 지식은 무엇이며 이것은 학교 밖 실천세계와 어떠한 연관성을 갖는가?
- 누가 교육에 있어 성공과 실패를 정의하며 이러한 정의는 교육 참여자들 간에 어떻게 교섭되는가?

4.4.4. 실천공동체의 교육적 시사점

실천공동체는 공장 같은 학교에서 이루어지는 제도화된 학습을 비판하고 학습을 사회적 참여의 과정으로 재개념화하였다. 즉, 우리는 사회적 실천에의 참여를 통해 배우고 성장한다는 것이다. 그러므로 학습의 기본단위는 개인도 학교도 아니라 실천을 공유하는 사람들의 결속체, 즉 실천공동체이다. 실천공동체는 공동체가 축적해온 지식을 전수하고 공동체 구성원으로서 역량을 습득하는 중심지이자, 구성원들 간 끊임없이 의미의 교섭이 이루어지고 그리하여 새로운 지식이 창출되고 새로운 역량이 육성되는 중심지이다.

실천공동체는 학교교육 기저에 깔린 가정, 즉 가르침이 배움을 일으킨다는 가정에 문제를 제기하였다. 배움이 가르침이 있어야 일어나는 것은 아니다. 가르치지 않아도 배우고, 가르쳐도 배우지 않는 경우가 허다하다. 그럼에도 불구하고 학교에서는 배움을 가르침에 제한한다. 다시 말해, 학습은 교사가 가르치는 것을 배우는 것을 의미한다. 게다가 학교에서는 학습을 마치 복사기처럼 교사가 가르친 것을 그대로 복제하는 것으로 규정한다. 학생들은 교사가 가르친 것을 그대로 암기하는 데 치중하게 되고 학교에서의 학습은 왜곡될 수밖에 없다. 실천공동체는 학습의 생성성을 강조하였다. 가르친다는 것은 학습의 기회를 제공하는 것일 뿐, 학습을 원하는 대로 통제할 수 없다. 그렇다면 학교교육은 가르침보다는 배움에 중점을 두어야 한다. 무엇을 어떻게 가르칠 것인가보다 학생들이 무엇을 어떻게 배우는지 학생들의 학습에 더 많은 관심을 기울여야 한다.

나아가서 실천공동체는 물화(Reification)를 통한 학습에 치중한 학교교육을 비판하고 참여를 통한 학습을 강조하였다. 학교교육은 물화, 즉 실천의 경험을 통해 형성, 축적된 지식을 교과지식의 형태로 물화하여 학생들에게 주입하는 데 치중해왔다. 효율성이 최고의 가치로 숭배되는 학교에서 대량의 지식을 단기간에 최소 비용으로 전수하기 위함이었다. 그리하여 교수와 학습의 효율성을 확보하였을

지는 모르겠으나, 실천의 경험을 박탈당한 학생들은 물화된 지식이 자신의 삶에 어떤 의미가 있는지 이해하기 어려웠다. 그러다 보니 외적 보상, 예컨대 높은 성적, 진학, 취업, 고소득 등과 내적 의미를 맞바꾸게 되고 결국 그들의 학습은 피상적 수준에 머물 수밖에 없다. 따라서 학교교육은 물화된 지식에 대한 의존도를 줄여야 한다. 지금까지 불필요하다고 간과되었던 실천의 경험에 주목해야 한다. 실천 그 자체가 교육과정이 되어야 한다. 학생들이 직접 실천에 참여함으로써 그리고 그 참여경험을 물화함으로써 지식을 생성할 수 있도록 지원해야 한다.

실천공동체는 학교에서 가르치는 물화된 지식의 성격에 대해서도 문제를 제기하였다. 학교교육은 실천의 경험을 통해 형성, 축적된 지식을 탈맥락적, 추상적 지식의 형태로 물화함으로써 학교에서 가르치는 지식을 학교 밖 어디에서나 적용할 수 있도록 하였다. 일반성의 문제를 어디에나 적용할 수 있는 지식의 문제로 풀고자 한 것이다. 그러나 실천공동체는 일반성의 문제는 지식의 문제를 넘어 보다 근본적으로 정체성의 문제라고 본다. 정체성은 서로 다른 세계를 연결해주고 여러 다양한 세계를 유연하게 넘나들 수 있도록 한다. 학교가 학교 밖 세계와 연결될 수 있는 것은 학교에서 가르치는 탈맥락적, 추상적 지식 때문이 아니라 학생들이 학습을 통해 형성해 나아가는 정체성, 다양성을 포용하는 유연한 정체성 때문이다.

그러나 종래 학교는 정체성의 문제는 덮어두고 탈맥락적, 추상적 지식으로 가득 찬 제도화된 교육과정을 가르치는 데 급급하였다. 학생들은 학교에서 배우는 것이 자신과 무슨 상관이 있는지 그 의미를 찾지 못하였고 학교에서 정체성의 혼란을 겪었다. 학생들이 자신의 정체성을 찾고자 하는 노력은 종종 학교의 제도화된 학습에 대한 반항이나 거부로 나타났고 이 같은 행동은 학교 부적응이나 학습 부진 등으로 낙인찍혔다. 정학이나 퇴학 같은 징계가 가해지기도 하였다.

이제 학교는 학생들의 정체성 형성에 관심을 기울여야 한다. 학교에서의 학습은 정체성 탐구와 개발에 중점을 두어야 한다. 나는 어떤 사람인지, 또 어떤 사람이 되고 싶은지, 나는 무엇을 할 수 있는지, 또 무엇을 하고 싶은지 등 학생들이 자유롭게 자신의 정체성을 탐구하고 끊임없이 개발해 나아갈 수 있도록 지원해야 한다.

5. 교사학습공동체를 둘러싼 쟁점

교사학습공동체의 개념은 전문가학습공동체, 탐구공동체, 배움의 공동체, 실천공동체 등 다양한 형태로 구현되었다. 그 과정에서 여러 문제들이 이슈로 떠올랐다. 이 장에서는 교사학습공동체를 둘러싼 주요 쟁점들에 대하여 논의하고자 한다.

5.1. 공동체의 문제

교사학습공동체에 대한 관심이 급증하자 어떻게 하면 교사학습공동체를 구축할 수 있는지에 관한 지침들이 쏟아져 나왔다. 아울러 교사학습공동체를 구축하는 일이 얼마나 어려운지를 보여주는 실제 사례연구들도 속속 나왔다. 지침대로 하면 되는 쉽고 간단한 일이 아니었던 것이다. 예컨대, 그로스맨 · 와인버그 · 울워스(Grossman, Wineburg, & Woolworth)의 논문(2001)에는 2년 6개월에 걸친 교사공동체 구축을 위한 험난한 과정이 상세히 기록되어있다. 특히 교과를 중심으로 운영되는 고등학교에서 교사들이 교과 간의 구분, 차이, 갈등을 넘어서서 공동체를 세운다는 것이 얼마나 어려운 일인지 잘 보여주고 있다. 미크라크린과 탈버트(McLaughlin & Talbert)의 저서 (2001)에도 전문가공동체를 형성하는 과정에서 고등학교의 구조적, 문화적 특성으로 인해 겪는 어려움이 잘 나타나있다. 이들 연구자들은 교사학습공동체를 세운다는 것은 전통적인 학교의 구조와 문화를 근본적으로 혁신하는 일임을 강조하였다.

어려움은 예견된 것이고 헤쳐 나가면 될 일이다. 보다 심각한 문제는 교사학습공동체가 강제된다는 것이다. '우리는 공동체'라는 미명 아래 집단사고가 강제되고 개인의 자율성이 억압당하는 경우가 종종 있다. 교사학습공동체도 예외는 아니다. 학교 혁신의 기치 아래 전문가학습공동체, 배움의 공동체 등이 강제되는 경우가 적지 않았다. 공동체는 당위로 부과되었고 이에 비협조적인 태도는 이기적인 행위로 여겨졌다. 집단사고(Janis, 1972, 1982)가 학교를 지배하였고, 의견차이, 불일치, 대립 등은 공동체에 해로운 것으로 여겨졌고 억제되었다. 지배의견과 다른 의견을 주장하는 것은 불화를 일으키는 행위로 여겨졌고 침묵을 강요당했다.

학교장이 학교 혁신의 기치 아래 전문가학습공동체, 배움의 공동체 등을 수립, 자신의 뜻을 정당화하고 실현하는 도구로 이용하는 경우도 적지 않았다. 일례로 스크리브너 · 해이거 · 원(Scribner, Hager, & Warne, 2002)의 연구는 전문가공동체가 교사들을 통제하는 수단으로 이용되는 사례를 보여준다. 이 연구에 따르면, 교장의 주도 아래 전문가공동체가 수립되면서 교장의 편에 선 교사들이 전문가공동체 내에서 권력을 장악하였고 전문가공동체는 교장의 의도를 정당화하고 실현하는 도구로 전락하였다. 교장의 의견과 다른 의견들은 전문가공동체의 합의를 이끌어내는 과정에서 비난과 반대에 부딪혔고 거부되었다. 교장의 의견은 곧 전문가공동체의 의견이었고, 이에 반대하거나 이를 따르지 않는 것은 공동체를 위협하는 비협력적이고 이기적인 행위로 비난 받았다. 교장은 교사들이 협력해야 전문가공동체가 발전할 수 있고 전문가공동체가 삐걱대지 않고 잘 움직여야 학교가 발전할 수 있으며 이것이 곧 학생들을 위하는 것이라는 명분으로 교사들에게 공동체를 강제하였고, 실질적으로는 교사들을 통제하는 수단으로 공동체를 이용하였다. 교사학습공동체의 이상과는 정반대로, 교사들이 자신의 학습에 대한 주도권은 물론 교육에 대한 자율권을 박탈당하는 결과를 낳은 것이다.

개인의 자율성이 보장되지 않는 공동체는 집단주의나 전체주의에 빠지기 쉽다. 교사학습공동체가 집단전문성을 추구한다면 교사 개인의 자율성을 보장해야 한다. 집단전문성은 자율성과 다양성에 기초한다. 교사 개개인의 자율성이 존중받고 교사 개개인의 다양성이 조화롭게 발휘될 때, 집단전문성은 그 힘을 발휘한다. 모두가 다 한 목소리를 내는 것이 아니라, 각자 자신의 목소리를 서로 조화롭게 낼 때, 교사학습공동체는 집단전문성을 발휘할 수 있다.

나아가서 교사학습공동체는 개개인들의 협력체를 넘어선다. 각자의 필요에 의해 또는 각자가 추구하는 목적을 위해 서로 협력하는 수준을 넘어서, 공동의 가치와 목적을 추구한다. 개인의 자율성과 다양성을 토대로 공동의 가치와 목적을 추구하는 것이다. 그리하여 협력체를 넘어 공동체로 성장하는 것이다.

그렇다면 과연 우리가 공유하는 공동의 가치와 목적은 무엇인가? 교사들이 교육의 가치와 목적에 대하여 서로의 생각을 나누고 공유한 적이 있는가? 교사들이 학생, 학부모 등 학교 구성원들과 학교가 추구해야 할 가치와 목적에 대하여 진지하게 이야기를 나누어본 적이 있는가? 학교 건물 어딘가에 걸려있는 학교의 교육목표, 예컨대 민주시민 육성, 창의인성교육, 글로벌 역량 강화 등과 같은 목표에 대하여, 그것이 무엇을 의미하는 것인지 학교 구성원들이 진지하게 이야기를 나누어본 적이 있는가? 학교에서 무엇을 가르치고 배워야 하는지 그리고 왜 그것을 가르치고 배워야 하는지 학교 구성원들이 진지하게 이야기를 나누어본 적이 있는가? 대부분 없을 것이다. 교사와 학생, 교장, 학부모 등 학교 구성원들이 동의를 하든 안 하든 학교는 국가의 통제하에 운영, 관리되어왔다. 학교 구성원들은 각자 자신이 가지고 있는 가치와 목적을 추구하면서 공존해왔다. 즉, 학교는 다양한 가치와 목적이 갈등하며 공존하는 곳이었다. 그런데 학교가 공동체가 될 수 있겠는가?

스트라이크(Strike, 1999)는 그의 논문 「학교가 공동체가 될 수 있는가? 공유가치와 포괄성 간의 갈등(Can Schools Be Communities? The Tension Between Shared Values and Inclusion)」에서 다음과 같이 주장하였다. 공동체의 본질 속성은 가치의 공유로, 공유가치(Shared Values)는 사람들을 공동체로 결속시킨다. 그러므로 학교가 공동체가 되기 위해서는 구성원들만이 공유하는 가치가 있어야 한다. 그러나 학교는 공비(公費)로 운영되는 의무교육기관으로 사람들이 가지고 있는 다양한 가치들을 존중하고 모두 끌어안아야 한다. 모든 가치를 포괄해야 하는 학교가 그 구성원들만이 공유하는 가치를 가질 수 있는가? 구성원들만이 공유하는 가치를 갖게 되면 어떤 가치는 포함되고 어떤 가치는 배제될 수밖에 없다. 역으로, 모든 가치를 다 끌어안게 되면 그 집단은 더 이상 공동체라 부를 수 없다. 결국 공유가치와 포괄성은 공존할 수 없다. 따라서 학교가 공동체가 된다는 것은 현실적으로 어렵다고 스트라이크(Strike, 1999)는 주장한다. 만약 학교를 공동체로 만들고 싶다면 학교교육을 사유화해야 한다고 그는 주장한다. 가치를 공유하는 사람들이 학교를 세우는 것이다. 그러나 공립학교 제도하에서 학교를 공동체로 혁신하고자 하는 개혁노력은 모순에 빠질 수밖에 없다.

그렇다면 교사학습공동체라는 것도 현실적으로 어려운 것인가? 교사학습공동체 구성원들만이 공유하는 가치를 가지면서 동시에 학교 교사로서 학생들과 학부모들이 가지고 있는 다양한 가치들을 다 끌어안는다는 것이 불가능한 것인가? 만약 교사학습공동체의 공유가치 중 여러 다양한 가치들을 포괄하는 것이 있다면 가능하지 않겠는가? 교사학습공동체가 지향하는 학생들의 학습 증진이라는 궁극적 목적, 학생들의 학습을 최우선으로 삼겠다는 공동체의 의지, 학생들의 학습을 위하여 공동체 차원에서 쏟는 협력적 노력 등 학습지향성은 여러 다양한 가치들을 다 아우를 수 있을 만큼 포괄적이지 않은가? 교사학습공동체의 학습지향성이야말로 공유가치와 포괄성 간의 갈등을 해결할 수 있지 않을까? 그럼 이제 학습의 문제에 대해 논의해보자.

5.2. 학습의 문제

교사학습공동체는 공장 같은 학교에서 탈피하여 학습을 학교의 중심에 다시 세우고자 한다. 이를 위해 학생들의 학습을 최우선으로 삼고 학생들의 학습 증진을 위하여 공동의 노력을 기울인다. 이것은 전문가학습공동체, 탐구공동체, 배움의 공동체, 실천공동체 등 교사학습공동체의 여러 유형들에서 공통적으로 나타나는 특징이다. 학습지향성은 교사학습공동체를 다른 교사모임들과 구별하는 핵심적 속성이다.

그러나 사실 학생들의 학습을 위하지 않는 교사가 어디 있겠는가. 어찌 보면 너무나도 당연한데 그럼에도 불구하고 학습을 전면에 내세운 교사학습공동체가 특별히 주목을 받는 이유는 무엇인가? 교사학습공동체가 주장하는 학습에 무엇인가 특별한 것이 있는가?

교사학습공동체는 공장 같은 학교에서 최소 비용으로 많은 학생들을 효율적으로 가르치기 위해 이루어진 주입식 경쟁교육에 반대한다. 획일적인 교육과정, 교사의 일방적인 지식 전달로 진행되는 수업, 전달된 지식을 흡수, 축적하는 학습에 반대한다. 그렇다면 그 대안은 무엇인가?

전문가학습공동체는 학생 개개인에게 맞는 맞춤형 교육을 지향하였다. 이를 위해 교사들이 팀을 이루어, 마치 환자를 효과적으로 치료하기 위하여 여러 관련 분야의 전공의들이 협진을 하듯, 학생 개개인의 학습을 진단하고 적절한 교육적 처방을 마련, 제공함으로써 학생들의 학습 증진을 도모하였다. 그렇다면 전문가학습공동체의 협업이 효과적이었는지, 다시 말해, 학생들의 학습 증진의 결과를 가져왔는지 어떻게 알 수 있는가? 전문가학습공동체는 학업성취도를 학습 증진을 판단하는 중요한 기준으로 삼았다. 그러다보니 학습의 의미는 매우 제한적으로 해석되었다. 학습은 곧 학업성취를 의미하였고 학생들의 학습증진을 위한 노력은 학업성취도 향상에 집중되었다. 결국 스탠다드(Standards)와 학업성취도 검사, 책무성의 틀에 갇힌 상황에서 전문가학습공동체는 종종 학업성취도 검사 점수를 향상시키기 위한 수단으로 이용되었다.

이와 대조적으로, 탐구공동체는 학업성취도 검사 점수를 학습의 잣대로 삼는 것에 반대하였다. 나아가서, 국가 경쟁력 강화를 위하

여, 세계시장에서 우위를 점하기 위하여 양질의 노동력 내지 인적
자원을 생산하기 위한 도구로 교육을 이용하는 것에 반대하였다. 탐
구공동체는 교육의 목적을 두 가지 차원에서 접근하였다. 하나는 개
인적 차원으로, 교육은 개인의 전인적 성장을 목적으로 한다. 따라
서 탐구공동체는 교과학습뿐 아니라 사회성, 감성, 도덕성, 예술성
등 전인적 성장을 위한 학습을 강조하였다.

　다른 하나는 사회적 차원으로, 교육은 보다 정의롭고 민주적인 사
회건설을 목적으로 한다. 이를 위해 탐구공동체는 교육불평등을 유
지 강화하는 교수, 학습, 학교교육을 근본적으로 혁신하고자 하였
다. 가르친다는 것은 학교에서 지금까지 해왔던 것들에 문제제기하
고, 학습에서 소외되었던 학생들에게 보다 다양한 학습기회를 제공
하고, 소외계층 학부모들의 학교교육 참여를 적극 지원하는 등 교육
불평등 해소를 위하여 다각적 노력을 기울임을 의미하였다. 학습은
교육과정에 담긴 공식적 지식을 배우는 수준을 넘어서서 이에 대해
비판적으로 고찰하고 나아가서 학교에서 가르치는 지식이 누구의
이익에 봉사하는지, 누구의 지식이 학교 교육과정에 포함되었고 누
구의 지식이 배제되었는지, 그렇다면 학교에서 무엇을 가르쳐야 하
고 그것을 누가 결정해야 하는지 등에 대하여 비판적으로 고찰함을
의미하였다. 그리하여 가르치고 배우는 일을 통해 사회정의와 민주
주의를 실천하고자 하였다.

　그러나 한편, 탐구공동체의 교육실천이 과연 교육불평등 해소를
가져올 수 있을지에 대해 의문이 제기되었다. 소외계층 학생들의 학
업성취도를 높이고 대학교육을 받을 수 있도록 하는 것이 교육불평
등 해소에 더 효과적일 것이라는 주장이 제기되기도 하였다.

배움의 공동체는 공장 같은 학교에서의 학습을 공부라 특징짓고, 공부에서 배움으로, 학습의 혁신을 추구하였다. 종래 교과서를 읽고 교사의 설명을 듣고 외우는 식의 공부에서 탈피, 교과서와 교사를 통해 주제나 문제, 쟁점 등을 찾고 탐구하는 활동적인 배움을 강조하였다. 세상과 단절된 채 혼자 교과서와 씨름하는 공부에서 탈피, 타인과 서로의 생각과 지식을 교류, 공유하고 서로의 차이를 존중하고 조율하며 함께 성장하는 협력적인 배움을 강조하였다. 지식을 암기하고 축적하는 식의 공부에서 탈피, 자신의 지식을 비판적으로 고찰, 재구성하는 반성적인 배움을 강조하였다. 그리하여 남을 이기려는 공부, 미래를 위해 현재를 희생하는 공부, 그 희생의 대가로 돈, 지위, 권력을 얻는 공부가 아니라, 다 같이 성장하는 배움, 스스로 최선을 다하여 자신의 최고를 추구하는 배움을 구현하고자 하였다. 학벌, 취업, 사회적 지위 등 계층 유지나 상승의 도구로서의 학교, 양질의 노동력 생산과 국가 경쟁력 강화를 위한 도구로서의 학교를 혁신하고, 학생은 물론 교사, 교장, 학부모, 지역사회 구성원 등이 다 함께 배우고 성장하는 배움의 중심지로 학교를 다시 세우고자 하였다.

실천공동체는 공장 같은 학교에서 이루어지는 제도화된 학습의 병폐를 비판하고 학습을 사회적 참여의 과정으로 재개념화하였다. 학교교육은 물화, 즉 실천의 경험을 통해 형성, 축적된 지식을 교과 지식의 형태로 물화하여 학생들에게 주입하는 데 치중하였고, 그 결과 실천의 경험을 박탈당한 학생들은 학습의 의미를 찾지 못한 채 외적 보상에 집착하게 되었다. 실천공동체는 물화된 지식에 대한 의존도를 줄이고 지금까지 불필요하다고 간과되었던 실천의 경험에 관심을 기울일 것을 촉구하였다. 학생들이 직접 실천에 참여함으로써 그리고 그 참여경험을 물화함으로써 지식을 생성하도록 지원할 것을 강조하였다. 그리하여 실천 그 자체를 교육과정으로 삼았다.

이상과 같이 교사학습공동체는 공장 같은 학교의 대안으로 여러 가능성을 제시하였다. 그 핵심은 학교에 뿌리 깊이 박혀있는 전통적인 학습문화를 혁신하는 것이다. 획일적 주입식 교육에서 탈피, 학생 개개인에게 맞는 맞춤형 교육을 강조하며 여전히 학생들의 학업성취도를 중요시한 전문가학습공동체, 보다 정의롭고 민주적인 학교와 사회 건설을 위하여 비판적 학습에 중점을 둔 탐구공동체, 고립적이고 경쟁적인 공부에서 탈피, 만남과 대화를 특징으로 하는 배움에 중점을 둔 배움의 공동체, 학교에서 이루어지는 제도화된 학습을 신랄히 비판하고 학습을 사회적 참여의 과정으로 재개념화, 실천에 참여를 통한 학습을 강조한 실천공동체 등 학습의 혁신은 여러 모습으로 나타났다. 비록 그 모습이 다르다 해도 서로 공존할 수 없을 만큼 다르지는 않다. 학습 혁신의 길을 가며 때로는 같은 길에서 만나 같이 가기도 하고 또다시 각자의 길을 가기도 하며 교사학습공동체의 여러 유형들은 그렇게 서로 영향을 주고받으며 발전해왔다.

그렇다면 이 절을 시작하기 전에 던진 질문으로 돌아가서, 교사학습공동체 구성원들이 공유하는 학습지향성은 여러 다양한 가치들을 다 아우를 수 있을 만큼 포괄적이지 않은가? 교사학습공동체의 학습지향성이야말로 공유가치와 포괄성 간의 갈등을 해결할 수 있지 않을까?

이 질문에 대한 답은 교사학습공동체가 그들이 생각하는 학습의 의미, 그들이 지향하는 학습의 모습을 학생들 그리고 학부모들과 얼마나 공유하는가에 달려있다. 학습이란 무엇인가 그 의미에 대해 그리고 우리가 지향하는 학습의 모습은 구체적으로 어떤 것인지 그 지향점에 대해 교사들 간의 공유는 물론이고 학생들, 학부모들과도 반드시 공유해야 한다. 그렇지 않고는 자녀의 성적, 입시 등을 걱정하는 학부모들을 이기적 욕망에 빠진 자들로 매도하는 도덕적 우월주의나 억압에 찌든 학생들을 해방시킨다는 선지자적 오만에 빠질 수 있다. 학습의 의미에 대한 공유가 이루어지지 않는다면 결국 지금까지 학교를 지나쳐간 수많은 개혁 시도처럼 이것도 그렇게 지나갈 것이다.

5.3. 전문성의 문제

교사학습공동체는 학교의 학습을 혁신하기 위해서는 우선 교사의 학습에 대한 혁신이 이루어져야 한다고 주장한다. 교사의 학습이 달라져야 학생의 학습도 달라질 수 있다는 것이다.

전통적으로 교사의 학습은 교사가 혼자 알아서 하거나 현직연수를 통해 이루어졌다. 전자의 경우는 주로 시행착오를 통해 이루어졌다. 교사는 시행과 착오를 되풀이하면서 자신의 실천을 개선했고 전문지식을 쌓아갔다. 교육현장의 많은 교사들이 시행착오를 통해 전문성을 신장하였다.

현직연수를 통한 학습은 일반적으로 외부 연수기관에서 기획, 운영하는 연수 프로그램을 통해 이루어졌다. 교원연수원에서 교사들에게 요구되는 지식을 진단하고 전문가, 예컨대 대학 교수나 연구원

또는 유명 교사들을 선정, 전문가가 교사 집단을 대상으로 지식을
전달하는 방식으로 이루어졌다. 교사들은 전문가가 전달한 지식을
습득한 후 각자 자신의 교실로 돌아가 이 지식을 적용, 그들의 교육
실천을 개선하리라 기대되었다. 이 같은 전통적 방식의 교사연수에
는 다음과 같은 가정이 깔려있다(서경혜, 2009).

첫째, 교사의 전문성을 규정하는 지식이 있다. 앞서 2장에서 논의
한 바와 같이, 교직이 전문직인가에 대한 논란이 오랫동안 지속되는
가운데, 전문직으로서의 위상을 공고히 하기 위한 일환으로 교직의
전문지식을 규명하고 그 체계를 구축하기 위하여 많은 노력이 기울
여졌다. 특히 교육실천이 학문에 기반을 두고 있음을 보여줌으로써,
즉 교과의 기반이 되는 기초학문과 일반교육학, 교과교육학 등의 응
용학문, 그리고 이를 실제에 적용한 교수기술이나 테크닉 등의 위계
로 교직의 전문지식 체계를 구축, 교직의 전문화를 도모하였다.

둘째, 교사의 학습은 교직의 전문지식을 흡수, 축적하는 것이다.
전통적인 학교교육에서 학생의 학습을 교사에 의해 전달된 지식을
흡수, 축적하는 것으로 여기듯, 전통적인 교사연수도 교사의 학습을
전문가에 의해 전달된 전문지식을 흡수, 축적하는 것으로 여긴다.
따라서 교사연수는 교사들에게 요구되는 지식을 정확하게 진단하
고 이를 효과적으로 전달하여 교사들이 단시간에 부족한 지식을 채
울 수 있도록 하는 데 초점을 두어왔다. 이처럼 교사의 학습을 전문
지식의 흡수, 축적으로 볼 때, 교직의 전문지식을 더 많이 축적할수
록 교사의 전문성은 신장된다.

셋째, 교사연수를 통해 흡수, 축적한 전문지식은 교육현장에서 언
제든 꺼내 쓸 수 있다. 전통적인 교사연수는 교사들이 연수에서 전문

가가 전달해준 지식을 흡수, 축적한 후 그들의 학교로 돌아가서 이 지식을 적용할 것이라는 기대 속에서 수행된다. 이러한 기대는 교직의 전문지식은 교육상황의 개별성과 특수성을 넘어서서 어디에나 적용 가능하다는 가정에 기초한다. 이것이 바로 전문지식의 힘이고 교사들에게 교직의 전문지식을 가르쳐야 하는 이유라 여겨진다.

넷째, 교사의 교육실천은 교직의 전문지식을 적용하는 것이다. 전통적인 교육실천을 전문지식의 적용으로 보는 관점에 기초한다. 적용 관점하에서 교사의 학습과 실천은 분리된다. 학습은 교직의 전문지식을 흡수, 축적하는 것이고 실천은 이를 적용하는 것이다. 교사 학습의 장과 실천의 장도 완전히 분리된다. 교사의 학습은 실천의 장을 떠나 연수라는 특수한 상황에서 이루어진다. 학습과 실천의 분리는 교사의 학습을 그의 일상으로부터 단절시킨다. 교사에게 학습은 방과 후나 방학에 하는 특별한 것이다.

교사학습공동체는 전통적인 교사 학습에 대한 혁신이다. 교사 혼자 고군분투하며 시행착오를 통해 배우는 고립적 학습에 대한 혁신이다. 현직연수를 통해 이루어져왔던 제도화된 학습에 대한 혁신이다. 이제 교사의 학습은 일방적인 전수(傳授)가 아니라 자유로운 교류와 공유를 통해 이루어진다. 교사학습공동체에서는 다양한 경력과 능력을 가진 교사들이 서로의 전문성을 자유롭게 교류, 공유하며 개인의 전문성은 물론 공동의 전문성을 형성, 발전시킨다. 나아가서 교사의 학습은 이른바 교직의 전문지식을 흡수, 축적하는 방식이 아니라 비판적 집단탐구를 통해 이루어진다. 교사학습공동체에서 교사들은 함께 교육실천을 비판적으로 탐구하고 개선안을 모색, 실천하며 끊임없이 그들의 교육실천을 혁신하고 그들의 지식을 재구성,

교사학습공동체 공동의 지식과 실천을 발전시킨다.

교사학습공동체의 교사 학습에 대한 혁신은 새로운 교사 전문성을 제시하였다. 교사학습공동체에서 길러지고 발휘되는 교사 전문성은 기존의 것과 분명 다르다. 나만 잘 하면 되는 이기주의적 전문성이 아니다. 각자가 알아서 잘 하면 되는 개인주의적 전문성을 넘어선다. '나'의 전문성뿐 아니라, '우리'의 전문성, 즉 집단전문성을 추구한다. 여기서 '우리'의 전문성과 더불어 '나'의 전문성에도 방점을 찍어야 한다. 교사학습공동체의 집단전문성은 집단주의적 성격의 전문성과는 구별된다. 교사 개인의 자율적 전문성을 제한하거나 교사들의 다양한 전문성을 획일화하지 않는다. 교사학습공동체의 집단전문성은 개인전문성의 자율성과 다양성의 토대 위에 세워진다. 교사 개인의 자율적 전문성을 존중하고 개인 전문성이 최대한 개발, 발휘될 수 있도록 서로 돕고, 동시에 교사들의 다양한 전문성이 조화롭게 발휘될 수 있도록 서로 배려하고 조율한다. 이와 같이 교사학습공동체의 집단전문성은 자율적 성격의 전문성이자 협력적 성격의 전문성이다.

나아가서 교사학습공동체의 집단전문성은 비판적 성격을 띤다. 카크란 스미스와 라이틀(Cochran-Smith & Lytle, 2009)은 이를 탐구 스탠스로 개념화하였다. 교사학습공동체는 학생들의 학습 증진을 위하여 끊임없이 그들의 교육실천을 탐구하고 혁신한다. 자신의 교육실천을 비판적으로 성찰하고, 서로의 교육실천에 대해 함께 비판적으로 고찰하고, 지금까지 당연시 받아들여졌던 교육실천에 도전하고, 대안을 모색한다. 이 같은 비판적 탐구를 통해 내 교육실천뿐 아니라 우리의 교육실천을, 내 교실뿐 아니라 우리 학교를 혁신한다.

그리하여 교사 개인 차원에서 이루어지는 혁신의 한계를 넘어 교사 집단 차원에서 학교 전체에 걸친 혁신이 이루어진다.

교사학습공동체의 집단전문성은 교사 전문성의 새로운 가능성을 열었다. 이제 교사들의 집단전문성을 본격적으로 개척해야 할 때다. 의사나 법조인과 비교되는 전문성, 그리하여 교직을 '준'전문직이라 규정하는 전문성이 아니라, 교육실천의 특유성을 온전히 담아내는 전문성. '할 수 있는 자는 하고 할 수 없는 자는 가르친다'(Shulman, 1986)는 속언, 작가의 꿈을 포기하고 국어교사로 전향하는 영화의 주인공, 현역 은퇴와 동시에 후학 양성의 길에 들어서는 스타 등 가르치는 일을 이류로 보는 전문성이 아니라, 가르치는 일의 자존성을 온전히 담아내는 전문성. 교사의 전문성을 학생들의 학업성취도검사 점수로, 교장의 근무평정 점수로, 학부모 만족도 설문조사의 점수로 평가하는 수량화된 전문성이 아니라, 교사가 하는 일의 가치를 온전히 담아내는 전문성. 이제 새로운 교사 전문성을 본격적으로 개척해야 할 때다.

나는 그 중심지로 교사학습공동체를 제안한다. 교사학습공동체는 교사 학습에 대한 혁신을 넘어서서 교사 전문성에 대한 혁신으로 나아가야 한다. 교사학습공동체는 소수 특정집단에 의해 전문성이 규정, 관리되어온 인습, 교사 전문성에 대한 중앙집권적 통제에 대해 문제제기하고 교사들이 그들의 전문성에 대해, 그들이 지향하는 전문성에 대해 자유롭게 논의하고 탐구하는 중심지가 되어야 한다. 교사학습공동체는 연구소에서 생산되고 현장에서 소비되는 전문성이 아니라 교육현장에서 다양한 경력, 경험, 역량을 가진 교사들이 서로의 전문성을 교류, 공유하며 공동의 전문성을 생성, 발전시키는 중심지가 되어야 한다. 교사학습공동체는 교사들이 교육행정가, 교사교육자, 대학 교수, 연구원 등 다양한 분야의 전문가들과 새로운 교사 전문성을 탐구, 창출하는 중심지가 되어야 한다. 나아가서 교사학습공동체는 교사들이 학생, 학부모, 그 외 학교교육에 관계된 여러 다양한 사람들과 교사 전문성에 대해 논의하고 그 의미를 서로 공유해 나아가며 사회적 합의에 이르는 중심지가 되어야 한다.

참고문헌

교육과학기술부(2010). **2010학년도 교원능력개발평가 표준 매뉴얼**. 서울: 교육
　　과학기술부.

김삼진, 덕양중학교 교사 일동(2012). **덕양중학교 혁신학교 도전기**. 서울: 맘에
　　드림.

김영주 · 박미경 · 박용주 · 심유미 · 윤승용 · 황영동(2013). **남한산초등학교 이
　　야기**. 서울: 문학동네.

박상완(2002). 교원교육에 대한 대안적 관점과 교원교육체제. **한국교원교육연
　　구, 19**(3), 31-54.

박현숙(2012). **교사는 수업으로 성장한다**. 서울: 맘에드림.

사토 마나부 저, 손우정 역(2001). **교육개혁을 디자인한다**. 서울: 공감.

사토 마나부 저, 손우정 · 김미란 공역(2003). **배움으로부터 도주하는 아이들**. 서
　　울: 북코리아.

서경혜(2005). 반성과 실천: 교사 전문성 개발에 대한 소고. **교육과정연구, 23**(2),
　　285-310.

서경혜(2009). 교사 전문성 개발을 위한 대안적 접근으로서 교사학습공동체의
　　가능성과 한계. **한국교원교육연구, 26**(2), 243-276.

서경혜(2012). 예비교사들의 협력적 수업연구에 대한 실행연구. **한국교원교육연
　　구, 29**(2), 49-76.

손우정(2012). **배움의 공동체**. 서울: 해냄출판사.

의정부여자중학교(2015). **수업을 비우다 배움을 채우다**. 서울: 에듀니티.

오욱환(2005). **교사 전문성: 교육전문가로서의 교사에 대한 논의**. 서울: 교육과

학사.

이항우(2009). 네트워크 사회의 집단지성과 권위: 위키피디어(Wikipedia)의 반전 문가주의. **경제와사회, 84**, 278-363.

전현곤 · 한대동(2007). 수업협의회에 기초한 배움의 학교공동체 형성에 관한 연구. **한국교원교육연구, 24**(3), 197-219.

주영주 외(2006). 이화교원교육기준 개발 연구. **한국교원교육연구, 23**(2), 153-187.

최항섭(2009). 레비의 집단지성: 대중지성을 넘어 전문가지성의 가능성 모색. **사이버커뮤니케이션학보, 26**(3), 287-322.

한기언(1988). 한국 사범대학의 미래상. 강환국 편저. **교사와 교사교육**. 서울: 배영사.

Abrahamson, J. (1974). *Classroom constraints and teacher coping strategies: A way to conceptualize the teaching task.* Ph. D. Thesis, University of Chicago.

Acker, S. (2000). *Realities of teaching: Never a dull moment.* London: Cassell.

Ackoff, R. (1979). The future of operational research is past. *Journal of Operational Research Society, 30*(2), 93-104.

Adler, S. (1991). The reflective practitioner and the curriculum of teacher education. *Journal of Education for Teaching, 17*, 139-150.

Allen, J., Cary, M., & Delgado, L. (1995). *Exploring blue highways.* New York: Teachers College Press.

Annenberg Institute for School Reform. (2003). *Professional learning communities: Professional development strategies that improve instruction.* Providence, RI: Author.

Apple, M. (2006). *Education the "right" way: Market, standards, god, and inequality.* New York: Routledge.

Ashton, P., & Webb, R. (1986). *Making a difference: Teachers' sense of efficacy and student achievement.* New York: Longman.

Bagenstos, N. (1975). The teacher as an inquirer. *The Educational Forum, 39,* 231-237.

Ball, D. L. (1990). The mathematical understandings that prospective teachers bring to teacher education. *The Elementary School Journal, 90,* 449-466.

Ball, S. J. (1990). *Politics and policy making in education.* London: Routledge.

Ballenger, C. (1992). Because you like us: The language of control. *Harvard Educational Review, 62,* 199-208.

Banks, J. A. (1996). *Multicultural education, transformative knowledge and action: Historical and contemporary perspectives.* New York: Teachers College Press.

Barnes, H. (1989). Structuring knowledge for beginning teaching. In M. Reynolds (Ed.), *Knowledge base for the beginning teacher* (pp. 13-22). New York: Pergamon Press.

Barth, R. S. (1991). Restructuring schools: Some questions for teachers and principals. *Phi Delta Kappa, 73*(2), 123-128.

Barton, L., Barrett, E., Whitty, G., Miles, S., & Furlong, J. (1994). Teacher education and teacher professionalism in England: Some emerging issues, *British Journal of Sociology of Education, 15*(4), 520-544.

Berger, P., & Luchmann, T. (1967). *The social construction of reality.* Garden City, NY: Doubleday.

Berlak, A., & Berlak, J. (1981). *Dilemmas of schooling: Teaching and social change.* London: Methuen.

Beyer, L. (1988). *Knowing and acting: Inquiry, ideology, and educational studies.* London: Falmer Press.

Beyer, L. (1991). Teacher education, reflective inquiry, and moral action. In B. R. Tabachnick, & K. M. Zeichner (Eds.), *Issues and practices in inquiry-oriented teacher education* (pp. 113-129). London: Falmer Press.

Bielaczyc, K., & Collins, A. (1999). Learning communities in classrooms: A reconceptualization of educational practice. In C. M. Reigeluth (Ed.). *Instructional design theories and models* (Vol. II). Mahwah, NJ: Lawrence Erlbaum Associates.

Bishop, P., & Mulford, W. (1996). Empowerment in four primary schools: They don' t really care. *International Journal of Education Reform, 5*(2), 193-204.

Bolam, R., McMahon, A., Stoll, L., Thomas, S., Wallace, M., Greenwood, A., Hawkey, K., Ingram, M., Atkinson, A., & Smith, M. (2005). *Creating and sustaining effective professional learning communities.* Research Report 637. London: DfES and University of Bristol.

Bromme, R. (1987). Teachers' assessments of students' difficulties and progress in understanding in the classroom. In J. Calderhead (Ed.), *Exploring teacher thinking.* Eastbourne: Holt-Saunders.

Bruner J. (1960). The process of education. Cambridge, MA: Harvard University Press. 이홍후 (역) (1973). **브루너 교육의 과정**. 서울: 배영사.

Bryk, A., Camburn, E., & Louis K. S. (1999). Professional community in Chicago elementary schools: Facilitating factors and organizational consequences. *Educational Administration Quarterly, 35*, 751-781.

Bussis, A. M., Chittenden, E. A., & Amarel, M. (1976). *Beyond surface curriculum. Boulder*, CO: Westview.

Callahan, R. E. (1964). *Education and the cult of efficiency*. Chicago: University of Chicago Press.

Campbell, R. J. (1985). *Developing the primary curriculum*. London: Holt, Rinehart and Winston.

Campbell, R. J., & Neill, S. R. St. J. (1994). *Primary teacher at work*. London: Routledge.

Carmichael, L. (1982). Leaders as learners: A possible dream. *Educational Leadership, 40*(1), 58-59.

Carr, W., & Kemmis, S. (1986). *Becoming critical: Education, knowledge, and action research*. London: Falmer Press.

Carter, K. (1990). Teachers' knowledge and learning to teach. In W. Houston (Ed.), *Handbook of research on teacher education* (pp. 291-320). New York: Macmillan.

Christensen, D. (1996). The professional knowledge-research on teacher education. In J. Sikula, T. Buttery, & E. Guyton (Eds.), *Handbook of research on teacher education* (2nd ed., pp. 38-52). New York: Macmillan.

Clandinin, D. (1986). *Classroom practice: Teacher images in action*. London: Falmer Press.

Clandinin, D., & Connelly, F. (1987). Teachers' personal knowledge: What counts as personal in studies of the personal. *Journal of Curriculum Studies, 19*, 487-500.

Clark, C., & Peterson, P. (1986). Teachers' thought processes. In M. Wittrock (Ed.), *Handbook of research on teaching*. New York: Macmillan.

Cochran-Smith, M. (1991a). Learning to teach against the grain. *Harvard Educational Review, 51*, 279-310.

Cochran-Smith, M. (1991b). Rinventing student teaching. *Journal of Teacher Education, 42,* 104-118.

Cochran-Smith, M. (1994). The power of teacher research in teacher education. In. S. Hollingsworth, & H. Sockett (Eds.), *Teacher research and educational reform: Yearbook of the NSSE.* Chicago: University of Chicago Press.

Cochran-Smith, M. (1995). Color blindness and basket making are not the answers: Confronting the dilemmas of race, culture, and language diversity in teacher education. *American Educational Research Journal, 32,* 493-522.

Cochran-Smith, M. (1998). Teaching for social change: Toward a grounded theory of teacher education. In A. Hargreaves, A. Lieberman, M. Fullan, & D. Hopkins (Eds.), *The international handbook of educational change.* Amsterdam: Kluwer Academic.

Cochran-Smith, M. (1999). Learning to teach for social justice. In G. Griffin (Ed.), *98th* yearbook of NSSE: *Teacher education for a new century: Emerging perspectives, promising practices, and future possibilities.* Chicago: University of Chicago Press.

Cochran-Smith, M., & Lytle, S. L. (1992a). Communities for teacher research: Fringe or forefront. *American Journal of Education, 100,* 298-323.

Cochran-Smith, M., & Lytle, S. L. (1992b). Interrogating cultural diversity: Inquiry and action. *Journal of Teacher Education, 43,* 104-115.

Cochran-Smith, M., & Lytle, S. L. (1993). *Inside/outside: Teacher research and knowledge.* New York: Teachers College Press.

Cochran-Smith, M., & Lytle, S. L. (1998). Teacher research: The question that persists. *International Journal of Leadership in*

Education, 1, 19-36.

Cochran-Smith, M., & Lytle, S. L. (1999a). The teacher research movement: A decade later. *Educational Researcher, 28*(7), 15-25.

Cochran-Smith, M., & Lytle, S. L. (1999b). Relationship of knowledge and practice: Teacher learning in communities. In A. Iran-Nejad, & C. D. Pearson (Eds.), *Review of Research in Education* (Vol. 24, pp. 249-306). Washington, DC: American Educational Research Association.

Cochran-Smith, M., & Lytle, S. L. (2009). *Inquiry as stance: Practitioner research for the next generation.* New York: Teachers College Press.

Cohn, M. (1979*). The interrelationship of theory and practice in teacher education: A description and analysis of the L. I. T. E. Program.* Unpublished doctoral dissertation, Washington University.

Combs, A. (1972). Some basic concepts for teacher education. *Journal of Teacher Education, 22,* 286-290.

Combs, A., Blume, R., Newman, A., & Wass, H. (1974). *The professional education of teachers: A humanistic approach to teacher education.* Boston: Allyn & Bacon.

Corey, S. (1953). *Action research to improve school practice.* New York: Teachers College Bureau of Publication.

Crittendon, B. (1973). Some prior questions in the reform of teacher education. *Interchange, 4(2-3),* 1-11.

Cuban, L. J. (1984). *How teachers taught: Constancy and change in American classrooms 1890-1980.* New York: Longman.

Cubberly, E. (1934). *Public education in the United States.* Boston: Houghton Mifflin.

Cummins, J. (1998). Language issues and educational change. In A.

Hargeaves, A. Lieberman, M. Fullan, & D. Hopkins (Eds.), *International handbook of educational change*. Dordrecht: Kluwer Academic Publishers.

Dale, R. (1988). Implications for progressivism of recent changes in the control and direction of education policy. In A. Green (Ed.), *Progress and inequality in comprehensive education* (pp. 39-62). London: Routledge.

Daniel, B. K., Sarkar, A., & O' Brien, D. (2004). *A participatory design approach for a distributed community of practice in governance and international development*. Paper presented at the World Conference on Educational Multimedia, Hypermedia and Telecommunication, Lugano, Switzerland.

Darling-Hammond, L. (1994). *Professional development schools: Schools for developing a profession*. New York: Teachers College Press.

Day, C. (1999). *Developing teachers: The challenges of lifelong learning*. London: Falmer Press.

Derber, C. (Ed.). (1982). *Professionals as workers: Mental labor in advanced capitalism*. Boston: G. K. Hall.

Dewey, J. (1904). The relation of theory to practice in education. In C. A. McMurray (Ed.), *The third NSSE yearbook*. Chicago: University of Chicago Press.

Dewey, J. (1916). *Democracy and education: An introduction to the philosophy of education*. New York: McMillan.

Dewey, J. (1933). *How we think*. Chicago: Henry Regnery.

Donmoyer, R. (1996). The concept of a knowledge base. In F. Murray (Ed.), *The teacher educator's handbook* (pp. 92-119). San Francisco: Jossey-Bass.

Duckworth, E. (1987). *The having of wonderful ideas*. New York:

Teachers College Press.

Duckworth, E. (1997). *Teacher to teacher: Learning from each other*. New York: Teachers college Press.

DuFour, R. (2004). Schools as learning communities. *Educational Leadership, 61*(8), 6-11.

DuFour, R., & Eaker, R. (1998). *Professional learning communities at work: Best practices for enhancing student achievement*. Reston, VA: ASCD.

DuFour, R., DuFour, R., Eaker, R., & Karhanek, G. (2004). *Whatever it takes: How professional learning communities respond when kids don' t learn*. Bloomington, IN: Solution Tree.

Elbaz, F. (1981). The teacher' s 'practical knowledge' : Report of a case study. *Curriculum Inquiry, 11*(4), 43-71.

Elbaz, F. (1983). *Teacher thinking: A study of practical knowledge*. New York: Nichols.

Elbaz, F. (1990). Knowledge and discourse: The evolution of research on teacher thinking. In C. Day, M. Pope, & P. Denicolo (Eds.), *Insights into teachers' thinking and practice* (pp. 15-42). New York: Falmer Press.

Erickson, F. (1986). Qualitative methods on research on teaching. In M. Wittrock (Ed.), *Handbook of research on teaching* (3rd ed., pp. 119-161). New York: Macmillan.

Erickson, F., & Christman, J. B. (1996). Taking stock/making change: Stories of collaboration in local school reform. *Theory into practice, 35*, 149-157.

Etzioni, A. (1993). *The spirit of community: Rights, responsibilities and the communitarian agenda*. New York: Croan Publishers.

Fashola, O. S., & Slavin, R. E. (1998). Schoolwide reform models:

What works? *Phi Delta Kappan, 79,* 370-379.

Feiman, S. (1979). Technique and inquiry in teacher education: A curricular case study. *Curriculum Inquiry, 9,* 63-79.

Feiman, S. (1980). Growth and reflection as aims in teacher education. In G. Hall, S. Hord, & G. Brown (Eds.), *Exploring issues in teacher education: Questions for future research.* Austin, TX: The University of Texas Research and Development Center for Teacher Education.

Fendler, L. (2003). Teacher reflection in a hall of mirrors: Historical influences and political reverberations. *Educational Researcher, 32*(3), 16-25.

Fenstermacher, G. (1994). The knower and the known: The nature of knowledge in research on teaching. In L. Darling-Hammond (Ed.), *Review of research in education* (Vol. 20, pp. 3-576). Washington, DC: American Educational Research Association.

Fernandez, C., & Yoshida, M. (2004). *Lesson study: A Japanese approach to improving mathematics teaching and learning.* Mahwah, NJ: Lawrence Erlbaum Associates.

Fernandez, M. L. (2010). Investigating how and what prospective teachers learn through microteaching lesson study. *Teaching and Teacher Education, 26,* 351-362.

Flood, J., Jensen, J. M., Lapp, D., & Squire, J. R. (Eds.). (1991). *Handbook of research on teaching the English language arts.* New York: Macmillan.

Floyd, P. (1979, 1982). The Wall. Musical Film.

Freire, P. (1970). *Pedagogy of the oppressed* (M. B. Ramos, Trans.). New York: Seabury Press.

Fullan, M. (1991). *The new meaning of educational change.* New York:

Teachers College Press.

Fullan, M., & Connelly, M. (1990). *Teacher education in Ontario: Current practices and options for the future.* Toronto: Ontario Ministries of Colleges and Universities and of Education and Training.

Fullan, M., & Hargreaves, A. (1996). *What's worth fighting for in your school?* (2nd ed.). New York: Teachers' College Press.

Fuller, F. A. (1972). *Personalizing teacher education.* Austin, TX: The University of Texas Research and Development Center.

Gallas, K. (1998). *Sometime I can be anything.* New York: Teachers College Press.

Galloway, D. (1985). Pastoral care and school effectiveness. In D. Reynolds (Ed.), *Studying school effectiveness.* Lewes: Falmer Press.

Gardner, W. E. (1989). Preface. In M. C. Reynolds (Ed.), *Knowledge base for the beginning teacher* (pp. ix-xii). New York: Pergamon Press.

Geertz, C. (1983). *Local knowledge: Further essays in interpretive anthropology.* New York: Basic Books.

Giroux, H. (1988). *Teachers as intellectuals.* New York: Bergin & Garvey.

Goodlad, J. I. (1984). *A place called school: Prospects for the future.* New York: McGraw-Hill.

Goodman, J. (1991). Using a methods course to promote reflection and inquiry among preservice teachers. In B. R. Tabachnick, & K. Zeichner (Eds.), *Issues and practices in inquiry-oriented teacher education* (pp. 56-76). London: Falmer Press.

Gore, J., & Zeichner, K. (1991). Action research and reflective teaching in preservice teacher education. *Teaching and Teacher*

Education, 7, 119-136.

Gore, J., & Zeichner, K. (1995). Connecting action research to genuine teacher development. In J. Smyth (Ed.), *Critical discourses on teacher development* (pp. 203-214). London: Cassell.

Goswami, P., & Stillman, P. (1987). *Reclaiming the classroom: Teacher research as an agency for change.* Upper Montclair, NJ: Boynton/Cook.

Grant, C. A. (1997). Critical knowledge, skills, and experiences for the instruction of culturally diverse students: A perspective for the preparation of preservice teachers. In J. Jordan-Irvine (Ed.), *Critical knowledge for diverse teachers and learners* (pp. 1-26). Washington, DC: American Association of Colleges for Teacher Education.

Grimmett, P. P., & Dockendorf, A. (1997). Exploring the labyrinth of researching teaching. In J. Loughran (Ed.), *Teaching about teaching.* London: Falmer Press.

Grimmett, P., & Crehan, E. P. (1992). The nature of collegiality in teacher development. In M. Fullan, & A. Hargreaves (Eds.), *Teacher development and educational change.* London: Falmer Press.

Grimmett, P., MacKinnon, A., Erickson, G., & Riecken, T. (1990). Reflective practice in teacher education. In R. Clift, R. Houston, & M. Pugach (Eds.), *Encouraging reflective practice: An examination of issues and exemplars* (pp. 20-38). New York: Teachers College Press.

Grimmett. P. P., & Neufeld, J. (1994). *Teacher development and the struggle for authenticity: Professional growth and restructuring in the context of change.* New York: Teachers College Press.

Grossen, B. (1996). Making research serve the profession. *American Educator, 7-27.*

Grossman, P. (Ed.). (1990). *The making of a teacher: Teacher knowledge and teacher education.* New York: Teachers College Press.

Grossman, P., Wineburg, S., & Woolworth, S. (2001). Toward a theory of teacher community. *Teachers College Record, 103*(6), 942-1012.

Hannay L., & Ross, J. (1997). Initiating secondary school reform. *Educational Administration Quarterly, 33,* 576-603.

Hargreaves, A. (1977). Progressivism and pupil autonomy. *Sociological Review, 25,* 3.

Hargreaves, A. (1978). The significance of classroom coping strategies. In L. Barton, & R. Meighan (Eds.), *Sociological interpretations of schooling and classrooms: A reappraisal.* Driffield: Nafferton Books.

Hargreaves, A. (1979). Strategies, decisions and control. In J. Eggleston (Ed.), *Teacher decision-making in the classroom.* London: Routledge & Kegan Paul.

Hargreaves, A. (1982). The rhetoric of school-centered innovation. *Journal of Curriculum Studies, 14*(3), 251-266.

Hargreaves, A. (1994). *Changing teachers, changing times: Teachers' work and culture in the postmodern age.* New York: Teachers College Press.

Hargreaves, A. (1996). Transforming knowledge: Blurring the boundaries between research, policy, and practice. *Educational Evaluation and Policy Analysis, 18,* 161-178.

Hargreaves, A. (2000). Four ages of professionalism and professional learning. *Teachers and Teaching: History and Practice, 6*(2), 151-182.

Hargreaves, A., & Fullan, M. G. (1991). *Understanding teacher development*. London: Cassell.

Hargreaves, A., & Fullan, M. G. (1998). *What's worth fighting for out there?* New York: Teachers' College Press.

Hargreaves, A., & Goodson, I. (1996). Teachers professional lives: Aspirations and actualities. In I. Goodson, & A. Hargreaves (Eds.), *Teachers' professional lives*. London: Falmer Press.

Hargreaves, A., Davis, J., Fullan, M. Wignall, R., Stager, M., & MacMillan, R. (1992). *Secondary school work cultures and educational change*. Toronto: The Ontario Institute for Studies in Education at the University of Toronto.

Hargreaves, A., Earl, L., & Ryan J. (1996). *Schooling for change: Reinventing education for early adolescents*. London: Falmer Press.

Hargreaves, A., Leithwood, K., & Gerin-Lajoie, D. (1993). *Years of transitions: Times for change*. Toronto: The Ontario Institute for Studies in Education.

Hargreaves, D. (1980). The occupational culture of teaching. In P. Woods (Ed.), *Teacher strategies*. London: Croom Helm.

Hargreaves, D. (1994). The new professionalism: The synthesis of professional and institutional development. *Teaching and Teacher Education, 10*(4), 423-438.

Hatton, N., & Smith, D. (1994). *Facilitating reflection: Issues and research*. Paper presented at the Conference of the Australian Teachers Education Association.

Heaton, R. M., & Lampert, M. (1993). Learning to hear voices: Inventing a new pedagogy of teacher education. In D. L. Cohen, M. W. McLaughlin, & J. E. Talbert (Eds.), *Teaching for understanding: Challenges for policy and practice* (pp. 43-83). San

Francisco: Jossey-Bass.

Helsby, G., & McCulloch, G. (Eds.). (1997). *Teachers and the national curriculum*. London: Cassell.

Henson, K. (1996). Teachers as researchers. In J. Sikula, T. Buttery, & E. Guyton (Eds.), *Handbook of research on teacher education* (2nd ed., pp. 53-64). New York: Macmillan.

Hoetker, J., & Ahlbrand, W. P. (1969). The persistence of the recitation. *American Educational Research Journal, 6*, 145-167.

Hollingsworth, S., & Sockett, H. (Eds.). (1994). *Teacher research and educational reform: Yearbook of the NSSE*. Chicago: University of Chicago Press.

Holt, J. (1964). *How children fail*. New York: Pitman Publishing Company.

Holt, J. (1969). *The underachieving school*. New York: Pitman Publishing Company.

Hord, S. (1997). *Professional learning communities: Communities of continuous inquiry and improvement*. Austin, Texas: Southwest Educational Development Laboratory.

Hord, S., & Sommers, W. A. (2007). Leading professional learning communities: Voices from research and practice. Thousands Oaks, CA: Corwin Press.

Houston, W. R. (Ed.). (1990). *Handbook of research on teacher education*. New York: Macmillan.

Hoyle, E. (1974). Professionality, professionalism and control in teaching. *London Educational Review, 3*, 13-19.

Huberman, M. (1996). Moving mainstream: Taking a closer look at teacher research. *Language Arts, 73*, 124-140.

Huffman, J. B., & Hipp, K. K. (2003). Professional learning

community organizer. In J. B. Huffman, & K. K. Hipp (Eds.), *Professional learning communities: Initiation to implementation*. Lanham, MD: Scarecrow Press.

Hursh, D. (1997). Critical, collaborative action research in politically contested times. In S. Hollingsworth (Ed.), *International action research: A casebook for educational reform* (pp. 124-134). Washington, DC: Falmer Press.

Illich, I. (1971). *Deschooling society*. New York: Harper & Row.

Interstate New Teacher Assessment and Support Consortium (InTASC). (1999). *InTASC's Model Standards for Beginning Teacher Licensing and Development: A resource for state dialogue*. Washington DC: Council of Chief State School Officers. Available at http://www.ccsso.org/intasc.

Interstate Teacher Assessment and Support Consortium (InTASC). (2011). *InTASC Model Core Teaching Standards: A resource for state dialogue*. Washington DC: Council of Chief State School Officers. Available at http://www.ccsso.org/intasc.

Janis, I. L. (1972). *Victims of groupthink*. Boston: Houghton-Mifflin.

Janis, I. L. (1982). *Groupthink* (2nd ed.). Boston: Houghton-Mifflin.

Jay, J. K. (1999). *Untying the knots: Examining the complexities of reflective practice*. Paper presented at the Annual Meeting of the American Association of College for Teacher Education at Washington, DC.

Johnson, S. M. (1990). *Teachers at work*. New York: Basic Books.

Joyce, B. (1972). The teacher innovator: A program for preparing educators. In B. Joyce, & M. Weil (Eds.), *Perspectives for reform in teacher education*. Englewood Cliffs, NJ: Prentice Hall.

Joyce, B., & Showers, B. (1988). *Student achievement through staff development.* New York: Longman.

Joyce, B., & Weil, M. (1980). *Models of teaching* (2nd ed.). Englewood Cliffs, NJ: Prentice-Hall.

Kelchtermans, G. (1996). Teacher vulnerability: Understanding its moral and political roots. *Cambridge Journal of Education, 26*(3), 307-324.

Kincheloe, J. (1991). *Teachers as researchers: Qualitative inquiry as a path to empowerment.* London: Falmer Press.

Kincheloe, J. L. (1993). *Toward a critical politics of teacher thinking: Mapping the postmodern.* Westport, CT: Bergin & Garvey.

King, J., & Ladson-Billings, G. (1990). The teacher education challenge in elite university settings: Developing critical perspectives for teaching in a democratic and multicultural society. *European Journal of Intercultural Studies, 1*(2), 15-30.

Kliebard, H. (1973). The question in teacher education. In D. McCarty (Ed.), New perspective on teacher education. San Francisco: Jossey-Bass.

Knowles, J. G. (1992). Models for understanding preservice and beginning teachers' biographies: Illustrations from case studies. In I. F. Goodson (Ed.), *Studying teachers' lives.* New York: Routledge & Kegan Paul.

Knowles, J. G., & Cole, A. L. (1996). Developing practice through field experience. In F. B. Murray (Ed.), *The teacher educator's handbook* (pp. 648-687). San Francisco: Jossey-Bass.

Labaree, D. (1992). Power, knowledge and the rationalization of teaching: A genealogy of the movement to professionalize teaching. *Harvard Educational Review, 62*(2), 123-154.

Lampert, M., & Ball, D. (1998). *Teaching, multimedia, and mathematics:*

Investigations of real practice. New York: Teachers College Press.

Law, Y. K., & Tsui, A. B. M. (2007). Learning as boundary-crossing in school-university partnerships. *Teaching and Teacher Education, 23*, 1289-1301.

Lee, J. F. K. (2008). A Hong Kong case of lesson study: Benefits and concerns. *Teaching and Teacher Education, 24*, 1115-1124.

Lee, V. E., & Smith J. B. (1996). Collective responsibility for learning and its effects on gains in achievement for early secondary students. *American Journal of Education 104*(2), 103-147.

Leinhardt, G. (1989). Capturing craft knowledge in teaching. *Educational Researcher, 19*(2), 18-25.

Lévy, P. (1994, translated 1997 by R. Bononno). *Collective intelligence: Mankind's emerging world in cyberspace.* Cambridge, MA: Perseus Books. 권수경 (역) (2002). 집단지성: 사이버 공간이 인류학을 위하여. 서울: 문학과 지성사.

Lévy, P. (2002). *Cyberdémocratie, Essai de philosophie politique.* Paris: Edition Jacobs.

Lévy, P. (2003). Le Jeu de l'intelligence collective, *Societes, 79*, 105-122.

Lewis, C. (2002). *Lesson study: A handbook of teacher-led instructional change.* Philadelphia: Research for Better Schools.

Lewis, C., Perry, R., & Hurd, J. (2004). A deeper look at lesson study. *Educational Leadership, 61*(5), 18-22.

Lewis, C., Perry, R., Hurd, J., & O'Connell, M. P. (2006). Lesson study comes of age in North America. *Phi Delta Kappan, 88*, 273-281.

Lieberman, A., & Miller, L. (1991). Revisiting the social realities of teaching. In A. Lieberman, & L. Miller (Eds.), Staff development:

New demands, new realities, new perspectives (pp. 92-109). New York: Teachers College Press.

Lieberman, A., & Miller, L. (1994). Problems and possibilities of institutionalizing teacher research. In S. Hollingsworth, & H. Socket (Eds.), *Teacher research and educational reform* (pp. 204-220). Chicago: University of Chicago Press.

Lieberman, A., & Miller, L. (2000). *Teachers transforming their world and their Work.* New York: Teachers College Press.

Little, J. W. (1990). The persistence of privacy: Autonomy and initiative in teachers' professional relations. *Teachers College Record, 91,* 509-536.

Little, J. W. (1993). Teachers' professional development in a climate of educational reform. *Educational Evaluation and Policy Analysis, 15,* 129-151.

Little, J. W., & McLaughlin, M. (1993). *Teacher's work: Individuals, colleagues, and contexts.* New York: Teachers college Press.

Lortie, D. (1975). *Schoolteacher: A sociological study.* Chicago: University of Chicago Press. 진동섭 (역) (1993). **교직사회: 교직과 교사의 삶.** 서울: 양서원.

Louis, K. S., & Kruse, S. D. (1995). *Professionalism and community: Perspectives on reforming urban schools.* Thousand Oaks, CA: Corwin Press.

Louis, K. S., & Marks, H. (1998). Does professional community affect the classroom? Teachers' work and student experience in restructured schools. *American Journal of Education, 106*(4), 532-575.

Louis, K. S., Marks, H. M., & Kruse, S. D. (1996). Teachers' professional community in restructuring schools. *American*

Educational Research Journal, 33, 757-798.

Lytle, S., & Cochran-Smith, M. (1992). Teacher research as a way of knowing. *Harvard Educational Review, 62*, 447-474.

Lytle, S., & Cochran-Smith, M. (1994). *Teacher research: Some questions that persist.* Paper presented at the Ethnography in Education Forum, Philadelphia.

Lytle, S., Christman, J., Cohen, J., Countryman, J., Fecho, R., Portnoy, D., & Sion, F. (1994). Learning in the afternoon: Teacher inquiry as school reform. In M. Fine (Ed.), *Charting urban school reform: Reflections on public high schools in the midst of change* (pp. 157-179). New York: Teachers College Press.

McDiarmid, G. W., & Ball, D. (1989). *The teacher education and learning to teach study: An occasion for developing a conception of teacher knowledge.* East Lansing: National Study for Research on Teacher Education, Michigan State University.

McDiarmid, G. W., Ball, D., & Anderson, C. W. (1989). Why staying one chapter ahead doesn't really work: Subject-specific pedagogy. In M. C. Reynolds (Ed.), *Knowledge base for the beginning teacher* (pp. 193-206). New York: Pergamon Press.

McLaughlin, M. (1993). What matters most in teachers' workplace context? In J. W. Little, & M. McLaughlin (Eds.), *Teachers' work* (pp. 79-103). New York: Teachers College Press.

McLaughlin, M. W. (1997). Rebuilding teacher professionalism in the United States. In A. Hargreaves, & R. Evans (Eds.), *Buying teachers back.* Buckingham: Open University Press.

McLaughlin, M., & Talbert, J. E. (1993). *Contexts that matter for teaching and learning: Strategic opportunities for meeting the nation's educational goals.* Stanford, CA: Center for Research on the

Context of Secondary School Teaching, Stanford University.

McLaughlin, M., & Talbert, J. E. (2001). *Professional communities and the work of high school teaching*. Chicago: University of Chicago Press.

McLaughlin, M., & Talbert, J. E. (2002). Reforming districts. In A. Hightower, M., Knapp, J. Marsh, & M. McLaughlin. (Eds.), *School districts and instructional renewal*. New York: Teachers College Press.

McLaughlin, M., & Talbert, J. E. (2006). *Building school-based teacher learning communities: Professional strategies to improve student achievement*. New York: Teachers College Press.

Meier, D. (1998). Authenticity and educational change. In A. Hargreaves, A. Lieberman, M. Fullan, & D. Hopkins (Eds.), *International handbook of educational change*. Dordrecht: Kluwer Academic Publishers.

Meyer, R. (1998). *Composing a teacher study group*. Mahwah, NJ: Erlbaum.

Michaels, S. (1998). *Stories in contact: Teacher research in the academy*. Paper presented at the ADE, Lowell, MA.

Mohr, M. M., & Maclean, M. S. (1987). *Working together: A guide for teacher-researchers*. Urbana, IL: National Council of Teachers of English.

Munby, H. (1987). Metaphors and teachers' knowledge. *Research in the Teaching of English, 21*, 337-397.

Munby, H., & Russell, T. (1989). Educating the reflective teacher: An essay review of two books by Donald Schön. *Journal of Curriculum Studies, 21*(1), 71-80.

Murray, F. B. (1996). Beyond natural teaching: The case for

professional education. In F. Murray (Ed.), *The teacher educator's handbook* (pp. 3-13). San Francisco: Jossey-Bass.

Murray, F. N. (1989). Explanations in education. In M. C. Reynbolds (Ed.), *Knowledge base for the beginning teacher* (pp. 1-12). New York: Pergamon Press.

National Board for Professional Teaching Standards (NBPTS). (1992). *What teachers should know and be able to do.* Detroit, MI: Author.

National Commission on Excellence in Education. (1983). *A nation at risk.* Washington, DC: U.S. Government Printing Office.

National Council for Accreditation of Teacher Education (NCATE). (1995). *Standards, procedures and policies for the accreditation of professional education units.* Washington, DC.

National Institute of Education (NIE). (2009). *A teacher education model for the 21st century.* National Institute of Education, Singapore.

Newmann, F., & Wehlage, G. (1995). *Successful school restructuring.* Madison, WI: Center on Organization and Restructuring School.

Newmann, F., & Wehlage, G. (1995). *Successful school restructuring: A report to the public and educators by the Center for Restructuring Schools.* Madison, WI: University of Wisconsin.

Nias, J., Southworth, G., & Yeomans, R. (1989). *Staff relationships in the primary school.* London: Cassell.

Nias, J., Southworth, G., & Yeomans, R. (1992). *Whole school curriculum development in the primary school.* London: Falmer Press.

Noffke, S. (1991). Hearing the teacher's voice: Now what? *Curriculum Perspectives, 11*(4), 55-58.

Noffke, S. (1997). Professional, personal, and political dimensions of action research. In M. Apple (Ed.), *Review of research in education* (Vol. 22, pp. 305-343). Washington, DC: American Educational Research Association.

Noffke, S., & Brennan, M. (1997). Reconstructing the politics of action in action research. In S. Hollingsworth (Ed.). *International action research: A casebook for educational research.* Washingtion, DC: Falmer Press.

Noffke, S., & Stevenson, R. (1995). *Educational action research: Becoming practically critical.* New York: Teachers College Press.

Noffke, S., Clark, B., Palmeri-Santiago, J., Sadler, J., & Shujaa, M. (1996). Conflict, learning and change in a school/university partnership: Different worlds of sharing. *Theory into Practice, 35,* 165-172.

Olivier, D. F., Hipp, K. K., & Huffman, J. B. (2009). Assessing and analyzing schools as PLCs. In K. K. Hipp, & J. B. Huffman (Eds.), *Professional learning communities: Purposeful actions, positive results.* Lanhan, MD: Rowman & Littlefield.

Parks, A. N. (2009). Collaborating about what? An instructor's look at preservice lesson study. *Teacher Education Quarterly, Fall,* 81-97.

Perrone, V. (1989). *Working papers: Reflections on teachers, schools, and communities.* New York: Teachers College Press.

Pollard, A. (1982). A model of coping strategies. *British Journal of Sociology of Education, 3*(1), 19-37.

Postman, N., & Weingarter, C. (1969). *Teaching as a subversive activity.* New York: Delacorte Press.

Renihan, F. I., & Renihan, P. (1992). Educational leadership: A renaissance metaphor. *Education Canada, 11,* 4-12.

Resnick, M. (1996). Making connections between families and schools. In H. Banford, M. Berkman, C. Chin, B. Fecho, D. Jumpp, C. Miller, & M. Resnick (Eds.), *Cityscapes: Eight views from the urban classroom,* Berkeley: CA: National Writing Project.

Reynolds, D. (1996). Turning around ineffective schools: Some evidence and some speculations. In J. Gray, D. Reynolds, C. Fitz-Gibbon, & D. Jesson (Eds.), *Merging traditions: The future of research on school effectiveness and school improvement.* London: Cassell.

Reynolds, M. C. (Ed.). (1989). *Knowledge base for the beginning teacher.* New York: Pergamon Press.

Richardson, V. (1994a). Conducting research on practice. *Educational Researcher, 23*(5), 5-10.

Richardson, V. (1994b). Teacher inquiry as professional staff development. In S. Hollingsworth, & H. Sockett (Eds.), *Teacher research and education reform* (pp. 186-203). Chicago: University of Chicago Press.

Ritzer, G. A., & Walczak, D. (1988). Rationalization and the deprofessionalization of physicians. *Social Forces, 67*(1), 1-22.

Roberts, S. M., & Pruitt, E. Z. (2003*). Schools as professional learning communities: Collaborative activities and strategies for professional development.* Thousands Oaks, CA: Corwin Press.

Rosenholtz, S. (1989). *Teachers' workplace: The social organization of schools.* New York: Longman.

Ross, D. D. (1989). Preparing the reflective practitioner: Transforming the apprentice thorough dialectic. *Journal of Teacher Education, 49*(2), 31-35.

Ross, J. A. (1995). Strategies for enhancing teachers' beliefs in their effectiveness: Research on a school improvement hypothesis. *Teachers' College Record, 97*(2), 227-251.

Russell, T. (1987). Research, practical knowledge, and the conduct of teacher education. *Educational Theory, 37*, 369-375.

Ryan, J. (1995). *Organizing for teaching and learning in a culturally diverse school setting.* Paper prepared for the Annual Conference of the Canadian Society of the Study of Education.

Sarason, S. (1982). *The culture of the school and the problem of change.* Boston: Allyn & Bacon.

Scarth, J. (1987). Teacher strategies: A review and critique. *British Journal of Sociology of Education, 8*(3), 245-262.

Scheff, T. J. (1994). *Bloody revenge: Emotions, nationalism and war.* Boulder, CO: Westview Press.

Scheffler, I. (1960). *The language of education.* Springfield, IL: Charles C. Thomas.

Schein, E. (1973). *Professional education.* New York: McGraw-Hill.

Schleicher, A. (Ed.). (2012). *Preparing teachers and developing school leaders for the 21st century: Lessons from around the world.* OECD Publishing.

Schön, D. A. (1983). *The reflective practitioner: How professionals think in action.* New York: Basic Books.

Schön, D. A. (1987). *Educating the reflective practitioner.* San Francisco: Jossey-Bass.

Schön, D. A. (1995, November/December). The new scholarship requires a new epistemology. *Change*, 27-34.

Scribner, J. P., Hager, D. R., & Warne, T. R. (2002). The paradox of professional community: Tales from two high schools. *Educational Administration Quarterly, 38*(1), 45-76.

Senge, P. M. (1990). *The fifth discipline: The art and practice of the learning organization.* London: Random House. 안중호 (역) (1996). 제5경영. 서울: 세종서적.

Senge, P. M., Cambron-McCabe, N., Lucas, T., Smith, B., Dutton, J., & Kleiner, A. (2000). *Schools that learn: A fifth discipline fieldbook for educators, parents, and everyone who cares about education.* New York: A Currency Book.

Senge, P. M., Kleiner, A., Roberts, C., Ross, R.B., & Smith, B. J. (1994). *The fifth discipline fieldbook: Strategies and tools for building a learning organization.* New York: Crown Business. 박광량 · 손태원 (역) (1996). 학습조직의 5가지 수련. 서울: 21세기북스.

Sergiovanni, T. J. (1994a). *Building community in schools.* San Francisco: Jossey-Bass. 주철안 (역) (2004). 학교 공동체 만들기: 배움과 돌봄을 위한 도전. 서울: 에듀케어.

Sergiovanni, T. J. (1994b). Organization or communities? Changing the metaphor changes the theory. *Educational Administration Quarterly, 30*(2), 214-226.

Shulman, L. S. (1986). Those who understand: Knowledge growth in teaching. *Educational Researcher, 5,* 4-14.

Shulman, L. S. (1987). Knowledge and teaching: Foundations of the new reform. *Harvard Educational Review, 51,* 1-22.

Shulman, L. S., & Grossman, P. L. (1987). *Final report to the Spencer Foundation* (Technical Report of the Knowledge Growth in Professional Research Project). Stanford, CA: Stanford University.

Sikula, J. (1996). Introduction. In J. Sikula, T. J. Buttery, & E. Guyton (Eds.), *Handbook of research on teacher education* (2nd ed., pp. xv-xxiv). New York: Macmillan.

Silberman, C. E. (1970). *Crisis in the classroom: The revaluing of American education.* New York: Random House.

Sims, L., & Walsh, D. (2009). Lesson study with preservice teachers: Lessons from lessons. *Teaching and Teacher Education, 25,* 724-733.

Sinclair, J., & Coulthard, M. (1974). *Towards an analysis of discourse: The English used by teachers and pupils.* Oxford: Oxford University Press.

Sizer, T. (1992). *Horace's school: Redesigning the American high school.* Boston: Houghlin Miffin.

Sleeter, C. E. (1995). Reflections on my use of multicultural and critical pedagogy when students are White. In C. E. Sleeter, & P. L McLauren (Eds.), *Multicultural education, critical pedagogy, and the politics of difference* (pp. 415-438). Albany: State University of New York Press.

Smyth, J. (Ed.). (1995). *Critical discourses in teacher development.* London: Cassell.

Sparks-Langer, G., & Colton, A. (1991). Synthesis of research on teachers' effective thinking. *Educational Leadership, 48*(6), 37-44.

Spodek, B. (1974). Teacher education: Of the teacher, by the teacher, for the child. Washington, DC: National Association for the Education of Young Children.

Stoll, L., Bolam, R., McMahon, A., Wallace, M., & Thomas, S. (2006). Professional learning communities: A review of the literature. *Journal of Educational Change, 7,* 221-258.

Strike, K. A. (1999). Can school be communities: The tension between shared values and inclusion. *Educational Administration Quarterly, 35,* 46-70.

Tabachnik, R., & Zeichner, K. (Eds.). (1991). *Issues and practices in inquiry-oriented teacher education*. London: Falmer Press.

Talbert, J., & McLaughlin, M. (1994). Teacher professionalism in local school contexts. *American Journal of Education, 102*, 123-153.

Taylor, F. W. (1911). *The principles of scientific management*. New York: Harper & Low. 오정석 · 방영호 (역) (2010). 프레드릭 테일러 과학적 관리법. 서울: 21세기북스.

Tom, A. (1980). Teaching as a moral craft: A metaphor for teaching and teacher education. *Curriculum Inquiry, 10*, 317-323.

Tönnies, F. (1887, translated 1957 by C. P. Loomis). *Gemeinschaft und Gesellschaft [Community and society]*. New York: Harper Collins.

Touraine, A. (1995). *Critique of modernity*. Oxford: Blackwell.

Traugh, C., Kanevsky, R., Martin, A., Seletzky, A., Woolf, K., & Streib, L. (1986). *Speaking out: Teachers on teaching*. Grand Forks: University of North Dakota.

Tyack, D. B. (1974). *The one best system: A history of American urban education*. Cambridge, MA: Harvard University Press.

Valli, L. (1993). Reflective teacher education programs: An analysis of case studies. In J. Calderhead (Ed.). *Conceptualizing reflection in teacher development* (pp. 11-22). Albany, NY: SUNY press.

van Manen, M. (1977). Linking ways of knowing with ways of being practical. *Curriculum Inquiry, 6*, 205-228.

van Manen, M. (1991). Reflectivity and the pedagogical moment: The normativity of pedagogical thinking and acting. *Journal of Curriculum Studies, 23*(6), 507-535.

Vescio, V., Ross, D., & Adams, A. (2008). A review of research on the impact of professional learning communities on teaching practice and student learning. *Teaching and Teacher Education, 24*,

80-91.

Vygotsky, L. S. (1978). *Mind in society: The development of higher psychological processes*. Cambridge, MA: Harvard University Press.

Wells, G. (Ed.). (1994). *Changing schools from within: Creating communities of inquiry*. Portsmouth, NH: Heinemann.

Wenger, E. (1998). *Communities of practice: Learning, meaning, and identity*. New York: Cambridge University Press.

Wenger, E. (2007). Communities of practice. A brief introduction. http://www.ewenger.com/theory.

Westbury, I. (1973). Conventional classrooms, open classrooms and the technology of teaching. Journal of *Curriculum Studies, 5*(2), 99-121.

Westheimer, J. (1999). Communities and consequences: An inquiry into ideology and practice in teachers' professional work. *Educational Administration Quarterly, 35*(1), 71-105.

Wilson, A. (1983). *A consumers guide to bill 82: Special education in Ontario*. Toronto: Ontario Institute for Studies in Education.

Wilson, S. (1994). *Is there a method in this madness?* East Lansing: National Center for Research on Teacher Learning. Michigan State University.

Wilson, S., Miller, C., & Yerkes, C. (1993). Deeply rooted change: A tale of learning to teach adventurously. In D. K. Cohen, M. W. McLaughlin, & J. E. Talbert (Eds.), *Teaching for understanding: Challenges for policy and practice* (pp. 84-129). San Francisco: Jossey-Bass.

Wilson, S. M., Shulman, L. S., & Richert, A. E. (1987). "150 different ways" of knowing: Representations of knowledge in teaching. In J. Calderhead (Ed.), *Exploring teachers' thinking* (pp. 104-124).

London: Cassell.

Wittrock, M. C. (Ed.). (1986). *Handbook of research on teaching* (3rd ed.). New York: Macmillan.

Woods, P. (1977). Teaching for survival. In P. Woods, & M. Hammersley (Eds.), *School experience.* London: Croom Helm.

Woods, P. (1990). *Teacher skills and strategies.* London: Falmer Press.

Wright, D. (1978). *Teacher education with an inquiry emphasis.* Paper presented at the annual meeting of the American Educational Research Association, Toronto.

Zeichner, K. M. (1981). Reflective teaching and field-based experience in teacher education. *Interchange, 12,* 1-22.

Zeichner, K. M. (1983). Alternative paradigms of teacher education. *Journal of Teacher Education, 34*(3), 3-9.

Zeichner, K. M. (1993). *Educating teachers for cultural diversity.* East Lansing: Michigan State University.

Zeichner, K. M., & Liston, D. P. (1996). *Reflective teaching: An introduction.* Mahwha, NJ: Lawrence Erlbaum.

Zeichner, K. M., & Miller, M. (1997). Learning to teach in professional development schools. In M. Levine, & R. Trachtman (Eds.), *Making professional development schools work: Politics, practice, and policy.* New York: Teachers College Press.

Zeichner, K. M., & Noffke, S. (2001). Practitioner research. In V. Richardson (Ed.), *Handbook of Research on Teaching* (4th ed., pp. 298-330). New York: Macmillan.

Zeichner, K. M., & Teitelbaum, K. (1982). Personalized and inquiry-oriented teacher education. *Journal of Education for Teaching, 8,* 95-117.

찾아보기

저자 소개

□ 서경혜(Kyounghye Seo)

이화여자대학교 교육학과 학사

이화여자대학교 대학원 교육학전공 석사

미국 컬럼비아대학교(Columbia Univ.) 발달심리학전공 석사

미국 컬럼비아대학교(Columbia Univ.) 교육과정전공 박사

미국 위스콘신대학교(Univ. of Wisconsin-Milwaukee) 조교수

현재 이화여자대학교 교육학과 교수

교사학습공동체

집단전문성 개발을 위한 한 접근
Teacher Learning Communities

2015년 10월 10일 1판 1쇄 발행
2021년 9월 15일 1판 6쇄 발행

지은이 • 서 경 혜
펴낸이 • 김 진 환
펴낸곳 • **㈜ 학지사**

04031 서울특별시 마포구 양화로 15길 20 마인드월드빌딩 5층
대표전화 • 02) 330-5114   팩스 • 02) 324-2345
등록번호 • 제313-2006-000265호
홈페이지 • http://www.hakjisa.co.kr
페이스북 • https://www.facebook.com/hakjisabook

ISBN 978-89-997-0813-8 93370

정가 14,000원

이 도서의 국립중앙도서관 출판시도서목록(CIP)은 서지정보유통지원시스템
홈페이지(http://seoji.nl.go.kr)와 국가자료공동목록시스템(http://www.nl.go.kr/kolisnet)
에서 이용하실 수 있습니다.
(CIP제어번호: CIP2015026437)

출판 · 교육 · 미디어기업 학지사

간호보건의학출판 **학지사메디컬** www.hakjisamd.co.kr
심리검사연구소 **인싸이트** www.inpsyt.co.kr
학술논문서비스 **뉴논문** www.newnonmun.com
원격교육연수원 **카운피아** www.counpia.com